btb
Aus Freude am Lesen

btb

Walter Kempowski

Der rote Hahn

Dresden im Februar 1945

btb

Redaktion: Dirk Hempel

Umwelthinweis:
Alle bedruckten Materialien dieses Taschenbuches
sind chlorfrei und umweltschonend.

Der btb-Verlag ist ein Unternehmen
der Verlagsgruppe Random House.

2. Auflage
Taschenbuchausgabe November 2001

Umschlaggestaltung: Design Team München
Satz: Uhl + Massopust, Aalen
KR · Herstellung: Augustin Wiesbeck
Made in Germany
ISBN 3-442-72842-8
www.btb-verlag.de

Vorwort

Es besteht kein Mangel an Büchern über den Untergang des alten Dresden. Weshalb also jetzt noch ein weiteres? In meiner letzten Publikation, dem »Echolot 1945«, der »Fuga furiosa«, habe ich bereits alles erreichbare Material über die schrecklichen Ereignisse vom Februar 1945 ausgebreitet. Ich stellte es in einen größeren Zusammenhang und versuchte damit deutlich zu machen, was mit dem Satz »Wer Wind sät, wird Sturm ernten« gemeint ist. Und nun noch einmal Dresden?

Ich habe das alte Dresden gekannt, 1944 habe ich es vom »Weißen Hirsch« aus liegen sehen, als Norddeutscher etwas verwundert über die höfische Pracht. Ich war noch einmal kurz nach der Februar-Katastrophe dort und später, als man bereits die Reste der alten Stadt abzuräumen begann. Und wieder stand ich drüben am anderen Ufer, und es stellte sich ganz von selbst die Frage: Wie konnte das geschehen? Ein solches Maß an Zerstörung läßt sich doch nicht abtun mit einem Hinweis auf Ursache und Wirkung, oder etwa mit dem Achselzucken so mancher Nachkriegsdeutscher: Selber schuld...

Der Wiederaufbau der Frauenkirche, dieses Unterfangen eines von Liebe durchdrungenen Trotzes der Bürger. Wer Augenzeuge wird der Sorgfalt, mit der er vorgenommen wird, der umsichtigen Organisation, mit

der Vernichtetes ersetzt, Aufbewahrtes an die rechte Stelle gerückt wird, ist bewegt von dem heilsamen Aufbruch, durch den das für immer verloren Geglaubte neu entsteht.
Auch die Rekonstruktion von etwas Vernichtetem gehört in den Sinnzusammenhang jenes oben zitierten Wortes: »Wer Wind sät, wird Sturm ernten.« Denn jeder Wiederaufbau ist eine Reaktion auf die Aussaat des Windes. Man könnte es mit dem Wort des jungen Goethe ausdrücken, das Böse betreffend, das eben doch letzten Endes das Gute provoziert.

Noch ein weiteres Buch über die Hölle von Dresden – ja, und es wird nicht das letzte sein, denn von einem Jahrzehnt zum anderen wird sich unser Gedenken in neue Zusammenhänge gesetzt sehen.
Und: Wir hören nicht auf uns zu wundern über die Gewissenlosigkeit einzelner, die auf rote Knöpfe drücken, und über den Mut und die Tatkraft der anderen, die immer wieder alles aufräumen müssen.

Walter Kempowski

Carl Gustav Carus 1789–1869

Dresden 1814

Einer meiner gewöhnlichen Abendspaziergänge war damals der über die dicht vor meiner Wohnung beginnende schöne Brühlsche Terrasse, und wie eigen dort, wo man damals noch meist sehr einsam sich befand, oft die Witterung und Lichteffekte mich innerlich bewegten, davon gibt vielleicht folgende Briefstelle deutlichere Kunde, indem sie zugleich den poetischen Reflex zur vollsten Anschauung bringt, welchen dergleichen größere und mir so neue Szenerien auf mein inneres Leben damals werfen konnten: Ich komme eben von einem Spaziergange im Brühlschen Garten in später Dämmerung. Der Himmel war gleichförmig grau; kleinflockigen Schnee trieb der Nordwind über die glatte Terrasse. Die Elbe verlor sich aufwärts und abwärts im Nebelgrau; die gewaltige Kuppel der Frauenkirche ragte als dunkler Schatten über die niedrigen Häuser, und die Brücke erschien mir wie ein Trauerband über den schönen Strom gelegt, als Zeichen seiner baldigen Erstarrung. Das Eigentümlichste aber war die Vorbereitung zu dieser Erstarrung selbst: es war der Fluß nämlich bedeckt mit tausend und tausend langsam forttreibenden, dünnen Eisschollen, gleichsam weißen Inseln, welche im langsamen Bewegen fortwährend zusammenstießen und seltsam aneinander klirrten. Es war höchst anziehend, zu sehen, wie aus dem Nebel die Massen hervorschwammen, näher kamen, mit dem eigenen monotonen Geräusch vorüberzogen und endlich hinter dem dunklen Bande der Brücke verschwanden. Es war mir, als blickte ich auf den Strom der Zeiten, sähe unzählige Geschlechter aus dunklen Quellen hervortreten, vorüberrauschen und verschwinden. Ich dachte an vieles dabei! Das Ernste des Schauspiels wurde noch gehoben dadurch, daß alle kleinen Schiffchen und Kähnlein dem erstarrenden Strome ausgewichen waren und er so ganz sich selbst überlassen erschien, ein großes einsames Bild periodisch erlöschenden Lebens.

FASTNACHT

Dr. Theodor Morell 1886–1948
Berlin/Reichskanzlei

13.35 Uhr mittags: Traubenzucker und Betabion forte i.v. – Führer ist etwas eigenartig zu mir, kurz und in verärgerter Stimmung.

Adolf Hitler 1889–1945 **Berlin**

Politisches Testament

Es ist das Verdienst des Nationalsozialismus, daß er zum ersten Mal die jüdische Frage realistisch angepackt hat.

Die Juden haben den Antisemitismus immer selbst ausgelöst. Im Laufe der Jahrhunderte reagierten die nichtjüdischen Völker, von den Ägyptern bis zu uns, auf die gleiche Art. Es kommt ein Augenblick, da sie der Ausbeutung durch den jüdischen Betrüger müde werden. Dann geraten sie in Erregung, wie ein Tier das Ungeziefer abschüttelt. Sie reagieren immer heftiger und zuletzt kommt es zur Empörung. Es ist dies eine Art instinktiver Abwehrreaktion, eine Reaktion der Abneigung gegenüber dem Fremden, der sich nicht anpaßt, sondern der Verschmelzung widersetzt, der sich abschließt und zugleich aufdrängt, der einen aus-

nützt. Der Jude ist seinem Wesen nach der Fremde, der sich nicht angleichen kann und nicht angleichen will. Darin unterscheidet er sich von den anderen Fremden: er beansprucht Rechte als Glied der staatlichen Gemeinschaft und bleibt doch ein Jude. Er hält es für ein ihm zustehendes Recht, solcherart eine Doppelrolle zu spielen, und steht mit dieser Unverfrorenheit in der Tat einzig da in der Welt.
Die Lage in Ostpreußen ist geradezu fürchterlich geworden. Wir können unsere Trecks kaum noch bewegen; sie liegen fest und es stehen auch nur ungenügend Nahrungsmittel zur Verfügung, um sie zu ernähren. Das Fiasko der ostpreußischen Trecks wird hauptsächlich der Partei in die Schuhe geschoben, und man schimpft auf die Parteiführung in Ostpreußen nach Strich und Faden. Ich glaube auch, daß Teile der ostpreußischen Partei ihrer Aufgabe nicht gewachsen gewesen sind. Dabei darf man allerdings nicht vergessen, daß der Einbruch in Ostpreußen so plötzlich kam, daß man die Menschen gar nicht mehr wegführen konnte.
Die Truppe ist auch in Ostpreußen stark angeschlagen. Ich entnehme das einem Bericht von Heysing, der gerade aus dem ostpreußischen Raum nach Berlin gekommen ist. Vor allem hat die Truppe außerordentlich schwere Blutverluste erlitten, was natürlich immer sehr deprimierend auf die Moral wirkt.

Dr. Rudolf Semler *1913
Berlin/Propagandaministerium

Der Luftkrieg wird immer schrecklicher. Hitler hat noch keine einzige der bombardierten Städte besucht;

er hat in Berlin vielleicht die Strecke vom Anhalter Bahnhof bis zur Reichskanzlei gesehen – mehr nicht. Die Leute in seiner Umgebung sagen, daß er nie Berichte über die zerstörten Städte liest.
Kürzlich schickte ihm Goebbels ein Album mit Fotografien von zerstörten und beschädigten Denkmälern und berühmten Gebäuden. Bormann sandte das Album zurück mit einer Notiz, die besagte, daß der Führer nicht mit derartig belanglosen Angelegenheiten belästigt werden möchte.
Hitlers irrsinnige Hoffnung, daß die Feinde sich untereinander zerstreiten, ehe sie Deutschland verwüsten, läßt ihn mit voller Überzeugung weitermachen. Der Urheber dieser Theorie ist natürlich Goebbels. Die Spannungen zwischen den Alliierten ermuntern zu diesem weit verbreiteten und sehr beliebten Glauben.

Joseph Goebbels 1897–1945 Berlin

Er wirkt geradezu aufreizend, wenn in Moskau erklärt wird, die sowjetische Soldateska habe sich im deutschen Reichsgebiet keinerlei Greueltaten zuschulden kommen lassen, im Gegenteil, ihre Disziplin bürge für ein humanes Auftreten; sie verteidige nicht nur das Vaterland, sondern auch die menschliche Würde. Wort und Papier sind geduldig; aber wie die Sowjets es mißbrauchen, das überschreitet alle bisherigen Vorstellungen. Daß die blutrünstigste Diktatur, die es je in der Geschichte gegeben hat, sich mit einem derartigen liberal-humanitären Phrasement umgeben kann, das steht in der Weltgeschichte einzig da.
Außerdem berichten die sowjetisch[e]n Nachrich-

ten[bü]ros, daß unsere Bevölkerung in den besetzten Ostgebieten sich vorerst einmal an die bolschewistische Soldateska heranzuschmeißen versuche. Sie wende sich in schärfster Form gegen den Nationalsozialismus, und die Ostarbeiter versuchten in den verschiedenen Städten, besonders aber auf dem Lande die Herren über die Deutschen zu spielen. Ich halte diese Meldungen gelinde gesagt für leicht übertrieben. Ich kann mir vorstellen, daß unsere Bevölkerung in den besetzten Ostgebieten vielfach von Angst und Schrecken befallen ist; daß sie dabei aber ihre Würde verliert, das ist für mich unvorstellbar. [...]
Am Abend kommt dann das Kommuniqué über die Dreierkonferenz, die nach einem Vorschlag Stalins die »Konferenz von Jalta« genannt wird. Man annonciert uns in diesem Kommuniqué die stärksten militärischen Schläge, und zwar sowohl im Osten wie im Westen wie im Norden wie im Süden. Die Bedingungen des Friedens, ja des Waffenstillstands, sollen uns erst nach der militärischen Niederlage des Reiches mitgeteilt werden. Die drei Mächte hätten sich darüber geeinigt, in festen Zonen das deutsche Reichsgebiet zu besetzen. Zur Abrüstung des Reich[es un]d zur Vernichtung seiner Kriegsindustrie soll eine zentrale interalliierte Kontrollkommission eingesetzt werden, die ihren Sitz in Berlin hat. Frankreich soll ebenfalls an der Besetzung eines bedeutenden Reichsgebietes beteiligt werden. Deutschland werde seine Streitkräfte entwaffnen und seinen Generalstab auflösen müssen. Das letztere würde ja nicht das Schlimmste sein; das hatten wir ja sowieso vor; wenn das die einzige Bedingung wäre, die die Feindstaaten stellten, dann wäre darauf allein ein-

zugehen. Im übrigen hätten die Feindstaa[ten di]e Absicht, unsere gesamte militärische Ausrüstu[ng z]u zerstören; die deutsche Industrie müßte unter Kontrol[le ge]stellt werden, die Kriegsverbrecher so schnell wie m[ögli]ch zur Aburteilung gelangen und die Nazi-Partei mit a[...] [i]hren Einrichtungen mit Stumpf und Stiel ausgerottet wer[den]. [Au]ßerdem sei Deutschland verpflichtet, die in den fe[indli]chen Kriegsgebieten angerichteten Schäden wiedergutzumachen; und dann solle die Welt Frieden und Sicherheit erhalten. Frieden und Sicherheit sollten gewährleistet werden durch Interimsregierungen, die von den Feindmächten in allen europäischen Staaten eingesetzt werden. Diese sollten dann ihre Bestätigung durch eine freie Wahl erhalten. Wesentlich ist, daß Stalin sich dazu bereitgefunden hat, den Lubliner Sowjet durch, wie es im Kommuniqué heißt, demokratische Elemente zu erweitern. Es soll demnach aus ihm eine Regierung der nationalen Einigkeit gebildet werden. Die Curzon-Linie sei im großen gesehen die westliche Grenze der Sowjetunion. Polen solle dafür durch bedeutende deutsche Ostgebiete entschädigt werden. Kurz und gut, dies Kommuniqué zeigt, daß Stalin in der Tat den Westmächten wenigstens zum Schein so weit entgegengekommen ist, daß sie das Gesicht wahren können. Es ist nach diesem Kommuniqué durch die Krimkonferenz für uns weder etwas gewonnen noch etwas verloren. Selbstverständlich wird in den nächsten Tagen vor allem die Londoner Presse sich triumphierend gebärden und uns feierlich attestieren, daß damit unsere letzten Chancen, den Krieg zu gewinnen, verloren gegangen seien. Aber das ist nicht so ernst zu nehmen. Wir müssen die weitere Entwicklung abwarten. Es ist an diesem Tage noch lange nicht das letzte Wort gesprochen. Wenn das Kommuniqué auch mehr Substanz enthält, als man zuerst glaubte vermuten zu dürfen, so stellt es doch keine Lösung der zwischen den Feindmächten latent vorhandenen Konfliktstoffe dar. Im übrigen bleibt die Reaktion insbesondere in England abzuwarten. Diese wird nach anfänglicher Begeisterung sicherlich sehr reserviert sein. Denn daß Churchill und Roosevelt im großen und ganzen den Lubliner Sowjet anerkannt haben, wird man zweifellos als eine englisch-amerikanische Niederlage ansehen. Im übrigen ist festzustellen, daß das Kommuniqué nicht von so rüdem und unverschämten Ton ist wie seinerzeit das Kommuniqué von Teheran. Allerdings enthält es mehr politische Entscheidungen, die für uns im Augenblick sehr unangenehm sind. Ich bin froh, daß die Dreierkonferenz nun zu Ende ist. Man weiß jetzt, woran man ist, man kann wieder eine klare Stellung beziehen. Wir müssen versuchen, militärisch wieder den einen oder den anderen Erfolg zu erzielen, und dann werden wir uns weiter sprechen.

Aus der Pressekonferenz der Reichsregierung

Berlin

I. Tagesparole des Reichspressechefs

1. Die unglaubliche Erklärung des alliierten Hauptquartiers, die es fertig bringt, die Terrorabsichten der anglo-amerikanischen Luftwaffe bei ihren Angriffen auf Deutschland zu bestreiten, ist angesichts der gravierenden Tatsachen in massiver Form zu widerlegen.

II. Erläuterung zu Punkt 1

Von den Zeitungen wird im Sinne der Tagesparole eine gut fundierte, geharnischte Erwiderung auf die Erklärung des alliierten Hauptquartiers erwartet, wobei besonderer Wert darauf gelegt wird, dass das hier vorliegende Material nicht durch eine flüchtige Beantwortung verzeichnet wird, sondern dass hier mit wirksamen und kräftigen Argumenten eingetreten wird. Insbesondere muss – wie es schon die Tagesparole sagt – auf den Zynismus dieser alliierten Erklärung hingewiesen werden, wobei die zahlreichen Stimmen entgegengehalten werden sollen, die aus englischer und amerikanischer Quelle in den letzten Tagen vorlagen, und die darüber frohlockten, dass die bombardierten Städte voller Flüchtlinge waren, und dass daher die Todesopfer sehr hoch sein würden. Die Zeitungen werden gebeten, in diesem Zusammenhange nicht noch einmal die verwüsteten Kulturgüter anzusprechen, da es nicht am Platze ist, hier in Kulturpessimismus zu machen.

Der Pfarrer Robert Grosche 1888–1967 Köln

7 Uhr Messe in St. Andreas. Ich feiere die Messe vom vergangenen Sonntag, lese noch einmal die Epistel aus 1 Kor 13, deren Mahnungen wir alle immer wieder brauchen: Caritas patiens est... [Die Liebe ist geduldig...] Dann das Evangelium, das man einmal von der Mitte aus auslegen müßte: Sie verstanden nichts von all dem. Wir verstehen es ja nie, warum Gott uns in das Leid hineinführt.

Der Landesbischof Franz Tügel 1888–1946
Hamburg

Lieber Herr Kollege Wittmaack
Für Ihren Gruß aus der Polargegend danke ich Ihnen herzlich. [...] Es ist gut, daß Sie Gedanken über den Römerbrief und die Evangelien aufschreiben, die für eine Religionslehrerin bestimmt sind, und auf diese Weise eine gewisse theologische Arbeit treiben. Wenn Sie meinen, wir müßten wohl auf diese stille Arbeit in der Studierstube, vom Geist des Gebetes getragen, in Zukunft gründlich verzichten, dann möchte ich Ihnen doch widersprechen. Es mag freilich sein, daß die neue Weltlage, die heraufzieht, solche Stille nicht zuläßt, aber dann wird überhaupt alle kirchliche Arbeit von Gewicht und Segen in Gefahr sein. Im Gegenteil dazu glaube ich, daß wir einer Zeit entgegengehen, die bei aller Bescheidenheit und Einschränkung im äußeren Leben uns gestattet, wieder aus den Quellen zu schöpfen, die nur in der Stille der Studierstube und der Gebetskammer fließen. Und zwar einfach darum, weil die Zukunft uns dazu zwingen wird! Wir wollen also bei aller Nüchternheit im Blick auf die Wirklichkeit der Hoffnung sein, daß wir einer Auferstehung des Geistes entgegengehen!

Cesare Pavese 1908–1950 ***Kalabrien***

Die einzigartige Tatsache, an der du dich so begeisterst, darf in Wirklichkeit, um ihren Wert zu haben, nicht geschehen sein. Sie muß Mythos bleiben, im Nebel der Tradition und der Vergangenheit, das heißt der Erinnerung. Spiritistische Ereignisse, Wunder usw. ärgern dich in der Tat nur, weiter nichts. Da diese Dinge geschehen, sind sie nicht mehr einzigartig, sondern normale Begebenheiten, wenn auch außerhalb der Naturgesetze. (Da sie geschehen, sind sie Teil eines Gesetzes, sei es auch eines okkulten.)

Renate C. *1932 **Leuna**
Als ich heute aus der Schule kam, sah ich, daß vor unserem Hause ein Feuer brannte. Die Kinder unseres Nachbarn hatten es angefacht. Das Feuer war ziemlich groß. Mutti hat sie sehr ausgeschimpft. »Wenn jetzt Flieger kommen«, sagte sie, »die sehen doch das Feuer, und sie schmeißen ihre Bomben darauf.« Übrigens habe ich heute eine 5 in der Englischen geschrieben, mit 11 Fehlern.

Der Vormittag

Gerhart Hauptmann 1862–1946 **Dresden**
Und eine furchtbarere schlimme Nacht. Dann Karlsbader: erbärmliche Schwächefolgen. Allerdings einigermassen nachholenden Vormittagsbetäubung. Draussen herrlich gleichgiltig, schönes Wetter.
Einige Schritte im Freien.
Wir trafen auf Liegekur: meine lieben Freunde Halbe, Rittner, König ihr wartet auf mich. Ihr habt überwunden. Kommt zu mir alle! ihr seid zuviel um Euch zu kennen. Aber ich fühle[,] fühle euch alle! »Die Natur« hat meinen Vater schwer vor dem Tode gequält, meine Mutter nicht! Ebenso ist sie sanft gewesen mit meiner Schwester.
Gott muss Goethe sehr geliebt haben, denn er gab ihm scheinbar ein seliges Ende.

Trag ein schon des Endes Pein: gebt mir einen Rest von Sein

Gerhart Hauptmann 1862–1946 Dresden

Entrückt dem Wein, den du, Hafis, mir schenktest,
hielt mich ein schwarzer Dämon fest,
und jenen goldnen Nachen, den du lenktest,
stieß er hinab ins Meer von Mord nach Pest,
Des Lebens ganzer Sinn ward aufgehoben
und in qualvollen Widersinn verkehrt,
er war von Fluch statt Segen ganz durchwoben,
was Wahrheit, schien in Lüge ganz verkehrt.
Nun heut ein holder Knabe reicht durchs Fenster
mir eine Zauberblume her,
da schwinden hin die ärgsten der Gespenster,
und Gott, der Gute, stellt sich wieder her.

Ernst Heinrich Prinz von Sachsen 1896–1971 Dresden

Ich fuhr am zeitigen Vormittag in die Stadt, und mein Weg führte mich am Neustädter Bahnhof und am Japanischen Palais vorbei zur Friedrich-August-Brücke. Der Verkehr wogte hin und her, ich genoß wie immer den wunderbaren Anblick der Silhouette der Altstadt mit den Wahrzeichen Dresdens, der Kuppel der Frauenkirche, der Brühlschen Terrasse, dem Schloß, der italienischen Hofkirche, der Semper-Galerie und der Oper. Wohl kaum eine andere deutsche Stadt an einem großen Fluß wies ein solches Bild auf. Ich liebte meine Geburtsstadt und die Residenz meiner Väter mit allen Fasern meines Herzens, ich war geradezu verliebt in sie. Sie zu missen war unvorstellbar. Und doch sollte

zehn Stunden später die ganze Herrlichkeit in Schutt und Asche liegen!
Ich fuhr zum Palais an der Parkstraße und erledigte dort einige Verwaltungsangelegenheiten. Es war das letzte Mal, daß ich es betrat. Ich nahm meinen Lunch wie immer im »Englischen Garten« im letzten Zimmer unter dem Bild meiner Großtante, der Königin Carola. Acht Stunden später war dort nichts als ein Flammenmeer und ein wüstes Chaos von Balken und Steinen. Dann suchte ich meinen Zahnarzt auf, auch hier war ich das letzte Mal, denn das Haus brannte nieder. Am Spätnachmittag war ich bei Gina und ihrer Schwester zum Tee und einer Plauderstunde eingeladen. Ihre Wohnung lag in einer Villa im Süden der Stadt, im sogenannten Schweizerviertel. Es war friedlich und angenehm, die Zeit verging in anregenden Gesprächen.

Otto Griebel 1895–1972 **Dresden**

Am Fastnachtsdienstag kramten die Kinder allerlei Maskerade aus den Kästen des alten, bunten Bauernschrankes und zogen lärmend in den Straßen herum, was nun einmal das Privileg der Jugend ist, die sich dieses auch in der Kriegszeit nicht nehmen ließ. Ich selbst hatte mir, wie gewöhnlich, mein rundes Tischchen neben den Sammlerschrank ans Fenster gerückt und gab mich unbesorgt musischen Dingen hin.
Nach dem Abendbrot zog ich mir dann meinen Mantel über, setzte den Hut auf und steckte zwei Tabakspfeifen in die Tasche zur wohlgefüllten Tabaksbüchse. Ich fuhr mit der Elektrischen bis zur Neuen Gasse, in der reges Leben herrschte, und trat dann bald in den

Kreis meiner Bekannten und Freunde, die bereits rings um den Stammtisch versammelt saßen.
Nun gab es viel zu erzählen, wobei mir verständlicherweise der Hauptteil zufiel. Die Wirtin traktierte uns nobel mit selbstgebackenen Plinsen und schwarzem Tee, dem ein ordentlicher Schuß langgehüteten Rums zugegossen ward. Tabak spendierte ich, und so wurde es immer gemütlicher im altvertrauten Kreise, wobei wir kaum merkten, wie die Zeit verstrich.

Der Dramaturg Hugo Hartung 1902–1972
Breslau

Radio können wir nicht mehr hören, seit der Strom wegbleibt. Aber es sickern auch so alle möglichen beunruhigenden Nachrichten durch: Liegnitz soll in der Hand der Russen sein, und es kann sich nur noch um eine Frage von Tagen handeln, daß der Ring um Breslau geschlossen ist. Der wertvolle Materialtransport, den wir mit so vielen Mühen zusammengestellt haben, ist wieder in den Horst zurückgekommen. Das bedeutet, daß die Bahnstrecke in Richtung Westen unterbrochen ist. Artillerie und Granatwerferfeuer lassen am Abend den kleinen Schuppen am Rollfeld erzittern, in dem jetzt unsere Truppe einsatzbereit liegt. Westlich des Rollfelds geht ein Dorf in Flammen auf. Vielleicht ist es Kriptau.
»Morgen sind wir dran«, heißt es bei unseren Leuten.

Frida Mehnert 1889–1945 **(Dresden)**

An ihre Schwägerin und ihren Bruder in Pirna
Liebes Lenel u. Richard!
Nun ist schon Liegnitz besetzt und Görlitz wird ge-

räumt. In Dresden wimmelt es von Flüchtlingen. Das Herz kann einem bluten. Und niemand macht ein Ende. Es wird nicht lange dauern, wird wohl Dresden auch geräumt. Wo soll man dann hin. Daß es einmal so ein Ende nimmt, das hätte niemand gedacht. Am Sonnabend sind 700 Mann Volkssturm fort in der Nacht. Die können einem Leid tun. Warum meldest Du Dich denn nicht mal krank. Ich sehe das schon kommen, die holen jetzt alles. Du wirst schon sehen, dann ist es zu spät. Aber Du hörst doch nicht. Du kannst eben nicht. Beim Karl haben sich auch viele krank gemeldet. Warum Du das nicht einmal tust. Das beunruhigt mich direkt. Also tue es nur. Jetzt ist es noch Zeit. Jetzt mußten die in Breslau geschanzt hatten heim laufen, anders war keine Möglichkeit.
Vor Weißig und auf dem Weißen Hirsch, da schanzen sie schon mächtig. Es ist zum Lachen. Und zum Volksopfer sind so viele schöne S.A.-Mäntel und Uniformen abgegeben worden, ich möchte wissen warum? Wo sie jeder S.A. Mann gebrauchen kann. Also Richard folge mir und melde Dich mal krank.
Da bleibt gesund, seid herzlich gegrüßt
von Eurer Frida und Karl.

Adolf Hitler 1889–1945 **Berlin**

Politisches Testament

Der Nationalsozialismus hat die Judenfrage von Grund auf angepackt und auf den Boden der Tatsachen gestellt: er deckte die jüdischen Absichten auf die Weltherrschaft auf, er befaßte sich eingehend und gründlich mit ihnen, er warf die Juden aus allen Schlüsselstellungen hinaus, deren sie sich bemächtigt

hatten, er trieb sie aus mit dem unbeugsamen Willen, den deutschen Lebensraum vom jüdischen Gift zu säubern. Es handelte sich dabei für uns um eine lebensnotwendige und in allerletzter Minute unternommene radikale Entgiftungskur, ohne die wir jämmerlich zugrunde gegangen wären.
Hatte aber dieses Vorgehen in Deutschland Erfolg, so bestand alle Aussicht, daß es Schule machte. Das war sogar zwangsläufig zu erwarten, denn es ist nur natürlich, daß das Gesunde über das Kranke triumphiert. Die Juden wurden sich dieser Gefahr bewußt, und darum entschlossen sie sich, alles aufs Spiel zu setzen und einen Kampf auf Leben und Tod gegen uns auszulösen. Sie mußten den Nationalsozialismus um jeden Preis zerschmettern und sollte die Welt darüber zu Grunde gehen. Noch kein Krieg bisher war ein so ausgesprochen und so ausschließlich jüdischer Krieg wie dieser.

Der Nachmittag

Der Oberzahlmeister Gerhard Erich Bähr 1894–1975
Dresden

Ich hatte am 13. Februar mittags Handgranatenausbildung gehabt und ging, weil das schon um 2 Uhr zu Ende war, zur Heereskleiderkasse in der Pragerstraße, um noch einiges Nötige einzukaufen. Auch Hildegard war in der Stadt gewesen und bei ihrer Schwester. Ebenso hatte Ingelore Besorgungen gemacht. Als ich heimkam, spielten kleine Kinder in Faschingsaufzug auf der Straße. Einen Augenblick berührte mich das bitter in dieser Zeit äußerster Sorge. Auch Ingelore war entrüstet darüber. Ich meinte aber doch, ihr sagen zu müssen, daß die Kinder keinen Maßstab für den Ernst der Lage haben können. Und danach haben wir manches Mal daran gedacht, für wie viele dieser Kinder es wohl die letzte Freude gewesen sein mag.

Victor Klemperer 1881–1960 **Dresden**

Dienstag nachmittag bei vollkommenem Frühlingswetter

Odysseus bei Polyphem. – Gestern nachmittag ließ mich Neumark [Dr. Ernst Neumark, Vertrauensmann der Reichsvereinigung der Juden in Deutschland für den Bezirk Dresden] hinüberrufen; ich müßte heute vormittag beim Austragen von Briefen behilflich sein. Ich nahm das ahnungslos hin. Abends war Berger eine Weile bei mir oben, ich erzählte es ihm, und er sagte geärgert, das werde um Schanzarbeit gehen. Noch immer erfaßte ich nicht die Schwere der Bedrohung. Um acht Uhr war ich dann heute bei Neumark. Frau Jährig kam weinend aus seinem Zimmer. Dann sagte er mir: Evakuation für alle Einsatzfähigen, es nennt sich auswärtiger Arbeitseinsatz, ich selber als Entpflichteter bliebe hier. Ich: Also für mich sicherer das Ende als für die Herausgehenden. Er: Das sei nicht gesagt, im Gegenteil gelte das Hierbleiben als Vergünstigung; es bleibe ein Mann, dem zwei Söhne im ersten Weltkrieg gefallen, ferner er, Neumark, weiter Katz (wohl als EK-I-Träger, nicht als Arzt, denn Simon kommt fort), Waldmann und ein paar Schwerkranke und Entpflichtete. Mein Herz streikte in der ersten Viertelstunde vollkommen, später war ich dann vollkommen stumpf d.h., ich beobachtete für mein Tagebuch. Das auszutragende Rundschreiben besagte, man habe sich am Freitag früh im Arbeitsanzug mit Handgepäck, das eine längere Strecke zu tragen sei, und mit Proviant für zwei bis drei Reisetage in der Zeughausstraße 3 einzufinden. Vermögen, Möbel- etc. Beschlagnahme findet diesmal nicht statt, das ganze ist ausdrücklich nur auswärtiger Arbeitseinsatz – wird aber durchweg als Marsch in den Tod aufgefaßt. Dabei kommen die grausamsten Zerreißungen vor: Frau Eisenmann und Schorschi bleiben hier, Lisl, die elfjährige Sternträgerin, muß mit Vater und Herbert fort. Man nimmt auf Alter weder nach oben noch nach unten, weder auf siebzig noch auf sieben Rücksicht – es ist unbegreiflich, was man unter »arbeitsfähig« versteht. – Ich hatte erst Frau Stühler zu benachrichtigen, sie erschrak wilder als über den Tod des Mannes und raste mit starren Augen fort, Freunde für ihren Bernhard zu alarmieren. Dann fuhr ich, ich durfte fahren [Die Benutzung der Straßenbahn war Juden nur im Ausnahmefall mit Sondergenehmigung erlaubt], mit einer Liste von neun Namen ins Bahnhof- und Strehlener Viertel. Simon, nur erst halb bekleidet, bewahrte gute Fassung, während seine sonst robuste Frau fast zusammenbrach. Frau Gaehde in der Sedanstraße, sehr gealtert, riß die Augen übermäßig auf, öffnete immer wieder den Mund so weit, daß das vorgehaltene Taschentuch fast darin verschwand, und protestierte wild mit krampfhaftem Mienenspiel und leidenschaftlicher Betonung: Sie werde bis zum letzten gegen diese Verordnung kämpfen, sie könne nicht fort von ihrem zehnjährigen Enkel, ihrem siebzigjährigen Mann, ihr Schwiegersohn sei im Ausland gefangen »um der deutschen, der *deutschen* Sache willen«, sie werde kämpfen usw. Frau Kreisler-Weidlich, vor deren Hysterie ich mich gefürchtet hatte, war nicht zu Hause, ich warf das Blatt erleichtert in den Briefkasten. In derselben Franklinstraße hatte ich noch eine Frau Pürckhauer aufzusuchen. Ich traf sie mit ihrem arischen und tauben Mann. Kleine Leute. Sie waren die ruhigsten von denen meiner Liste. Schlimm war trotz ihrer Beherrschtheit eine Frau Grosse in der Renkstraße, hübsches Villenhaus an der Lukaskirche. Eine Frau mittleren Alters, eher damenhaft; sie wollte ihren Mann anrufen, stand hilflos am Telefon: »Ich habe alles vergessen, er arbeitet in einer Konfitürenfirma... mein armer Mann, er ist krank, mein armer Mann... ich selber bin so herzleidend...« Ich sprach ihr zu, es würde vielleicht nicht so schlimm, es könne nicht lange dauern, die Russen stünden bei Görlitz, die Brücken hier seien unterminiert, sie solle nicht an Tod denken, nicht von Selbstmord reden... Ich bekam endlich die notwendige Empfangsunterschrift und ging. Kaum hatte ich die Korridortür geschlossen, hörte ich sie laut weinen. Ungleich jämmerlicher noch der Fall Bitterwolf in der Struvestraße. Ebenfalls ein armseliges Haus; ich studierte gerade vergeblich die Namenstafel im Hausflur, als eine junge, blonde, stupsnasige Frau mit einem niedlichen, gutgehaltenen Mädelchen von vielleicht vier Jahren kam. Ob hier eine Frau Bitterwolf wohne? Das sei sie selber. Ich müsse ihr eine böse Mitteilung machen. Sie las das Schreiben, sagte ganz ratlos mehrmals: »Was soll aus dem Kind werden?«, unterschrieb dann still mit einem Bleistift. Inzwischen drängte sich das Kind an mich, reichte mir seinen Teddybär und erklärte strahlend vergnügt: »Mein Teddy, mein Teddy, sieh mal!« Die Frau ging dann mit dem Kind stumm die Treppe hinauf. Gleich darauf hörte ich sie laut weinen. Das Weinen hielt an. – Ein sehr armseliges Haus war auch die Werderstraße 29. Die Frau Tenor dort, sagten Frauen auf der Treppe, sei nicht anwesend, aber ganz oben solle ich ihre Freundin aufsuchen. Eine kränkliche, junge, geradezu fein aussehende Person in sehr kümmerlichem Zimmer unterm Dach. Sie sprach sehr besorgt, ihre Freundin habe das immer gefürchtet, werde Selbstmord verüben. Ich predigte eindringlich Mut, sie möge der Freundin Mut machen. – Im Hause Strehlener Straße 52, wo wir wiederholt bei Reichenbachs und bei Seliksohns gewesen, hatte ich einer Frau Dr. Wiese den Befehl zu überbringen. Mir öffnete an deren Statt eine imposante Matrone in Hosen, eine Frau Schwarzbaum. Sie erzählte, und ich erinnerte mich des Falles, daß ihr eigener Mann im vorigen Jahre, um der Verhaftung durch die Gestapo zu entgehen, zusammen mit Imbach (cf. das Tagebuch vom Lothringer Weg) Selbstmord begangen habe. Zuletzt suchte ich vergeblich das winzige Haus Bürgerwiese 7, winzig, weiß, armselig, alt zwischen stattlichen Nachbarn, nach einer Frau Weiß ab. Die Bürgerwiese darf von Sternjuden nur im Zuge der Lüttichaustraße überquert, sonst nicht begangen werden; ich bin also dort seit Jahren nicht mehr gewesen. – Eben war Frau Jährig mit ihrer jungen Tochter hier, von der sie sich trennen muß. Auftrag von Neumark: Die Frau Weiß wohne bei ihrer Mutter Kästner; ich muß gleich noch einmal hin.

Giesela Neuhaus *1924 Dresden

Dresden war militärisch nicht geschützt. Es gab keine Abwehr, keine Bunker, die Stadt würde verteidigungslos in die Hände der Russen fallen.
Während des ganzen Krieges hatte Dresden keinen Bombenangriff erlebt. Es blieb verschont. Bei Luftalarm, was häufiger vorkam, wenn Flugzeugverbände Dresden überflogen, suchte fast niemand seinen Keller auf. »Wir sind ja sicher, Dresden wird nicht angegriffen.«
Warum? Niemand wußte eine genaue Erklärung. Es gab die unterschiedlichsten Meinungen: »Die Tante von Churchill wohnt auf dem Weißen Hirsch.«
Andere meinten, »viele Ausländerinnen, besonders Engländerinnen, haben in Dresden die verschiedenen Mädchenpensionate besucht. Sie lieben alle diese Stadt, in der sie ein paar Jahre ihrer Jugend verbracht haben«.
Wieder andere: »Dresden ist die schönste Barockstadt Deutschlands, sie wird geschont werden.«
Kein Bunker wurde für die Bevölkerung gebaut, keine Luftabwehr war vorhanden. Nur der Gauleiter Mutschmann besaß einen eigenen Bunker.
Wir, das heißt meine Mutter, mein Vater und ich mit meinem viereinhalbjährigen Sohn, bewohnten eine Villa in einem Vorort von Dresden, dicht bei dem »Großen Garten« gelegen. Von meinem Mann, einem Berufsoffizier, hatte ich seit langer Zeit keine Nachricht. Ich wußte nur, daß er zum Schluß im Stab der Heeresgruppe B, Generalfeldmarschall Model, als General des Transportwesens gedient hatte.
Nach langem Hin und Her beschlossen wir, nach Thüringen in das Haus meiner Großeltern zu fahren. Dies alles wurde am Frühstückstisch besprochen.

Eine andere Überlegung kam hinzu.
Am Abend zuvor hatte ich wie fast immer, den schwedischen Sender eingestellt. Ich hörte »Frauen und Kinder aus Dresden raus«, dann traten Störungen ein. Ausländische Sender abzuhören war verboten, man mußte sehr vorsichtig sein.
Außerdem sagte mein Vater, bevor er zu seiner Zahnarzt-Praxis fuhr, daß Apolda etwa 230 Kilometer westlich von Dresden liege, und sicher die Amerikaner dort in Thüringen einmarschieren würden.
Kurze Zeit später nahm ich die Straßenbahn der Linie 9 vom Wasaplatz, stieg am Horst-Wessel-Platz um und fuhr zum Hauptbahnhof, um dort die Fahrkarten zu kaufen. Aber was war hier passiert?
Nur mühsam konnte ich mir einen Weg durch die dicht gedrängte Menge vor dem Bahnhof bahnen. Im Bahnhof selbst lagen Flüchtlinge Schulter an Schulter auf dem Fußboden. In Decken gehüllt oder mit Mänteln zugedeckt. Säuglinge und Kleinkinder schrien. Die Mütter waren verzweifelt, viele weinten, einige schliefen mit angezogenen Knien auf der Seite liegend. Ein Bild des Elends! Es waren Flüchtlinge aus Schlesien. Viele Familien waren getrennt worden. Einige Mütter riefen laut den Namen ihrer Kinder in der Hoffnung, sie hier in den Menschenmassen auf dem Dresdner Hauptbahnhof wiederzufinden. Sie hatten Schreckliches erlebt.
Mühsam versuchte ich, mir einen Weg zwischen Menschenleibern zu bahnen, um zu den Schaltern zu gelangen. Unmöglich. Ich stolperte und fiel. Lautes Schreien der verängstigten Menschen. Vorsichtig bahnte ich mir einen Weg zurück, dem Ausgang zu.

Mein Vater kam zeitig zurück. Er hatte soviel Geld wie möglich von der Bank abgehoben. Die Stadt ist mit Flüchtlingen vollgestopft, sämtliche Krankenhäuser und Lazarette sind überfüllt; arme, abgerissene Gestalten gehen von Tür zu Tür und bitten um Einlaß. »Ich kann verstehen«, meinte er, »daß es Dir nicht möglich war, Fahrkarten zu bekommen.«
Wir beschlossen, am nächsten Tag mit unserem Wagen aus Dresden rauszufahren, Richtung Thüringen. Der Wagen war jahrelang nicht gefahren worden. Der Tank war aber voll Benzin. Eine Strecke weit würden wir schon kommen. Merkwürdig, wie schwer es war, die Koffer zu packen.
So viele Sachen, die wir mitnehmen wollten, waren unnötig. Hauptsächlich brauchten wir Decken, warme Kleidung zum Wechseln, festes Schuhwerk und viele Lebensmittel. Außerdem packten wir noch einige Wertgegenstände ein und nähten den Schmuck in die Kleidungsstücke, die wir trugen.
Dem kleinen Jürgen schien das alles kolossalen Spaß zu machen. Er schleppte die Koffer ran, suchte unter seinen Spielzeugen aus, was er mitnehmen wollte. Seinen kleinen Hasen gab er nicht aus Hand. Den durfte er auf keinen Fall vergessen.

Die Schweizer Radio-Zeitung *Bern*

Deutschland

Gemeinschaftsprogramm

5.30 Nachrichten
5.40 Frühkonzert, dazwischen 7.00 Nachrichten
7.10 Zwischenspiel
7.15 Eine chemische Betrachtung zum Hören und Behalten

7.45 Musik am Morgen
9.00 Nachrichten
9.05 Unterhaltungsmusik
10.00 Musik am Vormittag
11.00 Bunte Klänge
12.00 Landfunk
12.10 Musik zur Werkpause, dazwischen 12.20 Nachrichten und Lagebericht
14.00 Nachrichten und Wehrmachtsbericht
14.15 Allerlei von zwei bis drei mit Herbert Jäger
15.00 Nachmittagskonzert des Münchner Rundfunkorchsters
16.00 Unterhaltungsmusik mit Solisten
17.00 Nachrichten
17.15 Kurzweil am Nachmittag
18.30 Wir raten mit Musik
18.45 Zwischenspiel

RAF Bomber Command Headquarter *England*

Intelligence Narrative of Operations No. 1007.
Einsatzbefehl an die britischen Bomberbesatzungen
Dresden, die siebtgrößte Stadt Deutschlands – und nicht viel kleiner als Manchester – ist auch die größte bebaute Fläche, die noch nicht bombardiert wurde. Mitten im Winter, mit Flüchtlingsströmen in westlicher Richtung und mit Truppen, die unterzubringen sind, werden Quartiere dringend gebraucht, nicht nur für Arbeiter, Flüchtlinge und Truppen, sondern auch für die aus anderen Landesteilen verlegten Verwaltungsdienststellen. Früher bekannt für sein Porzellan, hat sich Dresden zu einer äußerst wichtigen Industriestadt entwickelt, und wie jede andere Großstadt verfügt es

über vielfältige Telefon- und Eisenbahneinrichtungen. Daher ist es besonders geeignet, die Verteidigung jenes Teiles der Front zu steuern, der von einem Durchbruch Marschall Konjews bedroht ist.
Mit dem Angriff ist beabsichtigt, den Feind dort zu treffen, wo er es am meisten spüren wird, hinter einer teilweise schon zusammengebrochenen Front gilt es, die Stadt im Zuge weiteren Vormarsches unbenutzbar zu machen und nebenbei den Russen, wenn sie einmarschieren, zu zeigen, was das Bomberkommando tun kann.

Der Domkirchenprobst Wilhelm Beier †1945
Dresden

Gebet während einer öffentlichen Andacht
am Nachmittag

Du im heilgen Sakrament verborgener Gott,
schau auf uns in Deiner Barmherzigkeit
und auf all die Not unseres Vaterlandes
und aller Völker,
auf den Kummer und das Elend der Familien,
der Jugend und der Kinder.
Gib Frieden unseren Tagen und erhöre unser Flehen.

Wir weihen uns Dir ganz und bieten uns
Deiner göttlichen Barmherzigkeit als Sühne an.
Nimm mich, und alle, die hier versammelt sind,
die ganze Gemeinde, und wende das Unglück der Tage.

Verzeih allen, uns und den anderen,
die die Not der Zeit heraufbeschworen haben.

Verzeih auch denen, die Dich hassen und verfolgen.
Rechne ihnen das in Deiner Barmherzigkeit nicht an.
Laß sie alle das Elend und ihre Schuld erkennen
und für die Ewigkeit nicht verloren gehen.
Darum bitten wir Dich, Herr.
Gib Frieden unseren Tagen,
allen Völkern und jedem einzelnen von uns.

Darum bitten wir Dich, o Herr!
Und laß uns darum nicht vergeblich flehen.
Amen

Adolf Hitler 1889–1945 **Berlin**

Politisches Testament

Ich jedenfalls habe das Weltjudentum gezwungen, die Maske fallen zu lassen, und selbst wenn unsere Anstrengungen fehlschlagen, so wird es sich nur um einen vorübergehenden Fehlschlag handeln, denn ich habe der Welt die Augen geöffnet über die jüdische Gefahr.

Unser Vorgehen hat den Juden gezwungen, aggressiv zu werden. In dieser Form ist der Jude weniger gefährlich als im Gewande des heimtückischen Duckmäusers. Hundertmal lieber ist mir der Jude, der sich zu seiner Rasse bekennt, als einer, der sich für jemanden ausgibt, den nur die Konfession von uns unterscheidet. Wenn ich diesen Krieg gewinne, dann setze ich der jüdischen Weltmacht ein Ende, ich versetze ihr den Todesstreich. Verliere ich diesen Krieg, dann ist der jüdische Triumph noch lange nicht berechtigt, denn die Juden würden darüber außer sich geraten und den Verstand verlieren. Sie würden ihre Anmaßung derart auf die Spitze treiben, daß sie selber damit wieder die Nägel zu ihrem Sarge schlagen. Natürlich würden sie weiter ihr Doppelspiel treiben, indem sie in allen Ländern die vollen Staatsbürgerrechte beanspruchen, ohne auf ihren Dünkel als Angehörige des auserwählten Volkes zu verzichten. Doch der jüdische Leisetreter hätte ausgelebt, an seine Stelle träte der siegesbewußte Jude – ebenso dreckig und stinkig wie der andere, wenn nicht noch mehr. Damit wäre dafür gesorgt, daß der Antisemitismus nicht ausstirbt: die Juden selbst nähren und schüren ihn unaufhörlich. Die Ursache müßte erst verschwinden, damit die Abwehr aufhörte. Darin wenigstens kann man sich auf die Juden verlassen: der Antisemitismus wird erst mit ihnen aus der Welt geschafft werden.

Der Abend

Der Matrosen-Hauptgefreite Klaus Lohmann *1910 Stettin

Vormittags kommt es zu einem höchst interessanten Gespräch, das ich mit dem zur Zeit dienstältesten Offizier an Bord, einem Kptleutnant Borchers aus Bremen, habe. Vom Persönlichen kommen wir bald zum »Sachlichen«, d. h. in diesem Falle zu dem Thema »Christus Herr«. Vor allem geht es um die Frage… [unleserlich] Staat und Kirche u.s.w. Ich kann in diesem Zusammenhange klar von Christus zeugen… [unleserlich]
Immerhin ist es für mich schon eine Freude, mich einmal mit einem gebildeten ernstzunehmenden Men-

schen über die Wahrheitsfrage aussprechen zu können. Über 1½ Stunden sind wir zusammen – meinen Nerven tut solch ein Gespräch nicht gut, wohl aber dem Herzen.
Abends lasse ich mich von Willi überreden, in den Film »Gasparone«, nach der Operette von Millöcker, zu gehen. Aber ich bin, wie jedesmal, danach wie geschlagen. Bisher sah ich noch keinen Film, der mich irgendwie befriedigte, von künstlerischen Qualitäten gar nicht zu reden. Alles Effekt, übertrieben – und sittlich völlig minderwertig.

Der Leutnant Eberhard Isemann 1923–1945
Jugoslawien

Mein liebstes Schwesterlein,
dunkel ist die Welt und traurig; und dunkel ist eben der Himmel draußen – aber hell leuchtet der Orion und hell leuchtet uns, die wir noch darum wissen, das Licht der Liebe Gottes.
Dies ist mein Gruß für Dich heute und er soll Dir Mut und Freude bringen, daß Du trotz aller Not und Traurigkeit stark und fröhlich bliebest. Denn jetzt müssen wir tapfer bleiben und den Verzagenden Trost und Hilfe sein. Jetzt müssen wir treu bleiben im Glauben und im Hoffen, denn sonst vergeht auch noch der heilige Rest.
Ich weiß, mein Schwesterlein, daß Du alle das Geschehen jetzt schwer trägst. Wem sollte es nicht bitter weh tun, wenn alle Not und alles Herzeleid so bitter und schwer wird wie nie zuvor? Und deshalb denke ich sehr an Dich und bete für Dich wie für alle, die mir lieb sind. Wir müssen ja für viel Bewahrung täglich dankbar sein.

Feine Post bekam ich von Reni, die am 1. Jan. einem Wolfgang das Leben schenkte. Wie freue ich mich mit ihr über dies gesunde Kindlein und über Gottes gnädige Bewahrung. Nun darf sie ein eigenes Menschenkind ins Leben geleiten nach den vielen fremden. Gottes Liebe befehle ich Dich wie auch alle Lieben und bleibe Dein Hardy

Der Luftwaffenhelfer Bruno Hoenig *1928 Fulda
Ja nun ist der Urlaub zu Ende. Sitze jetzt im Bahnhof Fulda und warte auf den Anschlußzug. Es ist so ein eigenartiges Gefühl jetzt wieder Soldat zu sein. Am 11. sollte ich schon bei der Batterie eintreffen. Wer weiß was das geben wird. Ich habe mich jetzt entschlossen dem Stolz ein Ende zu setzen. Den Ring habe ich abgelegt. Will mich jetzt mal zusammenreißen, daß ich endlich das Übel loswerde. Am Sonntag waren wir in Blankenese in der Kirche. Zur Beichte konnte ich nicht gehen aber die hl. Kommunion habe ich empfangen. Auch in der Kirche will ich sehen, daß ich die übertriebene Frömmelei ablege. Wenn ich nur wieder richtig beten könnte! In der Batterie steht mir sicher wieder ein Kampf bevor, daß ich jeden Sonntag zur hl. Messe kann. Aber gerade das macht mich glücklich. Ich bin eben ein Idealist und muß ein Ideal haben. Der Nationalsozialismus ist sicher nicht das Rechte aber auch er hat ein Ideal. Hoffentlich komme ich nicht auf ungerade Wege dadurch.

Gertrud Bayer *1909 Berlin
Bei strömendem Regen und grundlosem Schneematsch zum Friseur, wo der Strom versagte, gerade ehe gewa-

schen wurde. Alle Lokale zu! Nachdem Herta und ich aus dem Rucksack frische Schuhe und Strümpfe angezogen hatten, landeten wir im Kino. »Meine Frau Teresa«, reizend. Dann Schulungsvortrag bei der Arbeitsfront, unerhört, einen für sowas zu bestellen! In L. fiel ich abends die ganze Treppe kopfüber herunter. Glück gehabt!

Liesbeth Flade **Dresden**

Wir saßen nach dem Abendbrot noch gemütlich erzählend um den Tisch, ich hatte irgend eine Flickerei in der Hand und probierte meine erste nagelneue Brille aus. Die Abende vorher waren wir ziemlich unruhig gewesen; wahrscheinlich weil fast jede Nacht Alarm war und weil man erst jetzt durch die schlesischen Flüchtlinge anfing an das Flüchtlingselend zu glauben, zogen wir die Möglichkeit in Erwägung, daß es auch uns einmal so gehen könnte. Deshalb hatte ich für Maria und mich Taschen aus Nessel an einen Gurt genäht, die wir uns, gefüllt mit unseren Wertsachen (Sparkassenbücher, Geld, Schmuck) unter die Kleider binden konnten. Auch hatten wir alles Wichtigste (Verzeichnis über unser verstreutes Eigentum, die Nummern unserer Sparkassenbücher und Konten und Versicherungen und Adressen für den Fall der Zerstreuung unserer Familie) aufgeschrieben. Jedes Familienmitglied hatte einen Durchschlag im wichtigsten Luftschutzgepäck. Auch hatte ich mich – vielleicht in schlimmer Vorahnung – noch am Tag zuvor aufgerafft, unsere Rucksäck ordentlich gepackt, außen mit Bändern versehen, sodaß wir unsere Daunendecken, in die Regenmäntel gerollt, darum herumschnallen konnten. Jeden Abend brachte ich auch die Koffer mit den Kleidern in den Keller.

Der Oberzahlmeister Gerhard Erich Bähr 1894–1975
Dresden

Wir saßen nach dem Abendbrot in unserem schönen Speisezimmer und hörten im Radio ein Mozart-Konzert. Dann zog sich Hildegard um, weil sie noch aufwaschen mußte. Dazu zieht man sein ältestes Zeug an. Das war dann auch das einzige, was gerettet wurde.

Victor Klemperer 1881–1960 **Dresden**

Gegen neunzehn Uhr. Die Frau Kästner wohnte im Keller des Hofseitenflügels, man sieht hinter dem Hof eine merkwürdige kleine, alte Kirche. Ein sehr junges dunkles Mädchen öffnete mir, sie las das Schreiben ganz resigniert. Ja, ihr sei schon alles gleichgiltig, nur unterschreiben wollte sie nicht, ehe die Muttel das gelesen hätte. Ob ich nicht wiederkommen wollte. Ich sagte, das sei mir unmöglich, ich mußte sie dann eine ganze Weile zur Quittungsleistung drängen.
Bei Neumark war das ganze Büro mit Deportanden besetzt, ich reichte Paul Lang, Rieger, Lewinsky die Hand – »Sie kommen auch mit? Nein?«, da war schon eine Kluft zwischen uns. Ich ging einen Augenblick zu Eisenmanns hinauf, die ganze Familie versammelte sich – schwerst verstört. Ich ging zu Waldmann, der hierbleibt. Er entwickelte mit sehr großer Bestimmtheit die düsterste Annahme. Weswegen nimmt man die jüdischen Kinder mit? Lisl Eisenmann ist doch kein Arbeitseinsatz. Weswegen muß Ulla Jacobi allein mit – ihr Vater gilt als Friedhofsverwalter noch für unabkömmlich. Da stecken Mordabsichten dahinter. Und wir Zurückbleibenden, »wir haben nichts als eine Galgenfrist von etwa acht Tagen. Dann holt man uns

früh um sechs aus den Betten. Und es geht uns genauso wie den andern«.
Ich warf ein: Warum man einen so kleinen Rest hierlasse? Und das jetzt, wo man zeitbedrängt sei?
Er: »Sie werden sehen, ich behalte recht.«

Der Kfz-Schlosser Rolf Becker *1929 Dresden

Am zeitigen Abend des Fastnachtdienstages 1945 kam ich von Arbeit. Mit meinem Schäferhund Lux drehte ich noch die allabendliche Runde durch die Lindenaustraße zum Bismarckplatz und dann durch die Strehlener Straße wieder nach Hause. Von Fastnacht war nicht viel zu spüren, nur ein paar Kinder tollten noch durch die Finsternis. Nach dem Abendessen ging ich beizeiten zu Bett, denn die langen Arbeitszeiten durch den »totalen Krieg« zehrten ganz kräftig an meinen jugendlichen Reserven.

Der Postbeamte Wilhelm Bodenstedt 1894–1961 Breslau

Habe heute reichlich gekocht und gebraten, 1 Pfd. Schweinebraten, ½ Pfd. grüner Speck und Knochen, da mache ich morgen, wenn ich noch in der Wohnung sein sollte, Nudeln. Das ganze Haus zittert und bebt, denn an der Schenkendorffstraße stehen nun Langrohrgeschütze und die bullern immerzu. Die Gärten sind voll von ziehendem Pulverdampf. Die Nacht wird man wohl nicht schlafen können von der Kracherei. Es ist jetzt 19 Uhr. Gute Nacht mein Herzensweiberle, Du wirst dort noch Ruhe haben zum Schlafen. Ich küsse Dich heiß und innig.

Der Schüler Horst G.W. Gleiss **Breslau**

Am Rest des Vormittags hackte ich, wie fast jeden Vormittag in letzter Zeit, Holz und zersägte lange Stämme die beim Barrikadenbau abfielen, um die kärglichen Reste unserer Kohlenvorräte zu strecken. Mittags holte ich Mutti von der Straßenbahn ab, denn sie brachte zwei große Wäschekörbe mit Gebrauchsgegenständen des Haushalts und Wäsche. Als Wehrmachtsangestellte erhielt sie bei der Verteilung der Wehrmachtslager Breslaus vor ihrer Vernichtung noch eine ansehnliche Menge bisheriger Mangelware, wie z.B. unter anderem: Brotmaschine, Thermosflasche, Plätteisen, Kartoffelreibemaschine, Filz- und Turnschuhe, Bestecks, Unterhemden und -hosen und manches Andere.

Der Soldat Klaus-Andreas Moering 1915–1945
Grottkau/Schlesien

An seine Frau Elle
Mein lieber Engel!
Heute auf einem scheußlichen Schloß – der Besitzer ist weg, nur eine Baronin Holtei ist noch da. Wir wollten ein Bad nehmen in einem der 20 Badezimmer, aber wieder Stellungswechsel – zu allem Überfluß rummelt Iwan wieder ganz gehörig, etwas weiter nordwestl. von uns. Ich bin recht gefaßt und beinahe heiter geworden. Auch Goethes Gedichte trugen dazu bei. Es gehört freilich ein Lebensgefühl dazu, in dem jetzigen Geschehen ein Wirksames zu sehen. »Es gehen Menschen auf – und nieder« heißt die große Stelle bei Hölderlin, wie Saat, wie Wogen. Ich habe mir die Toten recht genau angesehen, wie sie rücklings mit

dem Gesicht in die Erde, daliegen, nicht wie liegende Menschen, sondern wie umgefallene Puppen, ohne Schwerkraft, klein und wächsern, abgemäht. –
Gestern träumte ich wieder von Dir; ich war gekommen – seltsam, Du warst noch in Muskau; es war spät Nacht, und um ½8 mußte ich wieder zurück sein. Ich zog mich aus, Du nahmst mich ins Bett; ungewaschen, dachte ich, und die Läuse, doch ich sagte nichts, um nicht zu stören. Erst nach glücklichem Frieden fiel mir ganz spät ein, weshalb ich eigentlich gekommen war und wie brenzlig die Lage. Ob Du meine Briefe alle bekommen habest, doch da sah ich schon meine blaugrünen Umschläge stehen. Ja, sagtest Du. Ich wollte vom Wegziehen reden, aber ich weiß nur noch zersplitterte Bilder, mein Vater, der plötzlich auch da war; er schlief in einem Bett neben unserem, in seinem grauen Straßenanzug; man müsse ihn wenigstens zudecken – dann war es aus mit dem Traum – aber noch im Wachen war das Glück, bei Dir gewesen zu sein, mächtig, beruhigend.
Wir sind noch bei Grottkau. Das eine Auge des Gutsbesitzers war geschlossen, ein schmaler blutunterlaufener Streifen, die ganze Wange rot – das andere Auge stand offen, und, obwohl es mich sehr klein dünkte, hatte es durch sein helles, stumpfes Blau, in dessen Mitte ein schwarzer Kern saß, etwas sehr Weites. Das Haar war graublond auf der weißen Stirn, alles wie künstlich. »Denn alles muß in Nichts zerfallen – wenn es im Sein beharren will« steht in einem Gedicht bei Goethe.
Ich hatte in der Nacht Wache auf dem Turm. Die Sterne tauchten auf in den losen Maschen des ver-

hängten Himmels, der Wind war stark – groß ist so ein Wesen, das über die Erde zieht, gleichgültig, was sich da unten abspielt.
Elle, jede Faser hängt an Dir. Küß die Kinder, und dränge Dich durch in dieser Zeit mit allen Deinen Kräften, Du Liebe, Große, Starke. Ich vertraue Dir. Mein! Dein Kl.

Der Soldat Hans-Henning Teich 1923–1945 im Westen

An seine Freundin Anna
Mein Liebes!
Nun fährt das gute Hänschen von der Vermittlung morgen nach R. Da muß ich ihn doch schnell als »postillon d'amour« engagieren!
Ich hoffe, Du wirst meinen Brief auch ohne Benny-Stempel als echt erkennen. Ich nahm ihn wohl mit, habe aber hier kein rotes Stempelkissen. Hast Du irgendwie gehört, ob man mir dies verübelt hat? Schreib' es mir ruhig.
Ich habe mich hier schnell und froh eingelebt, zumal ich mehrere alte Kameraden traf. Ich möchte jetzt nicht mehr tauschen mit meinem alten Posten. Es geht nichts über die frische, freie Luft hier, über die Gedankenfreiheit! Hätte ich sonst die Kätzchen gefunden, könnte ich sonst Abend für Abend die wunderschönen Sonnenuntergänge beobachten? Hier weht ein rauherer, aber herzlicherer Wind!
Heut' Abend habe ich nun wirklich Deine Weidenkätzchen gezeichnet. Allerliebst schaut es aus! Wann ich es Dir wohl zeigen kann?
Von Zuhause hörte ich lange, lange nichts, weiß auch

noch nicht, ob sich meine Mutter schon für Dich verwenden konnte. Hab' Geduld, Annele!
Ein ganzer Stoß Bücher liegt neben mir. Bis tief in die Nacht werde ich lesen und auch ein wenig Kunstgeschichte lernen. Die meisten Gedanken sind bei meinem Beruf!
Verzeihst Du es?
Du weißt doch, wie ich zu Dir stehe!
Dein Henning.

Das Rundfunkprogramm
Reichsprogramm:
20.15-21.00: Balladen und Lieder von Loewe
21.00-22.00: Konzert, Werke von Mozart, Franck, Spohr

Deutschlandsender:
20.15-21.00: »Der Prinz von Homburg« von Kleist
21.00-22.00: Musik für Dich

Die Schweizer Radio-Zeitung ***Bern***
England I
19.00 Konzert des B.B.C. Northern Orchstra: Brahms, Tragische Ouvertüre, Sibelius, Sinfonie No. 3
19.30 Plauderei von Sir Harold Spencer Jones, dem königl. Astronomen
19.45 »Make a Date«
20.15 »The Brain's-Trust« (Der Gehirn-Trust) Fragen und Antworten
20.40 Orgelmusik
21.00 Westminsterschlag, Nachrichten (englisch)

21.25 »Tonight's Talk«
21.30 Dienstags-Serenade
22.15 Religiöser Vortrag
22.40 Joseph Jongens: Streichquartett op. 23
23.40 Klaviervorträge
24.00 Zeitzeichen. Nachrichten (englisch)
0.20 Nachrichten in norwegischer Sprache
0.30 Ende

Joseph Goebbels 1897–1945 **Berlin**

Hin und wieder sind Stimmen aus England vernehmbar, die doch eine langsam dämmernde Erkenntnis über die bolschewistischen Fernziele bemerkbar machen. So hat sich beispielsweise jetzt der Herzog von Bedford wieder in sehr scharfer Form gegen die englische Kriegspolitik gewandt und eine Erklärung abgegeben, die fast im »Völkischen Beobachter« als eigene Meinung niedergelegt sein könnte. Allerdings ist der Herzog von Bedford ohne jeden Einfluß; immerhin aber darf nicht vergessen werden, daß er ein Mitglied des Königshauses ist. Ich nehme an, daß das englische Königshaus nicht viel besser ist als die anderen europäischen; und Könige pflegen im allgemeinen wankelmütig zu werden, wenn sie bemerken, daß ihre Throne in Gefahr geraten. Und diese Gefahr ist sicherlich heute auch für den englischen Thron gegeben.

*

Katharina Tietze **Dresden**

Der 13. Februar war grad Fastnachtsdienstag. Am Spätnachmittag war Frl. Weßner mal ein Stündchen dagewesen, und nach dem Abendbrot kam Eva aus Loschwitz, um sich irgend etwas zu holen, blieb vielleicht ½ Stündchen und verabschiedete sich wieder, um nach der Schweizer Straße zur Müller-Mutti zu fahren und dort zu schlafen. Sie wird uns ungefähr ½ 9 Uhr verlassen haben. Wir drei, Vater, Tante Dore und ich, saßen noch ein Weilchen uns unterhaltend beisammen und rüsteten in der zehnten Stunde allmählich zum Schlafengehen. Als wir die Stiefel schon ausgezogen hatten und ich grad das Fußbadewasser brachte, ertönte ½10 Uhr die Sirene: »Vollalarm!« Schnell wieder Stiefel an, Mäntel dazu und mit Luftschutzgepäck und Decken hinunter in den Keller, wo wir wohl so ziemlich zuletzt ankamen, man uns aber die gewohnten Plätze freigelassen hatte.

Die Hauswirtschaftslehrerin Herta Daecke
Dresden

Eine wunderbare Abendbeleuchtung empfing mich, als ich zum letzten Mal die Landesbauernschaft verließ. Eigentlich wollte ich meinen Wäschekoffer bei Maria Küchler holen, aber ich hatte das Gefühl, noch allerlei anderes in Ordnung bringen zu müssen – bezahlte Rechnungen und brachte noch Schuhe weg, dummerweise gerade meine zwei Paar guten. Kaum liege ich kurz nach 9 Uhr im Bett, geht der Alarm los.

Eva Schließer **Dresden**

Als wir abends nach 9 gemütlich beisammen saßen, ich eifrigst mit Muttis Häkeltaschentuch beschäftigt, das unbedingt noch bis zum Geburtstag fertig werden sollte, und Ursel am Klavier, unserem unendlich geliebten schönen Klavier – da ertönten zum ersten Mal in dieser Katastrophennacht die Sirenen. Ursel hatte gerade so reizend »Willst du dein Herz mir schenken…« gesungen und schlug die ersten Takte von »Müde bin ich, geh zur Ruh« an, da schwirrten auch schon die Tommies über uns. Ach, in dieser Nacht gingen Tausende zur ewigen Ruh, für uns war's die ruheloseste Nacht unseres Lebens.

Victor Klemperer 1881–1960 (Dresden)

Wir setzten uns am Dienstag abend gegen halb zehn zum Kaffee, sehr abgekämpft und bedrückt, denn tagüber war ich ja als Hiobsbote herumgelaufen, und abends hatte mir Waldmann aufs bestimmteste versichert (aus Erfahrung und neuerdings aufgeschnappten Äußerungen), daß die am Freitag zu Deportierenden in den Tod geschickt (»auf ein Nebengleis geschoben«) würden und daß wir Zurückbleibenden acht Tage später ebenso beseitigt werden würden – da kam Vollalarm. »Wenn sie doch alles zerschmissen!« sagte erbittert Frau Stühler, die den ganzen Tag herumgejagt war, und offenbar vergeblich, um ihren Jungen freizubekommen.

Der Soldat Rudolf Thomas Dresden

Ich habe als verwundeter Soldat die schreckliche Bombennacht miterlebt. Ich war erst im Hilfslazarett in der Annenschule untergebracht, dann wurden wir verlegt nach dem Vitzthum-Gymnasium. Am Abend hatten wir noch eine Kulturveranstaltung und ich kann mich noch genau an das Lied »Du und ich beim Mondenschein auf einer kleinen Bank allein…« erinnern, was von einer Sängerin vorgetragen wurde.

Nach dem Programm gingen wir wieder auf unsere Zimmer. Gegen 22 Uhr wurde Fliegeralarm gegeben. Jeder der dazu in der Lage war, mußte die Uniform anziehen, dann ging es ab in die Keller.

Der Wehrmachtsfunker Franz Leiprecht *1921
Dresden

Heute Abend war es wieder so weit. 20 Uhr Abfahrt zum Bahnhof zur Verladung. Diesmal verabschiedete ich mich telefonisch von meinem Bruder. Um 22 Uhr sollte alles verladen sein und fertig zur Abfahrt. Auf dem Bahngelände herrschte Hochbetrieb. Wir verließen unseren Waggon, um auf dem Bahnsteig nochmal frische Luft zu schnappen. Unweit von uns sangen und tanzten russische Hilfstruppen. Auf ihren Zupfinstrumenten begleiteten sie die Sänger und Tänzer. Gefangene waren das bestimmt nicht. Ihr freies Bewegen und ihre Ausrüstung lassen auf eine russische Hilfstruppe schließen. Wir spendeten ihnen sogar Beifall. Doch das Spiel nahm ein jähes Ende.
Plötzlich erloschen die Lichter auf dem Bahngelände, die zuvor schon abgedunkelt waren. Am Himmel hörte man seltsames Brummen. Jetzt erst ertönten die Luftschutzsirenen, ohne Vorwarnung? Ein Luftschutzwärter rief uns zu: Wir sollen ihm schnellstens folgen. Er kannte in der Nähe einen guten Luftschutzkeller. Fluchtartig verließen wir den Bahnhof und folgten ihm. Leider bemerkten nur wenige von uns den Aufruf. Ich war gespannt wo der uns hinführt. Anstatt von der Stadt, führte uns der gute Mann in die Stadt. Schon zeigten sich die ersten Christbäume am Himmel, die Richtungsweiser für die Bomber.

Ernst Heinrich Prinz von Sachsen 1896–1971
Dresden/Schweizerviertel

Ich wollte gerade aufbrechen, um in dieser unruhigen Zeit nicht zu spät nach Hause zu kommen, als plötzlich das schauerliche Konzert der Warnsirenen begann. An ein Nachhausefahren war unter diesen Umständen nicht mehr zu denken. Die Sirenen ebbten ab, es herrschte völlige Ruhe und vom Balkon der Wohnung aus war nichts zu sehen und zu hören. Dann aber kam aus der Ferne ein dunkles Grollen, das immer mehr anschwoll. Es waren ohne Zweifel starke Bomberverbände im Anflug auf Dresden. Man hörte einzelnes Abwehrfeuer, und das Brummen der Bomber wurde so stark, daß kein Zweifel blieb, was der unglücklichen Stadt bevorstand.

Otto Griebel 1895–1972 **Dresden**

Trotz aller Geselligkeit trieb es mich, in der zehnten Stunde aufzubrechen. Zwar schlug die Wirtin vor, nach der festgesetzten Polizeistunde hinter geschlossenen Fenstern und Türen noch ein wenig weiterzufeiern, aber ich mochte nicht und stand bereits angekleidet und mit dem Geld in der Hand an der Theke, als plötzlich das Heulen der Alarmsirenen ertönte.
Ein Schreck fuhr mir in die Glieder. Auch eine anwesende Bekannte, die ihre Kinder allein daheim auf der Chemnitzer Straße gelassen hatte, erbleichte.
Rasch stellten wir das Radio ein und hörten, daß sich feindliche Kampfgeschwader im Anflug auf die Stadt befänden, die einen Angriff erwarten müsse. Man hatte das zu oft schon vernommen, und erst auf mein Drängen hin wurde der Keller aufgesucht. Auch die übrigen

Hausbewohner kamen nur zögernd herab, doch da dröhnten schon die Motorengeräusche über uns.

Eine Schülerin **Dresden**

Die Sirenen heulten in die klare, dunkle Winternacht langanhaltend und getragen die Warnung für Vollalarm. Wir Kinder dachten an keine Gefahr, aber plötzlich stand schon meine Mutter am Bett meiner jüngeren Schwester: »Schnell, geh aus dem Bett raus, damit Papi nicht sieht, daß du schon wieder in Christas Bett bist. Hört doch mal, die Flieger brummen schon, zieht Euch schnell an, wir müssen sofort in den Keller!« – Ich nahm das alles fast teilnahmslos hin – denn warum sollte man auch an Gefahr denken. Nächtlicher Alarm hatte für uns nie etwas Schlimmes bedeutet, nie waren nachts bei uns Bomben gefallen, nur einmal um die Mittagszeit im vorigen Herbst, aber das war schon längst wieder vergessen. Ich zog meine neuen Pantoffeln an, keinen Rock, nur einen alten Mantel, die Trainingshosen, eine alte weisse Bluse, Handschuhe und die Mütze. Dann gingen wir schon in den Keller, – es war ½ 10 h abends. Meine Eltern hatten an diesem Tag, es war der Faschingsdienstag, mit meiner Tante und meinem Onkel noch ausgelagerte Sachen von der Lausitz nach Dresden hereingeholt, weil die Russen unmittelbar vor der sächsischen Grenze standen; sie hatten dann noch abends zusammengesessen und im Radio gehört, daß »schwere Bomberverbände unmittelbar vor Dresden seien«. Wir saßen mit allen Hauseinwohnern schon im Keller, mein Vater war noch mal kurz in den Garten hinausgegangen und berichtete uns danach, daß er am Himmel nur Christbäume gesehen hatte.

Der Leutnant Dieter Wiechmann *1922 Dresden
Am Fasnacht-Dienstag ertönten wieder einmal am Abend die Sirenen und wir zogen uns – wie jedesmal – vollständig an, um in den Keller zu gehen, immer in der Meinung, wieder einen der üblichen Alarme zu haben. Auf dem Weg dorthin schauten wir kurz auf der Terrasse im Treppenhaus in den Nachthimmel und sahen über uns und über der Stadt massenweise »Christbäume«. Man hörte das monotone Brummen der Bomber und das Explodieren der Flakgranaten. Jetzt wußten wir, daß es diesmal Ernst ist, und wir hasteten in den Keller. Ich war heilfroh, daß ich an diesem Abend nicht, wie geplant, ins Café Hülfert gegangen war, ich weiß nicht mehr, warum eigentlich nicht.

Der erste Angriff 22.13–22.20 Uhr

Der Funkverkehr der Royal Air Force, um 22.00 Uhr
Masterbomber: Hören Sie mich? Ende.
Hauptmarkierer: Ich höre Sie deutlich in Stärke fünf. Ende.
Masterbomber: Sind Sie schon unterhalb der Wolkendecke?
Hauptmarkierer: Noch nicht.
Masterbomber: Können Sie den grünen Erstmarkierer sehen?
Hauptmarkierer: Ja, ich kann ihn sehen. Die Wolkendecke ist nicht sehr dick.
Masterbomber: Nein. Für wie hoch halten Sie die Wolkenuntergrenze?

Hauptmarkierer: Die Untergrenze liegt bei etwa achthundert Metern.
Der Hauptmarkierer im Anflug: Tally-ho!
Masterbomber: Sie haben das Falsche markiert. – Ach nein, es ist das Richtige, setzen Sie die Arbeit fort. – Hallo, Hauptmarkierer. Der Zielmarkierer liegt etwa fünfunddreißig Meter östlich vom Markierungspunkt. – Gute Arbeit! Weiter verstärken, verstärken.

Der RAF-Hauptmarkierer Captain William Topper über Dresden

Als ich über die Stadt flog, sah ich deutlich eine große Zahl schwarzweißer Fachwerkhäuser; sie erinnerten mich an Shropshire und Hereford und Ludlow. Sie schienen den Fluß einzufassen, über den eine Reihe anmutiger Bogenbrücken führte; die Häuser bildeten ein sehr auffälliges architektonisches Merkmal der Stadt.

Die Örtliche Luftschutzleitung Dresden, 22.03 Uhr

Der Lotsendienst stellt fest, daß der Angriff Dresden gilt.

Der Flaksender »Horizont«, 22.04 Uhr Döberitz bei Berlin

Der Verband schneller Kampfflugzeuge von Martha Heinrich 1 nach Martha Heinrich 8, kreisend. Die Bomberspitze in Nordpol Friedrich, Otto Friedrich 3, Kurs Ost-Nord-Ost.

Der Funkverkehr der Royal Air Force, 22.06 Uhr

Der fünfte RAF-Markierer an Hauptmarkierer: Klar?
Der zweite RAF-Markierer im Anflug: Tally-ho!

Die Örtliche Luftschutzleitung Dresden
Achtung! Achtung! Achtung! Die Spitzen der großen feindlichen Bomberverbände haben ihren Kurs geändert und befinden sich jetzt im Anflug auf das Stadtgebiet. Es ist mit Bombenabwürfen zu rechnen. Die Bevölkerung wird aufgefordert, sich sofort in die Luftschutzräume zu begeben.

Der Funkverkehr der Royal Air Force, 22.06 Uhr
Der Masterbomber an den Sichtprüfer der 97. Bomberstaffel: Masterbomber an Sichtprüfer Drei, Sagen Sie mir, ob Sie den Schein sehen können.
Der Sichtprüfer Drei an Masterbomber: Ich kann drei Zielmarkierer durch die Wolken erkennen.
Der Masterbomber an Sichtmarkierer Drei: Gute Arbeit. Können Sie schon die roten erkennen?
Der Sichtprüfer Drei an Masterbomber: Ich kann nur rote sehen.
Der dritte Markierer: Tally-ho!
Der vierte Markierer: Tally-ho!
22.07 Uhr
Der Masterbomber an Beleuchterverband: Keine Leuchtbomben mehr, keine Leuchtbomben mehr.

Die Örtliche Luftschutzleitung Dresden
Erste Bombenabwürfe über der Stadt

Der Funkverkehr der Royal Air Force, 22.09 Uhr
Der Masterbomber an Sichtmarkierer Drei: Können Sie die roten Zielmarkierer sehen?
Der Sichtmarkierer Drei an Masterbomber: Ich kann die grünen und die roten Zielmarkierer sehen.

22.11 Uhr
Der Masterbomber an Plate-rack-Verband: Beginnen Sie mit dem Angriff und bombardieren Sie das rote Licht der Zielmarkierer nach Plan. Bombardieren Sie das Licht der roten Zielmarkierer nach Plan.
Der Hauptmarkierer an Masterbomber: Kann ich jetzt den Markierungsverband nach Hause schicken?
Der Masterbomber an Hauptmarkierer: Wenn Sie noch einen Moment bleiben und eine Maschine mit gelben Markierungsbomben zurückbehalten, können die übrigen nach Hause fliegen.
Der Hauptmarkierer an Masterbomber: Okay, Masterbomber. Hauptmarkierer an alle Markierer: Fliegen Sie nach Hause, fliegen Sie nach Hause. Bestätigen Sie.
Die Markierer Drei, Vier, Fünf, Sechs, Sieben, Acht: Wir fliegen nach Hause.
22.12 Uhr
Der Masterbomber an Plate-rack-Verband: Bombardieren Sie die konzentrierten roten Zielmarkierer nach Plan, sobald Sie wollen.
Der Masterbomber an Verbindungs-Lancaster Eins: Fordern Sie die Maschinen im oberen Höhenbereich auf, bis unter die mittlere Wolkendecke herunterzugehen.
Die Verbindungs-Lancaster Eins an Masterbomber: Verstanden.

Ein Luftschutzmelder *1929 Dresden

Am 13. Februar – am Karnevalstag – besuchte ich den in Dresden beheimateten Zirkus Sarrasani, der dort ein großes festes Gebäude besaß. Während der letzten Nummer des Programms – dem obligatorischen Esel-

reiten mit Clownerien – wurde über Lautsprecher Voralarm gegeben und das Publikum unter Scherzen der Clowns zum Aufsuchen der ausgebauten Keller des Zirkusgebäudes aufgefordert. Auf Grund meines Ausweises als Melder durfte ich das Gebäude noch verlassen. [...]
In jenem Moment fand ich die Illumination recht eindrucksvoll. Bevor ich unsere Wohnung erreichen konnte, fielen bereits die ersten Bombenreihen, und ich habe den ersten Luftangriff in einem fremden Keller miterleben müssen.

Gertrud Schmidt 1906–1998 bei Bad Liebenwerda
Am 13.2. abends rief mich die Großmutter aus Dresden an, wir unterhielten uns eine Weile, und dann sagte sie: »Alarm – ich muß in den Keller«, und legte auf. Fichtners – bei denen sie angerufen hatte – und ich erzählten uns noch eine Weile etwas, dann ging Herr Fichtner noch einmal in den Stall, kam jedoch sofort wieder zurück und rief uns nach draußen. Dort bot sich uns ein Schauspiel, wie ich es in dieser makabren Schönheit nie wieder gesehen habe. So war der nachtschwarze Himmel in einem großen, großen Kreis von vielen, vielen Christbäumen erhellt. Wir gingen auf die Landstraße und sahen, wie buchstäblich Feuer vom Himmel geschüttet wurde. Herr Fichtner meinte, es sei auf Großenhain (ungefähr 30 km Luftlinie von uns entfernt).

Der Oberzahlmeister Gerhard Erich Bähr 1894–1975 Dresden
Gegen ½ 10 Uhr kam im Radio die Meldung: »Feindliche Geschwader über Dessau«, so daß wir mit Vor-

alarm rechneten. Wenige Minuten später kam aber schon gleich Hauptalarm. Hildegard und Ingelore gingen in den Keller und ich zog meine Uniform und die schweren Stiefel an und blieb wie immer am Radio. Auf einmal hieß es: »Feindliche Flieger 20 km vor der Stadt!« Ich stürzte sofort in den Keller. Als ich mit dem Stahlhelm kam, war Hildegard gleich sehr erschrocken. Und richtig, es ging auch gleich danach los. Einschlag über Einschlag. Immerhin fühlte man sich da unten einigermaßen sicher und konnte auch noch nicht feststellen, was nun geschah. Ein größerer Angriff mußte es jedenfalls sein.

Katharina Tietze **Dresden**

Wir hatten schon auf der Treppe viele Flugzeuge surren hören, und kaum saßen wir unten im Keller, hörte man auch schon in nächster Nähe Bomben fallen. Eine mag wohl in den Schornstein über uns gefallen sein, denn nach einigem Gepolter kamen mächtige Rußmassen aus dem kleinen eisernen Öfchen neben Vater geflogen, die er nicht zu knapp ins Gesicht bekam. Nun wurden die Bombenabwürfe immer schlimmer. Es prasselte und polterte unheimlich. In unserer Gegend fielen wohl fast nur Phosphorstabbomben, die dann überall wie gesät lagen. Natürlich fing es da schnell an zu brennen. Neugierige, die, solange es anging, immer mal zur Hoftür hinausguckten, brachten bald die Nachricht, daß die kleine Fabrik hinter unserm Hofe brenne. Bald faßte das Feuer auch den Stoß aus dem Boden entfernter Latten, die in unserm Hofe nahe der Parterrefenster von Zimmermanns aufgestapelt waren, wodurch es in der Wohnung auch zuerst brannte. Bald hatten wir rechts, links, hinter uns und gegenüber auch brennende Häuser. Das Licht war natürlich gleich zu Anfang weg, und wir saßen bei der dicken Luftschutzkerze. Wie lange dieser erste Angriff dauerte, weiß ich nicht mehr, aber jedenfalls ging er mal zu Ende, und man wagte sogar zu hoffen, daß nun überhaupt Schluß für heute sei.

Victor Klemperer 1881–1960 (Dresden)

Man hörte sehr bald das immer tiefere und lautere Summen nahender Geschwader, das Licht ging aus, ein Krachen in der Nähe... Pause des Atemholens, man kniete geduckt zwischen den Stühlen, aus einigen Gruppen Wimmern und Weinen – neues Herankommen, neue Beengung der Todesgefahr, neuer Einschlag. Ich weiß nicht, wie oft sich das wiederholte. Plötzlich sprang das dem Eingang gegenüber gelegene Kellerfenster der Rückwand auf, und draußen war es taghell. Jemand rief: »Brandbomben, wir müssen löschen!« Zwei Leute schafften auch die Spritze heran und arbeiteten hörbar. Es kamen neue Einschläge, aber vom Hofe her ereignete sich nichts. Und dann wurde es ruhiger, und dann kam Entwarnung. Zeitgefühl war mir verlorengegangen.

Ernst Heinrich Prinz von Sachsen 1896–1971
Dresden/Schweizerviertel

Plötzlich wurde der Himmel hell von den sogenannten »Christbäumen«, ein untrügliches Zeichen, daß der Bombenabwurf bevorstand. Der Todesengel hatte die zur Vernichtung ausersehene Stadt mit seinem Flügel berührt.

Wir liefen schnellstens in den Luftschutzkeller des Hauses. Schon hörten wir das Pfeifen der herunterkommenden Bomben und das dumpfe Krachen der Einschläge. Jedoch war das »Schweizerviertel« noch nicht in Mitleidenschaft gezogen. Da – ein blendend leuchtender Schein vor dem kleinen Fenster des Kellers, eine Phosphorbrandbombe, die langsam im Garten ausbrannte. Dann geschah etwas, was die Menschen im Keller zutiefst erschreckte: Unter fürchterlichem Krachen wurde die Mauer des Hauses in ihren Grundfesten erschüttert und bewegt. Eine schwere Brisanzbombe mußte in unmittelbarer Nähe detoniert sein. Nach dem Angriff sahen wir, daß etwa 100 Meter vom Hause entfernt ein mehrstöckiges Haus einen Volltreffer erhalten hatte und total zusammengestürzt war. Dieser Angriff dauerte 20 Minuten.

Die Örtliche Luftschutzleitung Dresden, 22.14 Uhr
Weitere Bombenabwürfe über der Stadt

Die letzte Meldung der Örtlichen Luftschutzleitung, 22.15 Uhr
Achtung! Achtung! Hier spricht die Örtliche Luftschutzleitung. Bombenabwürfe über dem Stadtgebiet. Volksgenossen, haltet Sand und Wasser bereit!

Der Funkverkehr der Royal Air Force, 22.15 Uhr
Der Hauptmarkierer an Masterbomber: Die Bomben scheinen jetzt ausgezeichnet zu fallen. Ende.
Der Masterbomber an Hauptmarkierer: Ja, Hauptmarkierer. Es sieht recht gut aus.
Der Masterbomber an Plate-rack-Verband: Hallo,

Plate-rack-Verband. Die Bombenwürfe liegen gut. Greifen Sie an und zielen Sie wie vorgesehen nach den roten Zielmarkierern. Achtung, einer hat zu spät ausgelöst! Einer hat sehr weit vom Zielpunkt abgeworfen.
Der Masterbomber an Hauptmarkierer: Wenn Sie wollen, können Sie jetzt nach Hause fliegen. Danke.
Der Hauptmarkierer an Masterbomber: Hallo, Masterbomber: Danke, ich fliege jetzt nach Hause.
Der Masterbomber an Plate-rack-Verband: Gute Arbeit, Plate-rack-Verband. Die Bombenwürfe liegen ausgezeichnet.

Otto Griebel 1895–1972 **Dresden**

Ein vielfaches Pfeifen durchschnitt die Luft, und dann erzitterte das Haus von einer Reihe rasch aufeinander erfolgender und immer heftiger werdender Detonationen, die uns in eine Ecke des Kellers trieben, wo wir uns an einer Kartoffelkiste zusammenhockten. Das sausende Fallen und Krachen der einschlagenden Bomben nahm nun kein Ende mehr. Der Luftdruck stieß die eisernen Türen der Bierzufuhr auf, und das ins Flackern geratene elektrische Licht setzte mit einem Male ganz aus.
Immer enger schmiegten sich die zitternden Frauen an mich und begannen, laut zu jammern und zu beten, trotzdem ich sie fortwährend zur Besonnenheit und Ruhe zu ermahnen suchte, und die Wirtin meinte, der Keller sei fest genug, um einen Treffer zu überstehen. Einige der Schläge fuhren uns förmlich ins Genick. Wir duckten uns immer tiefer und warteten von einem Hieb zum anderen. Einmal schien es, als drehe sich das

ganze Gebäude in seinen Fundamenten. Dann brach rote Lohe durch die Kellerlöcher.

Der Leutnant Dieter Wiechmann *1922 Dresden

Kaum waren wir im Keller, als das unheimliche Rauschen der fallenden Bomben und die Detonationen ein Ausmaß annahmen, wie ich es noch nicht erlebt hatte. Auf einmal erlosch das Licht, es wurde die Notbeleuchtung eingeschaltet. Das ohrenbetäubende Krachen ging gut eine halbe Stunde lang. Wir hatten alle eine ungeheure Angst, daß uns ein Volltreffer auslöschen würde.

Die Hauswirtschaftslehrerin Herta Daecke Dresden

Kaum habe ich mich angezogen und das Nötigste gerafft, fallen auch schon die ersten Bomben. Es wird uns rasch klar, daß diese Nacht Dresden dran ist. Die Hölle ist los. Einschlag über Einschlag – ein Pfeifen – ein Sausen – alles wackelt – ein Sturm erhebt sich – Fenster und Türen reißen auf, und bei jeder Mine oder Bombe, die herniedersaust, hat man das Gefühl – nun ist es aus. Es sind grauenhafte Todesminuten, die eine Ewigkeit dünken. Aber unsere Luftschutzgemeinschaft benimmt sich vorbildlich – nur das Nötigste wird gesprochen, sonst ist alles totenstill, und jeder ist in sein Schicksal ergeben. Ab und zu macht der Luftschutzwart Streifen und sieht nach, ob unser Haus noch nicht brennt. Ringsum brennt schon allerhand. Endlich wird es ruhiger – das Brummen der Flieger entfernt sich, aber das Detonieren der Zeitbomben geht weiter.

Liesbeth Flade **Dresden**

Fünf Minuten vor 10 Uhr, wir wollten uns gerade hinlegen, kam Alarm. »Da gehts wieder los!« Ich legte meine Brille noch sorglich ins Mittelteil vom Buffet, wir nahmen uns Zeit, ich schleppte aber doch die Daunendecken an jenem Abend mit hinunter. Kaum waren wir alle unten im Keller, da fing es auch schon an zu donnern. Bange Minuten vergingen, alles schwieg vor Entsetzen. Es war anders als sonst, wo wir die Kinder manchmal mit Geschichten unterhielten oder sonst ablenkten.

Der Kfz-Schlosser Rolf Becker *1929 **Dresden**

Die Sirenen heulten, man hörte auch schon Flugzeugmotoren brummen. Wir wohnten im Hinterhaus und mußten bei jedem Alarm über den Hof in den Luftschutzkeller des vierstöckigen Vorderhauses gehen. In die Kleidung springen und die Koffer und Taschen mit den Habseligkeiten und Dokumenten greifen, das war Routine. Aber als wir über den Hof rannten, sahen wir schon die »Christbäume« am Himmel. Auch erste Bombendetonationen waren zu hören. Vorn im Keller rückten wir ganz eng zusammen, die Erwachsenen hielten sich an den Händen und murmelten vor sich hin. Ich glaube, sie beteten.

Um mich scharten sich die Kinder des Hauses. Da ich oft mit ihnen spielte oder bastelte, war ich da wahrscheinlich die Bezugsperson. Das Heulen der Bomben und die Explosionen gingen in ein ununterbrochenes Donnern über. Ab und zu schauten wir »Männer«, das heißt ein kriegsverletzter Offizier mit nur noch einem

Bein, ein Rentner und ich, zur Kontrolle mal nach oben, wie es ausschaut.
In unserem Häuserviereck brannte es in der Lindenaustraße, etwa in Richtung Kohlen-Hohmann oder Lindenau-Hof. Plötzlich hörte die Hölle der Detonationen auf, es war ganz ruhig. Nur das Knistern der brennenden Häuser und ab und zu die Explosion eines Blindgängers oder Zeitzünders.
Da in der Gegend nun auch noch andere Häuser brannten, erfüllte ein Knacken der glühenden Dachbalken und ein Funkenregen die Luft. Wir überprüften Haus und Hinterhaus. Wir hatten noch einmal Glück gehabt, alles stand noch. Natürlich alle Scheiben geborsten und die Türen teilweise herausgeflogen. Mein Hund Lux war weg! Er blieb sonst bei Alarm immer im Zimmer und verkroch sich in sein Körbchen. Ich sah ihn nie wieder. Da es auf dem Dach durch die in der Nachbarschaft brennenden Häuser doch etwas warm wurde, viele Funken in der Gegend herumflogen, habe ich dann per Spritze das Dach benäßt. Da das Wasser noch bis in die 4. Etage kam, konnten wir die Behälter immer wieder füllen.
Meine Mutter und ich packten einen unserer Koffer und rannten auf die Straße. Unsere Kreuzung Werder-/Lindenaustraße war ein See, ein Bombentrichter, aus dem Wasser quoll. Durch brennende Häuser war es taghell, und wir sahen überall Verletzte und Tote liegen.

Eine Schülerin **Dresden**

Wir saßen vollkommen ruhig im Keller, ich häkelte an einer Tasche. Da wurde plötzlich ein kurzes Sausen vernehmbar – und dann ein Bombeneinschlag in allernächster Nähe – dann wieder Stille wie zuvor – meine Mutter sagte mir später, daß sie diesen ersten Einschlag als Zufallstreffer betrachtet hätte. – Nach diesem ersten Einschlag kam nun noch eine Mitbewohnerin mit ihrem kleinen Enkel auf dem Arm in den Keller hinuntergestürzt. Wir hatten zwar alle bemerkt, daß sie fehlte, aber niemand hatte es für notwendig erachtet, sie in den Keller zu holen. Sie hätte das Klingeln auch gar nicht gehört, denn sie erzählte uns, daß sie Radio gehört hätte, ihr war infolgedessen die Luftwarnung entgangen. Die arme Frau zitterte noch am ganzen Körper und der kleine Enkel fragte erstaunt: »Oma, Deine Hand wackelt ja so?« Aber nun folgten bald die Einschläge in kürzeren Abständen – bis es die Feinde am Himmel dort oben für richtig erachteten, alle paar Sekunden eine Bombe auf die wehrlose Menschheit zu werfen; denn die Flak war zu Ende des Krieges schon lange nicht mehr in Funktion, die Bomber hatten freies Feld.

1½ Stunden saßen wir im Keller zusammengekauert auf unseren Sitzen. Jede Minute war eine Ewigkeit. Ich war zu einer Salzsäule erstarrt vor Angst und Schrecken; die Ohren schmerzten mir von dem Lärm der Bombenexplosionen. Die Hauswände schwankten hin und her, der Mörtel und die Glassplitter rieselten unaufhörlich mit klirrendem Geräusch. Meine Tante und mein Onkel beugten sich über ihr drei Monate altes Kind. Es war das einzig ruhige Wesen in diesem Keller, in dem man sonst nur angstgebeugte Menschen sah. Ich stand zusammengeduckt bei meinem Vater und wimmerte leise; er sagte dann zu mir: »Du mußt zum lieben Gott beten« – seine Stimme war sehr bewegt. Ich hörte plötzlich eine Frau sprechen: »Der liebe Gott kann da auch nicht helfen«, aber ich ließ mich nicht beirren und betete und hoffte. Später sah ich dann, daß sich diese Frau vergeblich bemühte, ihren Mann zu beruhigen – er erlitt einen schweren Herzanfall und nahm weiße, flache Tabletten zu sich. Meine Mutter tröstete meine kleine Schwester: »Es ist alles gut, es passiert schon nichts.« Ich wußte genau, daß es in ihrem Innern ganz anders aussah. Gegenüber saß eine ältere Lehrerin, die sich fortwährend bekreuzigte. Das Licht verlöschte nach einiger Zeit und wir saßen bei trübem Kerzenlicht. Ich konnte nichts denken, ich war erstarrt vor Schreck, aber eine Vorstellung wich während des Angriffs nicht mehr von mir, ich konnte mich nicht mehr von ihr lösen: »Hoffentlich fällt keine Bombe auf unser Haus.« An Verschüttungen und Verletzungen dachte ich nicht. Man hörte nicht die Flugzeuge, die so viel Leid der Menschheit brachten, nur das Zischen und Sausen der Bomben war vernehmbar und der ohrenbetäubende Lärm beim Einschlag. Ich habe mir später oft überlegt, was die Flieger sich dabei denken, wenn sie eine Bombe nach der anderen abwerfen, aber sie können sich ja nichts denken, sonst wären sie ja nicht fähig, einen so grausamen Krieg aus der Luft gegen wehrlose Menschen zu führen, sie müßten sonst Verräter an ihrem eigenen Vaterland werden; so waren sie nur von dem einen Gedanken erfüllt, ihren Feind in der Heimat und an der Front vollkommen zu vernichten. Nach diesen qualvollen 90 Minuten verstummte der Lärm draußen in der Winternacht jäh, aber es sollte noch nicht das Ende sein. Zum Schluß des ersten Angriffs hörten wir plötzlich klagende Hilferufe. Jemand öffnete die Haustüre, und bald standen auch schon drei geduckte Gestalten in unserem Keller. Es war meine Freundin mit ihrem kleinen Bruder und ihre Mutter. Bei ihnen war zum Schluß der Keller eingedrückt worden, und nun suchten sie bei uns Schutz. Bald darauf kamen noch zwei vermummte Frauen, die bei uns Schutz und Hilfe suchten. Ihr Keller war eingestürzt und eine Frau aus ihrem Haus in der Treppe eingeklemmt worden. Später verloren wir sie aus den Augen.

Eva Schließer **Dresden**

Ich hörte zum ersten Mal Bomben pfeifen und krachen, obwohl ich schon in anderen Städten schwere Alarme mitgemacht hatte. Aber da war immer das Geballere der Flak, das alles andere beruhigend übertönte. Wir hörten unbarmherzig Welle auf Welle anfliegen. Der erste Angriff war noch verhältnismäßig kurz, obwohl wir erst spät der Zeitzünder wegen aus dem Keller konnten. Über Neustadt und dem Stadtzentrum leuchtete heller Feuerschein. Auch auf der Schäferstraße sollte es bereits hell brennen. Bei uns waren fast sämtliche Verdunkelungen zerfetzt, das Fensterglas zersprungen, aber mit Onkel Hans' Hilfe, der auf dem Weg zur Hafenmühle bei uns vorbeikam, war das Wohnzimmer bald instandgesetzt, denn wir hatten die Doppelfenster aus dem Eßzimmer schon den ganzen Winter über im Keller gehabt.

Giesela Neuhaus *1924 Dresden

Noch während wir unsere Skianzüge, Skistiefel anzogen, die Stahlhelme aufsetzten und Jürgen aus dem Bett rissen, war Dresden taghell erleuchtet. Lautlos schwebten die Leuchtkugeln (Christbäume genannt) vom Himmel. Wir waren eingeschlossen. Das Bombenziel war festgelegt. Und wir waren mittendrin.
Wir rasten hintereinander in den Splitterschutzgraben in unserem Garten. Die ersten Bomben fielen. Ein furchtbares Dröhnen war in der Luft. Die Flugzeuge flogen dicht über den Häusern. Wir hielten es in dem engen Splitterschutzgraben nicht mehr aus.
Gehetzt rannten wir zurück zum Haus, durch die Kellertür, die in unsere Waschküche führte. Wir warfen uns zu Boden. Jürgen lag unter mir, ich wollte ihn schützen. Ein Bombeneinschlag auf den anderen folgte. Ein Inferno! Vierzig nicht enden wollende Minuten dauerte der Angriff. Und dann war es mit einem Male totenstill. Langsam, ganz langsam erhoben wir uns. Niemand sprach ein Wort. Vorsichtig gingen wir in den Garten. Ein Sturm hatte sich erhoben. Über Dresden brauste ein furchtbarer Feuersturm, er hatte Hurrikanstärke. Ganz Dresden brannte.
Wie durch ein Wunder waren wir verschont geblieben. Haushoch schlugen die Flammen gen Himmel. Langsam traten die Nachbarn aus ihren Häusern. Es war ein gespenstiger Anblick. Wir alle hatten Decken umgehängt. Bei einigen sahen Nachthemden oder Schlafanzüge hervor. Der Arzt von gegenüber war, wie wir, in Skianzug und Stiefeln, einige waren barfuß. Nur ein kleiner Teil unseres Viertels schien verschont geblieben zu sein, eine kleine Insel. Um uns herum stand

alles in lodernden Flammen. Ein heißer Wind trieb auf uns zu. Fassungslos und mit angstverzerrten Gesichtern starrten wir uns an. Niemand sprach ein Wort. Langsam schlurfte einer nach dem anderen wie in Trance in die Häuser zurück. Wir zogen uns nicht aus, legten uns nur aufs Bett.

Die Komponistin Aleida Montijn *1908 Dresden
Als am Abend des Faschingsdienstag 1945 Alarm kam, ging ich wie üblich in den Keller unter unserem Haus. Wir waren ungefähr 10–12 Menschen dort, ich hatte meinen Klavierstuhl mitgebracht – aber ich kam nicht mehr dazu, mich darauf zu setzen. Alle wurden zu Boden geschleudert von einer Druckwelle. Das ging alles so rasch, daß man fast den Verstand hätte verlieren können. Ich wußte vom ersten Augenblick an, daß es jetzt nur noch um Leben oder Tod ging. Die zwei kleinen Katzen hatte ich unter meinen braunen Wintermantel, rechts und links unterhalb des Schlüsselbeins, geschoben – sie krallten sich fest an dem dicken schwarzen Pullover und rührten sich die ganze Nacht nicht von der Stelle. Wir Menschen versuchten uns gegenseitig Halt zu geben, aber man wurde immer wieder in eine andere Druckrichtung gerollt, bis zur völligen Erschöpfung. Man rief nicht um Hilfe, es gab keine Hilfe in dieser Stadt. Sie klammerten sich an mich, und ich versuchte, ein Vaterunser zu murmeln mit meinen letzten Kräften. Ich war damals alles andere als ein »gläubiger Mensch«, ich wagte es gar nicht, mich auf einen »lieben Gott« zu verlassen, aber ich betete trotzdem – automatisch – um mich von dem grauenhaften Getöse abzulenken. Es klang unaufhör-

lich, wie wenn riesige Steinbaukästen von einem ungeheuren Sturm zertrümmert würden. Dieser Klang ist mir als das fürchterlichste Erlebnis in Erinnerung geblieben. Dann hört mein Gedächtnis auf, ich war eingeschlafen, mitten in diesem Inferno.

Der Soldat Rudolf Thomas **Dresden**

Es ist nicht zu beschreiben, das Chaos, was durch den Einschlag der Bomben ausgelöst wurde. Wie durch ein Wunder blieb unser Teil des Kellers verschont. Es wird wohl niemand wissen, wieviel Soldaten dort unter den Trümmern geblieben sind. Nachdem wieder Ruhe eingetreten war, ging es raus. Rundherum ein Flammenmeer. Alles brannte, aus den Häusern kamen Hilfeschreie, aber keiner konnte helfen. Die Verwundeten, die auf der Trage lagen, konnten sich der umherfliegenden Funken nicht erwehren. Wir, die wir laufen konnten, krochen von Trage zu Trage, um die Funken zu löschen.

Der Jurist Ottmann *1890 **Dresden**

1. Angriff bis 23.00 h. Kinder jammerten und weinten, Christa hatte ich im Arm, Margot Marlis [Zusatz der Tochter Marlis 1993: »Es war umgekehrt: ich bei Papi«]. Wohnung durchgepustet und demoliert. Vorhänge heruntergerissen.

Der Wehrmachtsfunker Franz Leiprecht *1921
Dresden

Kaum hatten wir den Schutzraum erreicht, da detonieren schon die ersten Bomben. Das war ein Krachen, Donnern und Tosen, schlimmer kann der Weltuntergang nicht sein. Wir Frontsoldaten sind ja viel gewohnt, aber das war die Hölle in Natura. Die Stimmung, die in unserem Keller herrschte, war kaum beschreiben. Die einen beteten, die anderen fluchten. Auch durch dumme Witze läßt sich hier die Angst nicht verbergen. Ich dachte plötzlich an mein Vesper im Brotbeutel. Sofort packte ich es aus und begann zu essen. Von einem guten Appetit war hier keine Rede. Kaum hatte ich das Zeug ausgepackt, da hob eine Luftdruckwelle den Deckel auf dem Luftschacht. Ein Knallen, eine Staubwolke und aus war es mit der Brotzeit. Das Krachen und Donnern wollte kein Ende nehmen.

Der Funkverkehr der Royal Air Force

22.18 Uhr

Der Masterbomber an Plate-rack-Verband: Hallo, Plate-rack-Verband: Versuchen Sie, den roten Schein herauszufinden. Die Bomben fallen jetzt wahllos. Suchen Sie, wenn möglich, den roten Schein heraus, und bombardieren Sie dann nach Plan.

22.19 Uhr

Der Masterbomber an Plate-rack-Verband: Scheinanlagen in einer Entfernung von neunzehn bis vierundzwanzig Kilometern 300 Grad rechtweisend vom Stadtzentrum.

22.20 Uhr

Der Masterbomber an Plate-rack-Verband: Beenden Sie schnell die Bombardierung uund fliegen Sie nach Hause. Beachten Sie nicht die Brandstellen der Scheinanlagen.

22.21 Uhr

Der Masterbomber an Verbindungsflugzeug Eins:

Geben Sie nach Hause durch: »Ziel angegriffen. stop. Hauptplan. stop. Durch Wolkendecke. stop.«

Ein Nachtjägerpilot Flugplatz Dresden-Klotzsche

Mein traurigster Nachtjägertag. Mittags zur Maschine gegangen. Das SN-2 Nachtsehgerät wurde gerichtet. Abends erster Alarm, natürlich nur für A-Besatzungen. Start erfolgte zu spät. Grosses Feuerwerk über der Stadt. Jöckenhöfer von eigener Flak abgeschossen.

Dieter Sachse (Dresden)

Die Ereignisse, soweit sie den Kreuzchor und seinen Kantor betreffen, sind so schnell berichtet, wie sie innerhalb einiger Bombendetonationen geschahen. Man konnte sie nicht beeinflussen, sich nicht einmal wehren. Die elf toten Kruzianer waren ohne Schuld gestorben, die Überlebenden überlebten ohne Verdienst, das Inferno wurde veranstaltet ohne menschlich erkennbaren Sinn.
Das ging, wie gesagt, sehr schnell. Und es traf jeden gleich: den Kreuzkantor in seiner Wohnung auf der Johann-Georgen-Allee, die Alumnen des Kreuzchores am Georgplatz und die Kurrendaner bei ihren Familien in Dresden. Den ersten Angriff hielt der Keller der Kreuzschule aus, wenn das Gebäude auch lichterloh brannte. Wenige hundert Meter entfernt brannte die Wohnung des Kreuzkantors.

Adolf Hitler 1889–1945 Berlin

Politisches Testament
Selbst wer sich frei weiß von Gefühlen des Rassenstolzes, muß zugeben, daß für keine Rasse die Vermi-

schung mit einer anderen Rasse wünschenswert ist. Die systematische Rassenkreuzung hat, ohne einige Zufallserfolge verleugnen zu wollen, niemals zu einem guten Ergebnis geführt. Dadurch, daß sich eine Rasse rein erhalten will, beweist sie gerade ihre Lebenskraft und ihren Lebenswillen. Mir erscheint es nur normal, daß jeder seinen Rassenstolz besitzt, und es heißt noch lange nicht, daß er die anderen mißachtet. Ich war nie der Meinung, daß etwa Chinesen oder Japaner rassisch minderwertig wären. Beide gehören alten Kulturen an, und ich gebe offen zu, daß ihre Tradition der unsrigen überlegen ist. Sie haben allen Grund, darauf stolz zu sein, genau wie wir stolz sind auf den Kulturkreis, dem wir angehören. Ich glaube sogar, daß es mir um so leichter fallen wird, mich mit den Chinesen und den Japanern zu verständigen, je mehr sie auf ihrem Rassenstolz beharren.

Einen auf der Rassenzugehörigkeit beruhenden Stolz kannte der Deutsche im Grunde genommen nicht. Das erklärt sich aus den letzten drei Jahrhunderten innerer Spaltungen, durch die Religionskriege, die Einflüsse des Auslandes, durch die Wirkung des Christentums – denn das Christentum ist nicht ein aus dem germanischen Charakter geborener Gottglaube, sondern eine aufgezwungene, dem germanischen Wesen widersprechende Religion. Der Rassenstolz ist, wenn er sich beim Deutschen bemerkbar macht und gar aggressive Formen annimmt, nur eine ausgleichende Reaktion auf die Minderwertigkeitsgefühle zahlreicher Deutscher. Selbstverständlich bezieht sich das nicht auf die Preußen. Sie haben sich seit der Zeit Friedrich des Großen die ruhige Überlegenheit derer erworben, die es nicht nötig haben, ihre Selbstsicherheit zur Schau zu tragen. Durch diese besonderen Eigenschaften waren die Preußen erwiesenermaßen befähigt, die Einigung Deutschlands zu vollziehen. Der Nationalsozialismus hat allen Deutschen diese stolze Überlegenheit gegeben, die bisher allein den Preußen zu eigen war.

Nach dem ersten Angriff

Ursula Schmidt *1920 **Dresden**

Im mit Menschen und Hab und Gut gefüllten Keller (in der Schumannstraße) hörten wir das Dröhnen immer neuer Wellen, Explosionen auf Explosionen, das berüchtigte Sausen der Luftminen erschütterte die Wände in den Grundfesten, drückte die Kellertüren aus den Schlössern. Mutti wimmerte vor Angst, an meinen Vater geschmiegt, ich lag auf den Knien, eng ein Handköfferchen mit Papieren umklammert. Nach dreißig entsetzlichen Angstminuten Ruhe. Der Giebel des Dachstuhls fing an zu brennen. Durch die nackten Sparren sahen wir ringsum bis auf einen Block gegenüber die Häuser brennen. Der Sturm heulte und trieb glühende Funkenregen über Straßen und Dächer. Wasser schleppen, die Wohnung kontrollieren, wo ein Teil der Fenster herausgedrückt, sonst alles in Ordnung war, den Nachbarn in unserem Block beim Löschen der leichten Brände helfen, für alle Fälle Kleidungsstücke und Lebensmittel in den Keller tragen – unser Haus schien gerettet zu sein.

Der Oberzahlmeister Gerhard Erich Bähr 1894–1975
Dresden

Endlich kam der Hauswart Mühle und forderte die Männer auf, mit hinaus zu kommen. Es sei vorbei, aber die Fenster und Türen seien heraus. Ich konnte mir das nicht recht erklären. Tatsächlich lagen die Haustüren im Flur, und in der Wohnung waren sämtliche Fensterscheiben heraus und alles mit Glasscherben übersät. Die Verdunkelungs-Rouleaux hingen in Fetzen an den Fenstern. Brandbomben waren auf unser Haus nicht gefallen, aber es brannten die Dachstühle der beiden übernächsten Häuser von rechts und von links lichterloh. Zu retten war dort ohne Feuerwehr nichts mehr, aber der Wind stand gut und trug die Funken von uns weg. Gegenüber auf dem Stephanienplatz brannte das neue Gemeindehaus, in dem die Lazarett-Verwaltung war, wie eine Fackel. Es sah grausig schön aus, wie glühendes Glas. Die Kirche fing auch schon an zu brennen, und aus einer Ecke schlug eine hohe Stichflamme. Wir nahmen in unbegreiflicher Naivität an, daß es nun vorbei sei und versuchten, von unserem Hab und Gut das wichtigste in Sicherheit zu bringen für den Fall, daß das Feuer der Nachbarhäuser um sich greifen würde. So haben wir zwei Stunden lang geräumt aus Leibeskräften und unsere sämtlichen Federbetten, Matratzen, alle Kleidung, alle Schuhe, das Silber, zwei Radios, Porzellan usw. mit einem Handwagen unter Mithilfe einer wackeren Arbeitsmaid nach dem Hause Hähnelstraße 13 gebracht. Dort ist es dann beim zweiten Angriff alles verbrannt.

Der Luftschutzpolizist Alfred Birke **Dresden**

Die Villen an der Bürgerwiese brennen bereits bis ins Erdgeschoß. So komme ich nicht weiter, aber ich muß hier durch, wenn ich zum Albertinum will. Ich biege in die Anlagen der Bürgerwiese ein, fahre auf Parkwegen und auf dem Rasen, erkenne einen Teich zu spät, der Wagen kippt nach vorn, im letzten Augenblick kann ich ihn abfangen. Im Schein des Feuers, behindert durch die in Rot getauchten Qualmwolken erreiche ich den Georgplatz. Flammen schlagen aus den geschlossenen Häuserfronten, aus der Kreuzschule, der Waisenhausstraße. Im Schrittempo steuere ich den Adler in die breite Ringstraße... Nicht ein lebendes Wesen, dem ich begegne. Am Pirnaischen Platz liegen drei nackte Leichen, eine Frau und zwei Kinder. Ich passe auf, will nicht über sie fahren. Endlich lichtet sich der Rauch ein wenig, die Feuersbrunst tritt zurück. Das Viertel hinter der Frauenkirche ist wohl nicht so sehr in Mitleidenschaft gezogen. Noch wenige Meter, und ich stelle den Wagen an der Längsfront des Albertinums ab. Unweit des Eingangs parken noch fünfzehn andere Pkw.

Die Hauswirtschaftslehrerin Herta Daecke **Dresden**

Wir verlassen den Keller und verteilen die Arbeit, denn trotzdem unser Haus steht, sind natürlich alle Türen und Fenster heraus und Teile sind eingestürzt oder sonst beschädigt. Da gegenüber das Altersheim brennt, helfen einige von uns die alten Leute retten und Hausrat hinaustragen – andere übernehmen die Brandwache in den Zimmern, da die Funken von gegenüber hereinfliegen, und ich übernehme die Brandwache auf dem Dach. Die Hamburger Jungens und der alte Herr Fuchs bringen laufend Wasser herauf, und ich bediene die Spritze. Ich muß immerzu Funken löschen und mit der Feuerpatsche ausschlagen. Der Sturm wütet, und ein Regen setzt ein. Ein schaurig schöner Anblick bietet sich mir über Dresden. An allen Ecken brennt es, und meine Landesbauernschaft steht von unten bis oben in gelben Flammen. Der Rathausturm steht noch, aber der Turm beim Hauptbahnhof wird immer mehr umzingelt und neigt sich immer mehr.

Ernst Heinrich Prinz von Sachsen 1896–1971
Dresden/Schweizerviertel

Als wir in die Wohnung zurückgingen, stellten wir fest, daß außer zerbrochenen Fensterscheiben nichts weiter passiert war. Auch die unmittelbare Nachbarschaft war nicht in Mitleidenschaft gezogen worden. In der Ferne sahen wir einzelne beginnende Brände. Da die Langemarckstraße, in der Gina wohnte, etwa drei Kilometer von der Innenstadt entfernt war, konnte man sich von dem Umfang des Angriffs kein rechtes Bild machen, denn die Brände waren erst in der Entwicklung. So dachten wir, daß der Angriff nicht allzu schwer gewesen sei, aber das war eine große Täuschung.
Wir gingen sofort, um nach Ginas Eltern zu sehen, die in einer Pension in der Reichsstraße wohnten. Das Haus hatte einen schweren Treffer erhalten, aber der Oberst Dulon und seine Frau, meine späteren Schwiegereltern, waren gottlob gesund. Wir nahmen sie mit in Ginas Wohnung und gingen daran, einigermaßen

Ordnung zu schaffen. Mein braver kleiner DKW-Wagen war erfreulicherweise vollständig intakt, aber an eine Rückfahrt nach Moritzburg konnte ich nicht denken, da in Richtung Elbe überall der Schein sich ausdehnender großer Brände zu beobachten war.

Der Leutnant Dieter Wiechmann *1922 Dresden

So gegen 22 Uhr wurde es ruhig und wir gingen wieder auf unsere Zimmer. Da sah es wüst aus. Die von uns offengelassenen Fenster waren nur wenig zersplittert, aber alles war voll Mörtelstaub. Wir machten notdürftig wieder Ordnung und waren heilfroh, wieder gesund hier oben zu sein.

Auf einmal stand mein Vater in der Tür, bekleidet mit seinem Ledermantel, einen Stahlhelm auf dem Kopf und seine 08-Pistole umgeschnallt. Wir fielen uns überglücklich in die Arme. Er erzählte, daß unsere Wohnung bis auf Glasschaden unversehrt geblieben sei. Die Pistole hatte er wegen eventueller Plünderer oder sonstiger Krimineller mitgenommen.

Nachdem er sich überzeugt hatte, daß ich unversehrt war, begab er sich auf den ca. 5 km langen Rückweg zurück in die Tiergartenstraße.

Liesbeth Flade Dresden

Nicht länger als 20 Minuten dauerte es – dann konnten wir wieder hinauf. Zwar hatten wir Grund, dankbar zu sein – noch war außer einigen Fensterscheiben nichts kaputt, aber wir sahen den glutroten Himmel über der Stadt, auch auf der Schäferstraße waren einige Häuser getroffen, die Menschen strömten nach den Vororten. Zwei Familien von der Schäferstraße suchten bei uns Zuflucht, ich nützte jede Möglichkeit, um alle etwas zur Ruhe zu bringen. Maria schlüpfte mit ihrem Teddy Puhz zu Schließers eine Treppe höher. Vati ging sofort los, um seine Kommandos zu kontrollieren. Ich stellte das schöne Azaleenstöckchen, das ich für Frau Schließer zum Geburtstag gekauft hatte, noch vom Fenster weg auf die Diele im Erker.

Ein Luftschutzmelder *1929 Dresden

Nach dem Angriff bin ich sofort nach Hause gelaufen, und als da nichts mehr zu tun war, begab ich mich »befehlsgemäß« als Melder zum Einsatz.

Auf der meinem Wohnbezirk zugehörigen Ortsgruppe der NSDAP herrschte ein ziemliches Durcheinander, und es gingen laufend Meldungen über Verluste und Schäden ein. Als darüber dann so einigermaßen eine Übersicht bestand, erhielt ich zusammen mit einem gleichaltrigen Kameraden den Auftrag, diese in einem Bericht zusammengefaßten Meldungen an die übergeordnete Gauleitung nach der Altstadt in der Nähe des Hauptbahnhofes zu bringen.

Mit Luftschutzhelmen, Gasmasken und Fahrrädern versehen, machten wir uns dann auf den Weg in die bereits schwer getroffene Innenstadt.

Christian Just *1929 Dresden

Im 4. Stock lief ich schnell durch unsere Wohnung: kein Feuer; dann auf den Dachboden – nunmehr ohne Ziegel –: auch kein Feuer. Wir waren glimpflich davongekommen! Aber das Hinterhaus Zirkusstraße 15 brannte von oben bis unten lichterloh. Und so weit man sehen konnte – von unseren Fenstern hatten wir eine

gute Aussicht in Richtung Stadtmitte – flackerten überall Brände auf. Es wurden mehr, die Brände wurden größer, und auf einmal begannen Funken zu fliegen, durch die zerbrochenen Scheiben in die Wohnungen. Ich habe die Gardinen herabgerissen und die zerfetzten Verdunklungsvorhänge, die ins Freie flatterten.
Mit einem Mal aber wurde klar: ganz Dresden brennt. Ich bekam es mit der Angst zu tun. Ich sagte zu meiner Mutter, wenn alles brennt, können wir unser Haus nicht allein retten. Da machten wir uns auf den Weg mit wenigen Habseligkeiten mehr zufälliger Art. Als wir aus dem Haus traten, sahen wir, daß tatsächlich schon alle anderen Häuser der Zirkusstraße in den obersten Stockwerken brannten. Wir gingen in Richtung Johann-Georgen-Allee... Großer Garten bis zum »Bau«. Es waren viele Menschen unterwegs, auch ein Auto. Der Bau war ein Stück Ödland zwischen Albrecht- und Lennéstraße, auf dem mit dem Bau eines Parteihauses begonnen worden war, was aber nicht weiter vorankam wegen des Krieges. Wir gingen zu den dort lagernden Steinquadern und setzten uns zwischen sie, meine Mutter und ich.
Da saßen wir nun mit vielen anderen, die hier Zuflucht gesucht hatten. Die Steine schützten ein wenig vor dem Wind, und die brennenden Häuser der Albrechtstraße und der Johann-Georgen-Allee sorgten für eine erträgliche Temperatur...

Eine Schülerin **Dresden**

Nun hatten wir Ruhe, wir dachten, für diese Nacht auf jeden Fall, und dann konnte man immer noch weitersehen; aber wir wußten und ahnten nicht, was uns noch alles bevorstand. Einige Hausbewohner gingen in ihre Wohnungen, um sich den Schaden näher zu betrachten und noch Gegenstände zu retten; wir Kinder mußten im Keller bleiben. Ich hatte nur den einzigen Wunsch, so bald wie möglich eine Brille zum Schutz gegen den beißenden Brandgeruch zu bekommen, aber meine Eltern waren von den Ereignissen zu sehr benommen, als an solche Dinge zu denken. Der Brandgeruch verstärkte sich immer mehr, er kam von den brennenden Häusern der Umgebung. Irgend jemand hatte vorgeschlagen, in das gegenüberliegende Haus zu gehen. Als ich den Keller verließ, bot sich mir ein ungewohnter Anblick. Auf dem Kellergang lagen zertrümmerte Bretter, ich konnte mir gar nicht erklären, wo diese je gewesen sein sollten. Keine Fensterscheibe war mehr zu sehen, nur Glassplitter. Draußen in der Dunkelheit herrschte ein furchtbarer Orkan, der Feuerfunken mit sich riß, der Himmel war rosa gefärbt durch die Brände. Der Keller, den wir dann erreichten, bot einen unerfreulichen Anblick – man fühlte sich schutzlos und verlassen in diesem Riesenraum, in dem der Orkan sich furchtbar verfangen hatte. Der Keller, es war eigentlich nur ein Vorraum mit unzähligen Türen, die meisten waren schon herausgerissen und die paar anderen drohten bei einem neuen Windstoß auch noch aus ihren Scharnieren zu fallen. Hier merkte man nicht so viel von der Brandluft, aber was noch viel schlimmer war, man fühlte sich hier vollkommen schutzlos. Eine Frau erzählte, daß ihre Meissner Teller noch alle an der Wand seien. Meine Eltern hatten allerdings in ihrer Wohnung weniger erfreuliche Tatsachen erlebt. Die Gardinen hingen senkrecht aus den Fenstern, vielmehr waren sie vom Sog hinausgezogen worden. Eine Wand war eingedrückt worden, Möbel lagen überall umher. Sie hatten aus der Wohnung nur einen Heizofen in den Keller gebracht, und mein Vater hatte seine Perle noch schnell eingesteckt. Meine Tante hat nur einen lächerlich nutzlosen Rauchtisch mit in den Keller genommen.

Der Wehrmachtsfunker Franz Leiprecht *1921
Dresden

Nach etwa 30 Minuten verließen wir den Schutzraum. Um Gottes Willen! Rings um uns ein Flammenmeer. Wo es möglich war halfen wir bei der Bergung von Gut und Menschen. Ein Luftschutzwart beauftragte uns, auf den Dachboden eines benachbarten Hauses zu gehen um dort mit der Feuerpatsche die Brandstäbe und den Funkenflug zu löschen, und das in einem wildfremden Haus bei Nacht.

Der Leiter des Instandsetzungsdienstes Georg Feydt
Dresden

Ich persönlich bin 35 Minuten nach Beendigung des ersten Angriffs durch die Innenstadt gegangen. Das Charakteristische eines sich langsam entwickelnden Flächenbrandes, der durch die von Sprengbomben eingeschüchterte, im Keller sitzende Bevölkerung nicht gelöscht wird, ist es ja gerade, daß er sich sehr langsam entwickelt und erst dann schlagartig in Erscheinung tritt, wenn an Zigtausenden kleinen Einzelbrandstellen der Brand sich so weit ausgebildet hat, daß er die Dachhaut durchschlägt und urplötzlich meist gleichzeitig das dritte und vierte Stockwerk der Häuser in großer Ausdehnung in Brand steht.

Victor Klemperer 1881–1960 (Dresden)

Draußen war es taghell. Am Pirnaischen Platz, in der Marschallstraße und irgendwo an oder über der Elbe brannte es lichterloh. Der Boden war mit Scherben bedeckt. Ein furchtbarer Sturmwind blies. Natürlicher oder Flammensturm? Wohl beides. Im Treppenhaus der Zeughausstraße 1 waren die Fensterrahmen eingedrückt und lagen z.T. hindernd auf den Treppen. Bei uns oben Scherben. Fenster eingedrückt auf der Diele und nach der Elbe hin, im Schlafzimmer nur eines; auch in der Küche Fenster zerbrochen, Verdunkelung entzwei, Licht versagte, Wasser fehlte. Man sah große Brände über der Elbe und an der Marschallstraße. Frau Cohn berichtete, in ihrem Zimmer seien Möbel vom Luftdruck verrückt. Wir stellten eine Kerze auf den Tisch, tranken ein bißchen kalten Kaffee, aßen ein paar Brocken, tappten durch die Scherben, legten uns zu Bett. Es war nach Mitternacht – heraufgekommen waren wir um elf –, ich dachte: Nur schlafen, das Leben ist gerettet, für heute nacht werden wir Ruhe haben, jetzt nur die Nerven beruhigen! Eva sagte im Hinlegen: »Das sind doch Scherben in meinem Bett!« – Ich hörte sie aufstehen, räumen, dann schlief ich schon.

Die Komponistin Aleida Montijn *1908 Dresden

In irgendeiner Kellerecke wachte ich wieder auf, es war eine Feuerpause. Die erste Welle war über Dresden hinweggerollt. Man versuchte, in die brennenden Woh-

nungen einzudringen, Sachen zu retten. Ich sah meinen Flügel zum letzten Mal. Die Katzen an meinem Pullover rührten sich nicht. Ich tauchte meinen rosanen Bademantel in einen Eimer mit Löschwasser, warf ihn über meinen Mantel, band mir einen großen, eisernen Kochtopf mit der Schnur vom Bademantel um den Kopf, setzte den Rucksack auf, und versuchte, zu meinen Freunden durchzukommen, die ein paar Häuser weiter wohnten. Es war der reinste Wahnsinn, aber ich wollte dorthin, wollte sehen, ob sie noch lebten. Noch hatte die zweite Welle nicht eingesetzt, aber die Luft war eine brennende Rauchhölle, die sich mit einem rasenden Feuersturm durch die Straßen wälzte, orkanartig schnell und mit dem fürchterlichen Schmatzen der fettgetränkten Schwaden. Ich hielt mich mit beiden Händen an den Gittern der Vorgärten fest und kämpfte mich keuchend von einer Stange zur nächsten in Richtung des Hauses meiner Freunde. Ich kam gerade noch rechtzeitig vor dem noch heftigeren Einsatz der zweiten Welle in den Keller Martins.
Sie lebten! Nur das Haus war von einer Luftmine erschüttert worden, aber es stand noch. Eine fremde Frau kam verzweifelt hereingestürzt mit einem Säugling auf dem Arm. Ich nahm ihr den Säugling ab, und sie lief wieder hinaus. Ich dachte an nichts mehr. Man hielt sich nasse Servietten vor die brennenden Augen und versuchte zu überleben. Daran glauben konnte niemand.

Otto Griebel 1895–1972 **Dresden**

Noch dröhnten die Motoren der Flugzeuge so gut vernehmbar, daß wir annehmen mußten, der Angriff erfolge aus einer geringen Höhe. Nachdem eine reich-

liche halbe Stunde des Bangens und Schreckens verstrichen war, ließ die Stärke des Bombardements nach. Schon atmeten wir auf, und ich machte mich daran, allerlei Geräte und Gegenstände, die den Kellerausgang verlegten, zur Seite zu räumen.
Als nach einer Weile auch das elektrische Licht wieder einsetzte, wagte ich zögernd, nach oben zu gehen. In diesem Augenblick drängte sich von oben zu uns in den Keller herab eine schluchzende Frau, die einen Luftschutzhelm trug, und schrie in den Armen ihres Gatten, des Musikers Scheinpflug – der auch mit uns gefeiert hatte –: »Wir haben alles verloren!« Durch ein geborstenes Fenster des Lokals sah ich nun, daß die ganze Neue Gasse in Flammen stand und fast taghell erleuchtet war. Von allen Seiten stoben Funken heran, und mitten durch ihren Wirbel hasteten aufgeregte, oft nur notdürftig bekleidete Menschen.
Inzwischen hatten sich auch die anderen emporgefunden. Da wir die schweren Jalousien herabgelassen hatten, war das Lokal ziemlich glimpflich weggekommen. Vor Freude darüber rückte die Wirtin ihre letzte und lange aufgehobene Flasche Korn heraus. Allerdings war jetzt keine Zeit mehr für mich, in dem Lokal zu verbleiben und mich des Entrinnens aus diesem unsäglichen Unheil zu freuen. Mit jeder Minute vergrößerte sich mein Bangen um das Schicksal der daheim gebliebenen Angehörigen. Auch die Bekannte drängte, da sie ebenfalls zu ihren Kindern mußte. Ohne zu ahnen, daß sich die meisten von uns zum letzten Male die Hand drückten, gingen wir, durch den Alkohol etwas ermutigt, auseinander.
Überall, wohin wir uns auch wandten, brannten die

Häuser lichterloh. Die funkendurchwirbelte Luft war zum Ersticken und beizte unsere ungeschützten Augen. Aber hierbleiben konnten wir nicht. Ganze Brandfladen kamen auf uns zugeflogen, und je tiefer wir in die Straßen drangen, desto heftiger wurde der Sturm, welcher brennende Fetzen an uns vorübertrieb.

An einem alten Manne vorbei, der mit seinem Pferd mitten in der brennenden Serrestraße stand, eilten wir dem Amalienplatze zu, in der Hoffnung, daß es dort vielleicht weniger schlimm sein würde. Doch an allen Orten das gleiche.

Die Pillnitzer- und Marschallstraße waren voller Feuer. Aus dem Gebäude des Albertinums, das ebenfalls getroffen war, entströmten Menschen in Scharen den brennenden Kellern, in denen sie während des Angriffs Schutz gefunden hatten. Um mich besser orientieren zu können, ging ich mit der Bekannten zur Brühlschen Terrasse empor und überblickte nun, zwischen dem Gebäude des »Sächsischen Kunstvereins« und dem »Belvedere« am Geländer stehenbleibend, den angerichteten Schaden und die schier unfaßbare Verheerung, welche auch die Neustadt betroffen hatte, die ebenfalls rot von Feuersbrunst war.

Ich sah, elbabwärts schauend, das Opernhaus lichterloh brennen und die scheinbar noch heilen Türme der Stadt dunkel gegen den brandhellen Nachthimmel ragen.

So schaurig und ungeheuerlich war das alles, daß ich es nur mit den Augen, kaum aber mit den Sinnen zu erfassen vermochte. Das tut man mit Dresden – einer der schönsten und kulturreichsten Stätten der Welt! Ich

wandte den Blick zur Carolabrücke, von der eine seltsam farbene, hohe Flamme flackernd emporstieg. Hier hatte sich die getroffene Rohrleitung des Gasnetzes entzündet. und ich überlegte im selben Moment, in den Brückenpfeilern könnten ja bereits Sprengladungen eingelassen sein; am Tage vorher waren hier Soldaten einer Pioniereinheit tätig gewesen.
Also wandten wir uns schleunigst von diesem gefährlichen Platze dem breiten Ring zu und gelangten bis zum Georgplatz. Hier trennten wir uns; ich selbst bog nun in die Johann-Georgen-Allee ein und mußte etliche Male in Hauseingängen Schutz vor dem ständigen Funkenwirbel suchen.
Auch das Hygiene-Museum brannte und zeigte wüste Zerstörungen. Als ich eben daran vorübergegangen war, tat es plötzlich einen jähen Blitz und Knall, und im nämlichen Moment schleuderte mich der Luftdruck über einen dicken, am Boden liegenden Baumstamm hinweg zwischen eine Anzahl von Leuten, die erhobenen Kopfes dahinterhockten. »Verdammt, das konnte schiefgehen«, wandte ich mich an einen Mann neben mir. Aber der glotzte geradeaus und war tot. Tot waren auch die übrigen, die hier kauerten, und ich lief rasch weiter, wobei ich allerdings die Befürchtung nicht los wurde, daß abermals eine spät krepierende Bombe explodieren könnte.
Fast schlimmer noch als in den Straßen der Stadt sah es im Großen Garten aus. Überall lagen Bäume gefällt, zwischen denen Gruppen von Menschen herumirrten. Ich mußte tiefe Bombentrichter umgehen und sah am Ende der Hauptallee die am Palais gelegenen Pavillons sämtlich lichterloh brennen. Eine vor dem Palais ein-

geschlagene Bombe hatte dieses prächtige Gebäude in eine öde Ruine verwandelt. Gewirre von Ästen und Stämmen sperrten die breite Fürstenallee.
Als ich dann eben den Comeniusplatz überqueren wollte, hörte ich eine kindliche Stimme rufen: »Dort kommt der Papa!«; und nun sah ich die Meinen, die Frau und alle Kinder nebst einigem geborgenem Gepäck auf einer Bank des Platzes sitzen und lief erlösten und dankbaren Herzens auf sie zu. Unsere Jüngsten, die Zwillinge, waren noch ganz befangen von dem, was sie eben überstanden hatten und kaum zu begreifen vermochten. Mit Mundtüchern und Schutzbrillen angetan, blickten sie angstvoll in die blutroten Brände, welche die Nacht erhellten, während mir meine Frau hastig berichtete, daß unser Nachbarhaus bereits brenne und auch unseres wohl nicht mehr zu retten sei. Trotz meiner Müdigkeit und Erschöpfung gönnte ich mir nur einige Augenblicke Ruhe und tat erquickende Schlucke aus einer Selterwasserflasche. Dann hieß ich Jack, den mir verbliebenen Ältesten, mitzukommen und schritt mit ihm durch die Funkenwirbel der Fürstenstraße unserem Hause zu, das noch zugänglich war. Schnell eilten wir die Treppen empor zur offenstehenden Wohnung. Auf dem Dachboden oben befand sich unsere Hausfeuerwehr im Einsatz. Mit Mühe riß ich ein flaches Rollwägelchen hinter dem Ofen des Baderaumes hervor, trug es nach unten und bepackte es mit Betten, Kleidern und Wäsche, die wir aus den Kellern emporholten.
Der Rückweg durch die brennende Fürstenstraße war bereits ziemlich beschwerlich. Immer wieder versperrten Baumäste, Haustrümmer und Brandfladen

den Weg, der von Funken und stickigem, beizendem Rauch erfüllt war. Möbelstücke standen an den breiten Gehsteigen, Leute hasteten, und vor einem Hause mühte man sich um ein ohnmächtig gewordenes Mädchen. Als wir am Comeniusplatz anlangten, verspürte ich heftige Wadenkrämpfe, weshalb ich mich eine Weile ausruhen mußte. Dann ging ich abermals in Begleitung des wackeren Sohnes Jack den Weg durch die Brände und barg aus der Wohnung wiederum ein Rollwägelchen voll Gut. Schon sah es um unsere Wohnung bedrohlicher aus, denn der heftige Sturm dieser Nacht trieb die Flammen immer mehr herüber auf unser Haus. Wir eilten, die geretteten Habseligkeiten zum Comeniusplatz zu rollen, und da wir uns entschlossen, auch noch ein drittes Mal den Weg durch die Feuersglut zu gehen, bat meine Frau, ich möchte vor allem eine Wäscheleine mitbringen, vermittels derer sie einiges fest zusammenzuschnüren gedachte.
Jetzt war die Sache schon eine ziemlich schwierige und gefahrvolle. Nur einzelne Passanten, die dem Großen Garten zustrebten und vor den hin- und her jagenden Feuerstößen Schutz hinter den Straßenbäumen oder in einigen noch erhaltenen Hauseingängen suchten, begegneten uns. Selbst der Asphalt begann heiß zu werden und schmolz unter Brandfladen und Phosphor, brannte schließlich.
Als wir abermals unsere Wohnung erreicht hatten, fand ich die Stube fast noch so vor, wie ich sie am Abend verlassen hatte. Nur das große Selbstbildnis, welches über der Kredenz gehangen hatte, war vom Luftdruck herabgeschleudert worden und wies einen

dreieckigen Riß auf, der durch den Aufschlag auf die Ecke der Kredenz entstanden war. Vor den zersprungenen Fensterscheiben blähten sich knisternd die herabgelassenen Verdunklungsrollos, und durch alle Lücken und Fugen wirbelten die Funken in das durch die Brände unheimlich erleuchtete Zimmer. Noch stand mein kleiner, runder Arbeitstisch so, wie ich ihn benutzt hatte: am Fenster neben dem Schrank, der meine verschiedenen Sammlungen enthielt.

Adolf Hitler 1889–1945 **Berlin**

Politisches Testament

Auch die Ostmärkler haben, wie die Preußen, ihren Nationalstolz im Blut. Das kommt daher, daß sie in den Jahrhunderten niemals unter fremder Herrschaft standen, sondern im Gegenteil anderen Völkern befohlen und sich Gehorsam zu verschaffen gewußt haben. Die Deutsch-Österreicher sammelten ihre Erfahrungen in der Handhabung von Herrschaft und Macht, und darin ist der Grund ihrer von niemand bestrittenen Weltgewandtheit zu sehen.
Der Nationalsozialismus wird wie in einem Schmelztigel alle Eigenheiten der deutschen Seele rein erstehen lassen. Der Typus des modernen Deutschen wird daraus hervorgehen: arbeitsam, gewissenhaft, selbstsicher aber einfach, stolz nicht auf das, was er als Einzelner ist, sondern auf seine Zugehörigkeit zu der großen Gemeinschaft, der die Welt ihre Bewunderung zollen wird. Dieses deutsche Überlegenheitsgefühl verlangt durchaus kein Verachtungsgefühl gegenüber den anderen. Wir haben dieses Gefühl zuweilen absichtlich etwas überbewertet, weil wir es im Anfang

als treibende Kraft für notwendig erachteten, um die Deutschen raschestens auf den rechten Weg zu bringen. Übertreibung nach einer Seite hat ja fast immer eine Reaktion nach der Gegenseite zur Folge. Das liegt in der Natur der Dinge. All das vollzieht sich aber nicht von heute auf morgen; dazu muß die Zeit helfen. Friedrich der Große ist der eigentliche Schöpfer des preußischen Typus. Es bedurfte zweier oder dreier Generationen, um diesen preußischen Typus Fleisch und Blut werden zu lassen, um den preußischen Lebensstil zu einem, jeden Preußen anhaftenden Wesenszug zu machen.

Nico Rost **KZ Dachau**

Habe den Blockschreiber von 29 nach dem Besitzer des Buches von Renan gefragt, doch da gestern fünf Franzosen bei ihm gestorben sind, konnte er sich nicht mehr an den Namen erinnern, wußte nur noch, daß er sehr mager gewesen ist, Flecktyphus hatte und Hungerödeme und Phlegmone an beiden Beinen.
Doch daran kann ich ihn in der Totenkammer bestimmt nicht mehr erkennen – so sehen hier fast alle Toten aus.
Bin aber dann doch noch nach der kleinen Straße vor der Totenkammer gegangen, um ihn zu suchen – ihn zu grüßen, aber die Russen vom Krematoriumskommando waren gerade dabei, die Leichen aufzuladen. »Heute wieder Hundertfünfundvierzig.«
Unbekannter Kamerad – wie war dein Name?
Wie gerne wäre ich dein Freund gewesen...

Aus der Tb-Abteilung auf dem Revier werden ständig Leute herausgesucht, die direkt in das Krematorium gehen. Ja, direkt! Nicht zuerst in die Gaskammer, sie bekommen einen Schlag auf den Kopf, das genügt. Man hört Schreie und einzelne Schüsse, wenn eine Abteilung dorthin gegangen ist. Lange habe ich geglaubt, daß es nur die hoffnungslos Kranken sind, die dieses Schicksal ereilt. Jetzt erfahre ich, daß auch hier Auswahl ganz zufällig ist. Ein großer starker Pole, der vier Jahre auf der Tb-Abteilung gelegen hat und der keineswegs hoffnungslos krank ist, sollte dieser Tage genommen werden. Er bekam Wind davon, sprang durch das Fenster hinaus und versteckte sich im Lager. Der Blockälteste nahm einen anderen Patienten, einen Polen oder Ukrainer, aus einem Bett heraus und sandte ihn an dessen Stelle weg. Die Quote mußte stimmen, um Krach zu vermeiden. Es heißt, daß aus dieser Abteilung Leute ins Krematorium geschickt werden, ohne überhaupt untersucht worden zu sein. Mit den Juden aus Liberose ist noch nichts geschehen. Ein großer Teil von ihnen starb gestern nacht. Ich sprach wieder mit Wolfberg. Es gelang ihm gestern, hinauszukommen, um uns zu besuchen. Er erwartete nicht mehr, lebendig hier herauszukommen, der Arme. Aber er bat uns merkwürdig leicht und unbeschwert, die gemeinsamen Freunde zu Hause zu grüßen, falls wir durchkämen. Auf ihn macht kein Krematorium mehr einen Eindruck, kein Büttel, keiner dieser unmenschlichen Schrecken, die mich noch immer aufregen – jedenfalls eine Zeitlang. Er ist abgehärtet, aber gleichzeitig hat er auf eine merkwürdige

Weise sein Herz und seine feine, weiche Menschlichkeit behalten. Er hat nur eine ganz unerklärliche und beinahe unheimliche Fähigkeit, sie auszuschalten, wenn es erforderlich ist. Und es ist erforderlich, das weiß Gott!

Die Angestellte Nancy Usher *1902 *Sheffield*

Das Treffen der Großen Drei wurde endlich offiziell angekündigt und uns in allen Einzelheiten mitgeteilt. Nun, ich hoffe, die Polen finden sich zusammen. Es ist schrecklich viel zu tun, und wir können noch nicht viel davon erledigen, bis wir endlich die Deutschen geschlagen haben.

Regnete gestern den größten Teil des Tages und auch noch immer. Aber solange es nicht so bitter kalt ist, macht es mir nichts, obwohl ich mich frage, ob es so etwas wie wasserdichte Stiefel oder Schuhe gibt. Nur Gummistiefel oder ähnliche halten die Nässe fern. Ich habe Schuhe bekommen, angeblich wasserdicht, kosteten mich über 4 Pfund, aber sie lassen Wasser durch, wie auch ein anderes Paar, das mich trocken halten sollte; meine beiden Paar gefütterte Stiefel lassen auch Wasser durch. Ich benutze Lederfett, aber es ist nicht 100% wirksam, wenn wir wie jetzt wirklich nasses Wetter haben. Sicher wird es die Möglichkeiten der Hersteller nicht übersteigen, einen richtig wasserdichten Stiefel zu entwickeln und in diesem Land anzubieten.

Später. War gerade zur Bücherei im Park – Vögel sangen lieblich, es hat endlich aufgehört zu regnen, und die Sonne ist aus den Wolken hervorgebrochen – hurra.

Joseph Lewis *1907 *Birmingham*

Dienstag. Heute ist der 13., aber, soweit es mich betrifft, ist nichts Unglückliches geschehen.
Aber für die Deutschen ist er sicherlich sehr unglückselig gewesen – denn sie haben heute von ihren Rundfunkstationen und wahrscheinlich auch aus ihren Zeitungen von ihrem Schicksal erfahren, das auf der Drei-Mächte-Konferenz in Jalta für sie beschlossen wurde. Oh ja, ihr Schicksal ist gut und wahrhaftig entschieden worden, und in Kürze müssen sie in vollem Umfang für all das Böse, das sie angerichtet haben, und für all das bittere Elend, das sie verursacht haben, bezahlen, und sie müssen jeden Schaden in gleicher Weise wiedergutmachen.
Es wird wohl einige Zeit dauern, bis die Deutschen das volle Ausmaß ihres künftigen Schicksals begreifen, sofern es überhaupt möglich ist, daß sie irgend etwas begreifen.
Und der Tag endet mit der guten Nachricht – noch dazu einer sehr guten – , daß Budapest nun in die Hände der Russen gefallen ist.

Die Museumsangestellte M. Cossins *London*

Mit Meta in die Royal Albert Hall, Loge. Cyril Smith spielte Beethovens Concerto No. 5 (»Kaiser«). In gewisser Weise scheint er recht hinterlistig zu sein. Zuerst hatte ich das Gefühl, ihn nicht zu mögen, ich hatte keinen Draht zu ihm, aber ich mußte meine Meinung ändern. Debussy + Wagner. Wir waren die einzigen in der Loge. Mußten nach Hause laufen, da der Bus nicht kam und wir fast erfroren. Wunderschöner Sternenhimmel, besonders in einer Nacht wie dieser sind die Sterne einfach phantastisch im verdunkelten London. Der lange, schmale Strahl der Suchscheinwerfer, starker, frischer Wind. Entlang der Church St., die in die Palace Gardens Terrace übergeht. Es war das erste Mal, daß ich während der Verdunkelung draußen war, es ist jetzt dämmerig draußen, so spät ist es schon.

Schweizer-Radio-Zeitung *Bern*
Deutschland
19.00 Der Zeitspiegel
19.30 Vorträge
20.00 Nachrichten
20.15 Musikkalender: Februar 1945
22.00 Nachrichten
22.15 Mal so –, mal so –, beschwingte Nachtmusik
24.00 Nachrichten – Anschließend Nachtmusik

Mrs. B. Hubbard *(West Sussex)*
Zehn Spitzenmelodien der Woche:
1. Der Trolley Song. (Schlecht gesungen von Frank Sinatra)
2. I'm Making Bekere. (langweilig)
3. It had to be you.
4. Dance with a Dolly. (Gute Melodie, alberner Text)
5. I'll walk Alone (zurückgefallen)
6. Always. alt
7. Together. alt
8. I dream of you.

Verpaßte die letzten zwei. Dinah Shore sang Together + Always + I'll Walk alone + There goes that Song Again; die ich gern mag.

Fünfzig Jahre danach

Mitleid und Verständnis in Großbritannien
Gespaltene Gefühle bei den Briten 50 Jahre nach dem Angriff auf Dresden
Von Reinhart Häcker, London
Stuttgarter Zeitung, 13.2.95

Ein Wort des Bedauerns wird es von offizieller britischer Seite kaum geben, wenn der Herzog von Kent jetzt die Königin bei den Gedenkfeiern zur Zerstörung Dresdens durch britische und amerikanische Bomber vertritt. Auch der Bürgermeister und der Bischof der Schwesterstadt Coventry, mit Dresden durch ein vergleichbares Schicksal verbunden und beide als Gäste geladen, werden von britischer Schuld kaum sprechen: Dazu sind auch 50 Jahre nach all dem Grauen in Europa Recht und Unrecht zu ungleich verteilt. In Großbritannien ist man mit der eigenen Geschichte im reinen. In Deutschland nicht. Aber Mitleid und Verständnis, Ausgleich und Versöhnung – das immerhin ist möglich geworden.

»Die Amerikaner haben Hiroshima«, so kommentierte Jonathan Steele im linksliberalen »Guardian« dieser Tage, »wir haben Dresden. Kein Erinnerungstag ist unbequemer für das britische Volk.« Im nationalkonservativen »Daily Mail« ist hingegen zu lesen, Dresden sei neben dem Falkland-Krieg »das letzte Stück stolzer britischer Außenpolitik« gewesen, »ein bißchen gesunder Bestrafung« und gewiß nichts, was die Nation mit Scham erfülle. Die beiden Kommentare zeigen die Extreme, zwischen denen sich die Briten bei ihrem Gedenken an Dresden bewegen. Man darf nicht vergessen: Dem Jahrestag des verlustreichsten Massenbombardements des Zweiten Weltkriegs ging unmittelbar der Jahrestag der Befreiung des Konzentrationslagers Auschwitz voraus.

Doch über den Sinn des Bombenkriegs, über die moralische und militärische Rechtfertigung des Angriffs auf Dresden ist in Großbritannien selbst schon vor Jahren eine bis heute nicht entschiedene Debatte entbrannt. Die Deutschen haben mit den Flächenbombardements ziviler Objekte angefangen, so lauten die Argumente zur Rechtfertigung der britischen Position; deutsche Bomber haben Coventry und Ostlondon zerstört, sie waren nur am Ende nicht so erfolgreich, und es war Stalin, der den Angriff auf Dresden verlangt hat – es war also auch ein Stück Politik. Die Kritiker verweisen indes darauf, die drei Bombennächte von Dresden hätten mit mindestens 30 000 Toten mehr Menschenleben gekostet als alle deutschen Angriffe auf Großbritannien zusammengenommen, die Stadt sei im Februar 1945 vollgestopft mit Flüchtlingen gewesen. Die meisten britischen Historiker halten gerade den Angriff auf Dresden militärisch für sinnlos, einige sprechen sogar von einem Verbrechen. Und am »Dresden Trust«, einer von Bürgern ins Leben gerufenen Stiftung zur Wiederaufbauhilfe für die Frauenkirche, haben sich Tausende beteiligt – angeführt von der Königin selbst.

Der Kriegspremier Winston Churchill hat nach Dresden weitere Flächenbombardements auf Deutschland einstellen lassen, und er hat später dem Kommandeur des Bomberkommandos, Luftmarschall Arthur Harris, ebenso wie seiner Truppe die sonst üblichen Ehrungen verweigert: Harris wurde Sir, aber nicht Lord, und seine »Boys« erhielten keine kollektiven Medaillen, obwohl ihre Einheiten die höchsten Verluste aller britischen Waffengattungen zu tragen hatten.

Heinrich Meynert

Dresden 1833: Konditoreien und Kaffeehäuser

Ich habe mich schon oft gewundert und kann es noch in diesem Augenblicke nicht begreifen, wie in Dresden sich eine solche Unzahl von Konditoreien zu erhalten vermag. Diese bestehen hier wirklich in einem fabelhaften Überflusse, und selbst in den ersten Lebe- und Luxusstädten habe ich, im Verhältnisse, kaum die Hälfte derselben vorgefunden. In Dresden, einer Stadt, welche wegen ihrer notorischen Hungerleiderei oft genug ein Gegenstand fremder Spottsucht geworden ist, muß man sich umsomehr wundern, wie dergleichen zuckergebackene Institute, welche in der Regel doch nur auf Kosten eines schon raffinierten Luxus zu bestehen vermögen und mit prosaischer Philisterei, woran es doch in Dresden nicht fehlt, im entschiedensten Streite leben, hier ihre Rechnung finden, ja auch nur dürftig ihr Dasein fristen können. Nach meinen Begriffen läßt sich dies nicht anders erklären, als daß jenes Konditoreiwesen doch nur eine, freilich verfeinerte, vergeistigte Ausgeburt der Dresden tyrannisierenden Kneipensucht ist.

ASCHERMITTWOCH

Dr. Theodor Morell 1886–1948 Berlin/Reichskanzlei
Kein Eintrag

Dr. Rudolf Semler *1913
Berlin/Propagandaministerium
Goebbels hatte eine dringende Unterredung mit Himmler, der an Mandelentzündung erkrankt in einem Sanatorium in Hohenlychen liegt. Auf dem Weg dorthin trafen wir – fünfzig Meilen nördlich von Berlin – endlose Kolonnen von Flüchtlingen aus dem Osten. Goebbels war von diesen Elendsbildern tief beeindruckt und niedergeschlagen: halbverhungerte Pferde zogen primitive Planwagen, mit Strohmatratzen, Stühlen und halberfrorenen Kindern darauf.
Goebbels mag Himmler offensichtlich nicht, obwohl sie bei ihrer Tätigkeit miteinander auskommen. Goebbels, der im Grunde ein feinfühliger Mensch ist, kann »unästhetische Menschen« nicht ausstehen. Er zählt Himmler zu dieser Kategorie. Der asiatische Zuschnitt seiner Augen, seine kurzen, dicken Finger, seine schmutzigen Fingernägel, alles widerstrebt Goebbels. Aber Himmlers äußerst radikale Einstel-

lung und der Einsatz seiner brutalen Methoden, sich durchzusetzen, machen ihn für Goebbels anziehend. Manchmal hält er das Oberhaupt der SS für einen Rivalen. Nach dem Abgang von Frick wäre Goebbels gern Innenminister geworden. Er sucht immer nach Möglichkeiten, seine persönliche Macht zu vergrößern und sein Betätigungsfeld zu erweitern. Er hätte gern die Stellung als Diktator an der Heimatfront gehabt, und diese Stellung wäre ihm sehr hilfreich gewesen im letzten Herbst bei den organisatorischen Maßnahmen für den totalen Krieg. Aber Himmler kam ihm zuvor, und seit der Zeit fühlte er stechende Eifersucht.

Goebbels kritisiert den Führer sogar in privaten Konferenzen niemals verletzend; wenn er aber in kleinem Kreis über Himmler spricht, tut er das sehr vorsichtig. Außer Hitler gibt es niemanden, der nicht insgeheim Angst vor Himmler hat. Goebbels ist der Auffassung, daß Himmler die größte Machtorganisation aufgebaut hat, die man sich vorstellen kann; er ist aber der Meinung, daß es ein psychologischer Fehler war, der SS den ganzen Haß aufzuhalsen, der mit Polizeimethoden verbunden ist. Keiner möchte etwas mit der Polizei zu tun haben, und es überrascht daher nicht, daß die SS respektiert wird, aber nicht beliebt ist.

Karl Dönitz 1891–1980

Rundfunkansprache des Oberbefehlshabers der Kriegsmarine an die Jugend 12'15

Freut sich zur Jugend sprechen zu können, die Jugend ist lebensbejahend/ Ihr seid vom Schicksal in die größte Zeit unseres Volkes gestellt worden/ Das

Schicksal stellt auch Forderungen an Euch/ Fanatische Hingabe, um Kenntnisse und Wissen zu erwerben/ Können als Grundlage des Erfolges, das gilt auch für den guten Soldaten/ Das Können muß fundiert sein/ Mit Leib und Seele dem Führer anhängen/ ›Komme, was kommen mag‹, Grundlage muß die bedingungslose Treue zum Führer sein/ Jede Lage kann durch eine »Standhaftigkeit des Herzens« verbessert werden/ Eine Lage ist nie hoffnungslos, eine Sache darf nie aufgegeben werden/ Im Kampf darf es keine Schwäche geben/ Die Kriegsmarine sucht junge Männer, die sich schon nach kurzer Ausbildung gegenüber dem Feind bewähren können/ Das Meer liebt den Kühnen

Ein katholischer Geistlicher
Klosterbrück/Kreis Oppeln

Aschermittwoch. Unser Volk singt Fastenlieder. Das Elend singen sich die Menschen von der Seele. Mädchen und Frauen streuen sich nicht nur Asche auf das Haupt, das Gesicht schmieren sie sich damit ein, um alt zu erscheinen und so sicher zu sein vor den Russen.

Sabine Hoth **Kahlberg**

Am Abend waren wir in Kahlberg. Wir blieben unten am Meer stehen, wollten nachts am Strand weiterfahren. Viele Stunden war ich in dem überfüllten Ort unterwegs nach Brot und Pferdefutter. Ich bekam fast nichts. Kein Futter! Wir mussten weiter, weiter, nur von der Nehrung herunter, solange die Pferde noch ziehen konnten. Vater ging es schlecht. Und die Kraft unserer geliebten Mutter war zu Ende. Als wir um 11 Uhr nachts aufbrechen wollten, konnte sie keine Fahrt

mehr aushalten. So schickten wir die Pferde mit den anderen Wagen voraus. Am nächsten Morgen sollten sie zurückkommen und uns nachholen. Wir blieben ganz allein. Es war eine eisige Nacht. Der Sturm wuchs. Und die Wellen stiegen höher. Würden sie bis zum Morgen unseren Wagen erreicht haben? Niemand würde uns helfen. Wir waren zu Tode erschöpft. Und wir alle wussten, daß Gott unser Liebstes auf Erden gerufen hatte.
Am nächsten Morgen, als es langsam hell wurde, war unsere Mutter bei Gott geborgen. Draussen tobte der Sturm, brauste das Meer wenige Meter von uns entfernt. Drinnen war es still, unendlich still.
Wir sind allein seitdem. Wir haben nicht nur unsere äussere, wir haben auch unsere innere Heimat verloren.

Hans Henny Jahnn 1894–1959 Granly/Dänemark
An Henry Goverts
Auch ich habe das Gefühl, daß ein Verhängnis sich nähert, ohne doch zu wissen, welche Gestalt es annehmen wird. Allerlei Schatten fallen bereits über meinen Weg.

Der amerikanische Kriegsgefangene Ray T. Matheny *1925 STALAG 17 B, Krems/Österreich
Im Februar 1945 lag der Schnee draußen etwa kniehoch, und im Inneren unserer ungeheizten Baracke war es bitter kalt. Eines kalten Morgens erklärte Feldwebel Struck beim Appell, Oberst Kuntz wolle eine Ansprache an uns halten. Wir standen etwa eine dreiviertel Stunde herum und froren von Minute zu

Minute mehr. Die Reihen und Glieder, in denen wir Aufstellung genommen hatten, brachen auseinander, und die Kriegies fingen an, mit Schneebällen zu werfen. Zwei von uns bauten in der Mitte unseres Lagerabschnitts einen kleinen Schneemann mit einem Riesenkopf. Endlich erschien mit einem Adjutanten der Oberst. Struck und Dieter Stramlin versuchten dafür zu sorgen, daß die Schneeballwerferei aufhörte und die Männer wieder zum Appell antraten. Zwar bekamen sie erst etliche Treffer ab, doch dann schafften sie es, Ordnung in unseren Haufen zu bringen. Auf einem Pfad, den Struck und andere bereits in den Schnee getrampelt hatten, kam der Oberst herangestapft. Kurz vor Erreichen des Schneemanns in der Lagermitte blieb er unvermittelt stehen, vollführte Gesten des Abscheus und der Überraschung, und stand schließlich, die Hände in die Hüften gestemmt, da. Der Schneemann war mit Kohlenstücken für Augen und Schnurrbart ausgestattet und sollte offensichtlich Hitler darstellen. Rasch trat der Adjutant vor Kuntz hin und versetzte dem Kopf des Schneemanns einen kräftigen Tritt. Da der Schnee jedoch ziemlich trocken war, drang sein Stiefel nur in das Gesicht ein; sonst passierte nichts. Daraufhin nahm er einen zweiten Anlauf, rutschte dabei jedoch im Schnee aus. Als der Schneemann den Tritt ins Gesicht bekam, jubelten die Männer, und als dann der Offizier im Schnee ausrutschte, lachten sie. Wieder mußte Kuntz eine Niederlage einstecken, was ihn diesmal jedoch zu einem Wutausbruch verleitete. Er kam nahe an unsere Reihen heran, und ich sah sein puterrot angelaufenes Gesicht, sah, wie er schrie und fluchte und sich fadendünner weißer Schaum auf seinen Lippen sammelte. Was immer er uns hatte mitteilen wollen – es war vergessen.

Ernst Jünger 1895–1998 **Kirchhorst**

Unruhige Nacht. Die Engländer haben eine Zermürbungstaktik angenommen, indem sie mit einzelnen Maschinen beharrlich über der Landschaft kreisen und hin und wieder eine Bombe werfen, damit die Spannung nicht erlahmt.
Auch tagsüber löst ein Alarm den anderen ab. Man hört, daß Dresden schwer angegriffen worden ist. Es wurde damit wohl die letzte unberührte Stadt zertrümmert; Hunderttausende von Brandbomben sollen auf sie geworfen worden sein. Zahllose Flüchtlinge kamen auf den freien Plätzen um.
Ich arbeitete im Garten, aus dessen Boden ich gestern bereits den roten Trieb einer Pfingstrose züngeln sah. Stach auch den Kompost unter der großen Ulme um. Die Art, in der sich alle Dinge dort zersetzen und Erde werden, hat etwas Lehrreiches und Tröstliches.
Gelesen in der kleinen zweisprachigen Heraklit-Ausgabe, die Carl Schmitt mir am 23. März 1933 schenkte, und in der Studie von Louis Réau über Houdon, der mich beschäftigt, seitdem ich im Foyer der Comédie Française seinen Voltaire sah. Der Grad physiognomischer Wahrheit, zu dem dieser Bildhauer aus dem Rokoko aufsteigt, ist außerordentlich; man fühlt, daß hier die innere Wahrheit des Zeitalters selbst sich äußert: sein mathematisch-musikalischer Kern. Ein Meißel von Mozartscher Prägnanz. Lehrreich wäre eine vergleichende Studie über ihn und Anton Graff.

Heraklit: »Die Schlafenden sind Tätige und Mitwirkende beim Geschehen der Welt.«
Das Schlimmste für die Deutschen waren die Erfolge – bei allen gewagten Partien ist der Gewinn am Anfang der gefährlichste. Er ist der Köder, der Angelhaken, an dem sich die Begierde fängt. Auch dazu verführt er den Spieler, daß er die Karten offen zeigt. Er legt die Maske ab.
Nach dem Sieg über Frankreich war auch das Bürgertum überzeugt, daß alles in Ordnung sei. Es hörte die Stimme der Unglücklichen, ihr »De Profundis« nicht mehr.
Übrigens treten die Westmächte in eine ähnliche Lage ein. Der Erfolg macht sie mitleidlos. So wechseln ihre Sender im gleichen Maße, in dem die Waffen überlegen werden, vom Lobe der Gerechtigkeit zu drohenden und racheverheißenden Ausführungen. Die Sprache der Vernunft wird von der Gewalt verdrängt. Die Friedensbereitschaft steht unter dem Zeichen der Waage: stets steigt die eine Schale, während die andere sinkt. Das blieb das gleiche seit Brennus' Zeit.
Wer bleibt uns denn nach diesen Schauspielen? Nicht jene, mit denen wir die Genüsse teilten und festlich tafelten, sondern nur jene, die mit uns den Schmerz trugen. Das gilt für die Freunde, die Frauen und für das Verhältnis unter uns Deutschen überhaupt. Wir finden jetzt einen neuen, festeren Grund für unsere Gemeinsamkeit.

Der zweite Angriff 1.30–1.55 Uhr

Dieter Sachse **(Dresden)**

Ein Teil der Alumnen verließ nach dem ersten Angriff die Kreuzschule. Während wir, drei fliehende Kruzianer, uns durch die brennende Stadt schlugen, befand sich Rudolf Mauersberger aus Sorge um seine Jungen auf dem Wege zur Kreuzschule. Was im brennenden Dresden »auf dem Wege sein« hieß, bedarf keiner eingehenden Schilderung. Im Großen Garten, an der Bürgerwiese – ein jeder dachte arglos, daß es hier doch nichts zu zerstören geben könnte – wurde er vom zweiten Angriff überrascht.

Vermerk der Örtlichen Luftschutzleitung Dresden, 0.52 Uhr

Die Spitze eines neuen Bomberverbandes erreichte Bamberg. Sie nahm Nordostkurs. Außerdem wurden aus der Gegend Mainz-Aschaffenburg starke Bomberverbände gemeldet, die Ostkurs eingeschlagen haben.

Ein Pilot der 5. Bomberflotte der Royal Air Force
Anflug auf Dresden

Der phantastische Schein aus 320 Kilometer Entfernung wurde immer heller, als wir uns dem Ziel näherten. Selbst in einer Höhe von sechstausendsiebenhundert Metern konnten wir bei dem gespenstischen Schein der Flammen Einzelheiten erkennen, die wir nie zuvor gesehen hatten; zum erstenmal seit vielen Einsätzen fühlte ich Mitleid mit der Bevölkerung dort unten.

Der Soldat Eduard Lenz 1901–1945
Mährisch-Ostrau

An seine Frau
Ich selbst bin Ladekanonier, damit Du genau über meine Funktion unterrichtet bist. Nachts habe ich nur zwei Stunden Posten.
Jetzt lese ich Herders »Ideen zur Philosophie der Geschichte der Menschheit«. Seit unsere letzten Kulturdenkmäler (gestern Goethe- und Schillerhaus in Weimar) zerstört sind, fühle ich mich um so stärker verpflichtet, die Atmosphäre des Wirkens unserer Großen Geister in mir erstehen zu lassen. Wie mögen sie auf unseren Kampf herabsehen. Vielleicht bereiten auch sie sich auf das Ende des Jahrhunderts vor.
Schön gute Nacht, mein Liebstes.
Es kommen Wellen der Sorge von Dir her.

Friedel Lenz, Februar 1944 **Bautzen**

An ihren Mann Eduard
Ruth hatte heute nacht einen seltsamen Traum: Sie hatte Alarm gehört, und der Tod stand vor ihr mit der Sense und stellte sich dann hinter sie. Wohin sie auch ging, was sie auch unternahm, er stand immer wieder hinter ihr. Schließlich fragte sie ihn, warum er das täte. Er antwortete, er stehe hinter allen Menschen, die zu einem frühen Tod berufen sind. Da sagte sie, es seien doch so viele in der Stadt, warum sie es sein müsse? Da hätte er gelächelt und dann gesagt: »Das verstehst du noch nicht. Das sind höhere Geheimnisse.«

Ein RAF-Bombernavigator über Dresden

Normalerweise verließ ich nie meinen Platz, aber in diesem besonderen Fall rief mich mein Skipper nach vorn, damit ich mir das ansehen sollte. Der Anblick war wirklich phantastisch. Aus einer Höhe von sechstausendsiebenhundert Metern glich Dresden einer Stadt, deren Straßen vom Feuer eingefaßt waren.

Der Soldat Eduard Lenz, Februar 1944 (im Westen)

An seine Frau Friedel

Weil Du schon bei Träumen bist, heute nacht träumte mein Stubenkamerad, der nüchterne Mann vom Sicherheitsdienst, daß er die halbe Stadt Dresden in Schutt und Asche gesehen habe. »Ja, das war früher einmal der Altmarkt«, habe eine Stimme gesagt. Da er früher selbst einmal in Dresden gelebt hat, geht ihm der Traum sehr nahe. Er träumte übrigens vor vierzehn Tagen vom Tode seines Neffen, und tatsächlich bekam er vorgestern die Nachricht, daß er gefallen sei. So tut sich das Geistige kund, selbst bei einem Menschen, der es in seiner Tagesraison leugnet. Nicht, als ob man auf einen solchen Traum etwas geben sollte. Aber Du siehst, die bange Sorge um das künftige Geschick der Stadt rührt die Herzen sogar bis hierher.

Der Traum von Ruth über ihren Tod ist eigenartig. Er gibt mir viel zu denken. Auf der einen Seite spricht sich darin vielleicht ein unterbewußtes Reife-Erlebnis aus, die Mignon in ihr stirbt. Andererseits mag auch eine Vorahnung ihres Schicksal darinnen sein.

Ein RAF-Bomberschütze **über Dresden**

Dresden. Keine Abwehr, sechs rote Zielmarkierer und vier Fünfhundertpfund-Sprengbomben an Bord; der Rauch vom ersten Angriff verhinderte die Markierung des Zielpunktes.

Ein RAF-Bomberpilot **über Dresden**

Der Masterbomber flog viel niedriger als wir. Er leitete jede Angriffswelle einzeln und legte großen Wert darauf, daß wir unsere Bomben nicht unnötigerweise auf Gebiete abwarfen, die bereits in hellen Flammen standen.

Eine Schülerin **Dresden**

Ich weiß nicht, wie lange wir in dem fremden Keller gesessen hatten, es mögen so zwei Stunden gewesen sein. Plötzlich kam mein Onkel atemlos angestürzt und sagte uns, daß er eine Sirene von weitem gehört hätte. Ich konnte vor Entsetzen kein Wort mehr hervorbringen. Kaum hatten wir unseren Keller erreicht, fielen schon wieder die Bomben, wir mußten wieder dieselbe qualvolle Zeit durchstehen. Jedesmal das Zusammenzucken, wenn wieder eine Bombe fiel. Jede Sekunde schien eine Ewigkeit zu werden. Aber durch eine glückliche Fügung überstanden wir alle den zweiten Angriff, der fast noch schlimmer erschien.

Der Soldat Eduard Lenz, März 1945 **(Dresden)**

An Dr. Sophie Freudenberg

Bei dem Angriff auf Dresden am 13.2.1945 kamen unsere beiden geliebten Töchter Sophie und Ruth ums

Leben. Auch wenn wir trotz unablässigen Suchens seit vierzehn Tagen keine Spur von ihnen entdeckten, müssen wir doch ihren Tod annehmen. Sie waren am Tage zuvor aus Bautzen hierher nach Dresden gekommen, um den vorrückenden Russen etwas weniger nahe zu sein. Hier ereilte sie nun das tödliche Geschick. Sei es im Feuersturm oder im Bombenregen. Meine Frau wollte in ein paar Tagen nachkommen. Sie konnte nur noch in Schutt und Asche nach ihren sterblichen Überresten suchen.
Es ist uns unvorstellbar, wie wir das fröhliche Lachen, die Zärtlichkeiten und den geistsuchenden Sinn der beiden entbehren sollen. Aber angesichts der Größe der Katastrophe verstummt das eigene Leid.

Die Hauswirtschaftslehrerin Herta Daecke

Dresden

Als ich noch überlege, wie es wohl am nächsten Tag wird, da tönt wiederum Alarm, und kaum komme ich die Eisentreppe vom Dach herunter in meine Wohnung, da fallen schon die ersten Bomben. Noch steht meine Wohnung – ein Blick hinein, und es ist mir klar, du siehst alles zum letzten Mal. Dieses Mal kann ich nichts mehr mitnehmen – im Feuerwehrhelm sause ich hinunter in den Keller, und schon prasselt es erneut von allen Seiten. Die Hölle ist los, es ist noch 1000 mal schlimmer als das erste Mal. Dicht über unserm Dach fliegt Flugzeug über Flugzeug, ein ganzes Netz – es ist taghell durch all die Brände – und keine Flak versucht die Flieger zu vertreiben. Man hat einige Tage zuvor die Flak von Dresden anderswohin geholt, wo es »wichtiger« ist. Man ist allein auf weiter Flur, wie es einem schon auf dem Dach klar wurde – nirgends kann mehr eine Hilfe herkommen – verraten und verkauft sind wir – nur die Hausgemeinschaft kann sich untereinander helfen. Schlag auf Schlag kommt – ein Volltreffer geht neben unserm Keller in die Hausmannswohnung – neben mir sind meine Luftschutzkoffer verschüttet. Wir müssen die Hamburgerin verbinden, die blutüberströmt ist. Ein weiterer Volltreffer geht in unser Haus und trennt es in zwei Teile, dicht hinter unserm Luftschutzkeller. Welch ein Wunder! Der Luftdruck wird unerträglich – wir liegen meist auf dem Boden und halten die Ohren zu – Staub, Asche, Rauch sind bald undurchdringlich und nur unsere Mund- und Nasenschleudern, die wir immer neu anfeuchten, lassen uns noch atmen. Ich hole mit Frl. Neumann noch Süßmost aus unserm Kellerverschlag – und gebe allen zu trinken – welch eine Erquickung! Dazwischen heult der Sturm, und er und die Bomben erschüttern die letzten übriggebliebenen Mauern. Werden wir noch lebend hier herauskommen oder wird das unser Grab sein? Der Hausmann faltet die Hände und betet laut – alle sind sonst still und stumm, nur Frau Bunger weint und schreit, aber sie kann kaum das Getöse übertönen.

Ein Nachtjägerpilot Flugplatz Dresden-Klotzsche
Wir warteten also in den Maschinen sitzend auf unser Schicksal. Untätig erlebten wir den zweiten Angriff auf Dresden. Die gegnerischen »Pfadfinder«-Maschinen setzten ihre »Christbäume« direkt über den mit rückverlegten Maschinen völlig überfüllten Platz. Jeden Augenblick rechneten wir mit der Totalzerstö-

rung des Platzes. Der überstarken nervlichen Belastung waren viele unserer Techniker nicht gewachsen, sie ließen ihre Anlaßgeräte für die Maschinen im Stich und suchten Schutz. Daß der Flugplatz mit keinem einzigen Bombenteppich bedacht wurde, blieb uns unbegreiflich. Anscheinend hielten sich alle Bombergruppen strikt an ihren jeweiligen Auftrag, in dem der Flugplatz als militärisches Objekt nicht mit einbezogen worden war. Im umgekehrten Fall hätte ein deutscher Bomberverband kaum die Disziplin besessen, ein sich derart anbietendes Objekt in unmittelbarer Nähe des Zielgebietes nicht anzugreifen, auch wenn der Auftrag dieses Teilobjekt nicht eigens erwähnt hätte.

Der Wehrmachtsfunker Franz Leiprecht *1921
Dresden

Da vernahm ich plötzlich ein seltsames Geräusch, ich konnte nicht feststellen, war es die Sirene, Flieger oder gar Bomben. Wie irrsinnig suchten wir den Ausgang zum Treppenhaus. Fluchtartig rannten wir die Treppe hinunter. Kaum im Schutzraum angelangt, krachte schon die erste Bombe in nächster Nähe.

Der Chef eines RAD-Transportkommandos
Dresden

Die Detonationen erschütterten die Hauswände, Explosionslärm vermischte sich mit einem sonderbaren Rauschen, das sich wie ein herabstürzender Wasserfall anhörte. Vermutlich war es der gewaltige Sog des Feuerorkans, der von den Sprengbomben entfacht worden war.

Der RAF-Pilot Lieutenant Colonel Le Good über Dresden

Dresden. Keine Wolken über dem Ziel, praktisch die ganze Stadt in Flammen. Keine Flak.

Ein RAF-Bomberschütze über Dresden

Ich warf unwillkürlich einen Blick nach unten, als die Bomben fielen, und meinen Augen bot sich das grauenhafte Bild einer Stadt, die von einem Ende zum andern in Flammen steht. Man konnte sehen, wie dichte Rauchwolken von Dresden wegtrieben, so daß die hellerleuchtete Stadt wie auf einem Stadtplan zu erkennen war. Meine erste Reaktion war, daß ich erschüttert in Gedanken dieses Inferno dort unten mit den Prophezeiungen der Evangelistenversammlungen vor dem Kriege verglich.

Ein RAF-Bomberpilot über Dresden

Das Gebiet war so hell erleuchtet, daß wir unsere eigenen Maschinen um uns herum und auch unsere eigenen Kondensstreifen erkennen konnten.

Der Leutnant Dieter Wiechmann *1922 Dresden

Wir drei Mann im Krankenzimmer waren bestrebt, die größten Schäden zu beheben. Während dieser Tätigkeit vernahmen wir erneutes Motorengeräusch am Himmel und von der Ferne Bombenlärm. Wir hatten keine Alarmsirenen gehört, diese waren bei der ersten Angriffswelle anscheinend alle zerstört worden. In kürzester Zeit waren wir wieder im Keller und verfolgten angstvoll das Rauschen der Bomben und die immer näher kommenden Einschläge. Dieses Mal

müssen wir genau in den Bombenteppich geraten sein. Im Garten des Hauses und in der Straße davor fielen Bomben und ließen Trichter in Straßenbreite entstehen. Eine Bombe traf den linken Flügel des Hauses und riß ihn ab. Durch diesen Einschlag waren die Heißwasserboiler der OP-Räume geplatzt und das heiße Wasser ergoß sich im Treppenhaus auf die dort noch befindlichen Menschen, die schwer verbrüht wurden. Da der erneute Angriff so überraschend kam, waren noch nicht alle Frischoperierten im Keller. Die Sanitäter und Schwestern ließen in der Eile die Tragen die Treppen hinunterrutschen, die Schmerzensschreie der darauf Liegenden waren schrecklich!
Während noch der Angriff dauerte, strömten schon Leute an unsrem Haus vorbei, um die Stadt zu verlassen. Während wir noch im Keller saßen, wurde eine hochschwangere Frau hereingeführt, die durch die Schrecken ihre Wehen vorzeitig bekommen hatte. Im Behelfs-OP-Raum wurde dann im Bombenlärm ein Kind geboren. Wir standen drum herum, hatten aber auf Geheiß der Ärzte alle dem Vorgang den Rücken zugewandt. Alle waren irgendwie beeindruckt von dem Kontrast: hier neues Leben und daneben Tod und Vernichtung. Nachdem diese zweite Welle nach vielleicht einer halben Stunde vorbei war, betraten wir unsere Zimmer nur noch, um unsere Sachen zu packen. Das Zimmer selbst war unbewohnbar geworden. Wir wurden in ein Nachbarhaus geführt, das noch unversehrt war und verbrachten dort den Rest der Nacht.

Ernst Heinrich Prinz von Sachsen 1896–1971

Dresden

Etwa eine dreiviertel Stunde später hörten wir wieder die Alarmsirene, noch als dünnen Ton aus weiter Ferne. Da dies auf einen zweiten Angriff deutete, forderte ich die in der Wohnung Anwesenden – Gina, ihre Eltern, Schwester und Freundin – auf, sofort mit mir aus der Stadt zu fahren. Ginas Schwester wollte unter keinen Umständen mitkommen, und so fuhr ich mit vier Personen ab. Ich war derart auf die Straße konzentriert, daß ich zunächst nichts anderes bemerkte. Ich mußte herumliegenden Ästen, Mastenteilen und Drähten ausweichen und einer großen Zahl von Menschen, die sich in Sicherheit bringen wollten. Ich kam nur langsam, aber glatt durch all das Durcheinander zum Stadtrand auf die große Straße nach Dippoldiswalde. Dort war es, als ob eine große Himmelsbeleuchtung eingeschaltet wäre, überall hingen die »Christbäume« am Himmel. Das war der kritische Moment, denn jetzt mußten die Bomben fallen. Ich fuhr weiter, irgendwo anzuhalten, wäre sinnlos gewesen. Plötzlich rief Ginas Freundin:
»Halten Sie! Hier ist eine große Röhre im Tal unter der Straße, in die müssen wir hinein.«
Ich stoppte, alle sprangen heraus und liefen die Böschung hinunter. Ich zog noch schnell den Zündungsschlüssel ab und folgte. Es war sehr merkwürdig: Die junge Dame hatte bei einem Spaziergang die Röhre entdeckt und damals gedacht, daß man hier mit sieben Meter Boden über der Röhre gute Deckung bei einem Bombenangriff hätte.
Kaum waren wir in dem Unterschlupf, da ging der

Hexensabbat los. Heulend und pfeifend kamen die Bomben herunter, überall das Krachen der Einschläge. Es regnete bei starkem Wind. Ich blieb am Eingang der Röhre, Gina stand hinter mir und mit uns drei französische Kriegsgefangene. Da sahen wir am oberen Rand des Tals ein feuriges Phänomen, das sich auf uns zubewegte. Es entpuppte sich als eine 80 Meter breite und drei Meter hohe Phosphorwand, die durch den Wind in unsere Richtung getrieben wurde. Als sie jedoch in das stillere Tal kam, verminderte sie ihre Geschwindigkeit, kam zum Stehen und brach dann zusammen, wobei sie noch eine Weile am Boden weiterglühte. Kurz danach erfolgte eine ungeheure Detonation, gleichzeitig schoß eine Stichflamme hoch zum Himmel empor. Etwa 300 Meter von uns entfernt war ein Bomber mit seiner Last abgestürzt. Bald darauf sah ich einen Mann am Fallschirm zur Erde niederschweben; er gehörte zur Besatzung des Bombers und war offenbar der einzige, der überlebt hatte.

Christian Just *1929 Dresden

Auf einmal hörten wir von der Südvorstadt ganz entfernt Sirenengeheul: Fliegeralarm. Ich weiß nicht, wann es war; ich hatte keine Uhr. Aber ich weiß noch, wie manche Menschen leise aufschrieen: »Nein! Nicht noch einmal!« Und dann begann das, was sich mir als das Inferno von Dresden eingeprägt hat: Motorengedröhn, das Rauschen der herabgleitenden Bomben, das ohrenbetäubende Krachen der Detonationen, einen Augenblick Stille, und dann wieder dasselbe, und wieder, und wieder und immer wieder! Manchmal beginnt das Rauschen im Hochton, hört in der Mittel-

lage auf, und dann dauert es eine Weile bis man in der Ferne die Explosionen hört. Oft aber beginnt das Fauchen in der Mittellage, wird immer tiefer und endet mit berstendem Krachen nicht allzuweit entfernt. Und manchmal hört man nur einen kurzen, tiefen Orgelton, und dann zerreißt ein schreckliches Getöse einem fast das Trommelfell; wenige Augenblicke später prasseln Erdbrocken und sonst etwas auf den Rücken. Und es hört nicht auf und hört nicht auf. Aus der Angst wird Todesangst und endlich die Erwartung, daß ein Treffer der Qual ein Ende bereitet.
Auf einmal sahen wir, daß der Wind glühende Funken unter den Steinen hindurchblies. Sollten wir jetzt noch hier verbrennen? Irgendwie waren auch die Explosionen leiser geworden. Oder krachten nur noch Spätzünder? Ich sagte jedenfalls zu meiner Mutter, gehen wir doch dahin, wo sie die Erde ausgeschachtet haben.
Es wurde kalt – von den herabgebrannten Häusern kam keine Wärme mehr – und fing an zu regnen. Der Angriff war inzwischen wirklich vorbei. So gingen wir in Richtung Großer Garten. An einer großen Platane lehnte ein Stück Bauzaun, unter das wir uns setzten. Im Blickfeld hatten wir das Ausstellungsgelände mit dem Heimatkraftfahrzeugpark, wo in Abständen Explosionen orangefarbene Stichflammen zum Himmel schickten …

Otto Griebel 1895–1972 **Dresden**

Ich ging nun mit Hast daran, zu bergen, was mir besonders wertvoll erschien, und holte als erstes einen Stapel von Aquarellblöcken, in denen ich Zeichnungen und Studien aufbewahrte, vom Schrank, um alles in einen kleinen Reisekorb zu legen. Jack suchte derweilen im Kämmerchen die Wäscheleine, und da er sie nicht fand, schaute ich selbst mit nach und hängte einen großen Rucksack von der Wand. Im diesem Augenblick hörte ich den gellenden Schrei: »Neuer Angriff, alles in die Keller!«

Ich griff eben noch ein Rolle Malleinwand, dann heulten bereits neue Bombenserien auf unsere unglückliche Stadt hernieder, und es dröhnten die Detonationen.

Jedenfalls weiß ich nicht mehr, wie wir den Keller erreichten, der sich unter der Wucht der Einschläge förmlich drehte und hob. Jack und ich hockten dicht neben dem Durchbruch in der Brandmauernische, und bei jedem Einschlag traf mich der Luftdruck wie mit einer kräftigen Ohrfeige, denn die Öffnungen unseres Kellers waren nirgends verschlossen.

Immer furchtbarer krachten die Sprengbomben. Fast schien es, als ob von Dresden diesmal überhaupt nichts mehr bleiben solle und als könne diesem schauerlichen Angriff auch nicht ein einziger entrinnen. Jack hielt sich dennoch sehr tapfer, und auf seine bange Frage, ob wir durchkommen werden, beruhigte ich ihn, daß wir bestimmt Glück haben werden. Ich selbst hatte weniger Sorge um mich als um meine Frau mit den drei Kindern, die diesen grauenvollen Angriff völlig schutzlos und im Freien auf dem Comeniusplatz über sich ergehen lassen mußten.

Es war mir unerträglich, ihnen weder helfen noch beistehen zu können. Früher hatte ich ihnen manchmal den Rat gegeben, sich während eines Luftangriffes fest an den Boden zu drücken und jede, auch die kleinste Vertiefung, auszunützen. Aber das Inferno dieser Nacht löschte wohl jede Überlegung aus. In immer neuen Serien pfiffen die Bomben hernieder, und unter ihren furchtbaren Explosionen schwankte der ganze Keller, in dessen Dunkel, das hin und wieder nur durch ein jähes Aufflammen erhellt wurde, die Hausbewohner dichtgedrängt beisammenhockten wie todesbange Tiere. Die Luft wurde stickig. Überall tanzten Funken herein, und ich fühlte, daß wir es so nicht mehr lange aushalten konnten. Einmal schien schon alles vorüber zu sein, aber dann warf doch noch eine ›Welle‹ ihre Sprengladungen ab, und der Keller bebte von neuem. Einige Augenblicke waren wir alle wie betäubt, und als endlich keine Explosionen mehr erfolgten, vermochte man es kaum zu fassen, daß man heil davongekommen war.

Ein RAF-Bomberschütze über Dresden

Es war das einzige Mal, daß ich Mitleid mit den Deutschen hatte. Aber mein Mitleid dauerte nur ein paar Sekunden; unsere Aufgabe war es, den Feind zu schlagen, und zwar vernichtend zu schlagen.

Victor Klemperer 1881–1960 (Dresden)

Nach einer Weile, es muß nach ein Uhr gewesen sein, sagte Eva: »Alarm.« – »Ich habe nichts gehört.« – »Bestimmt. Es ist leise gewesen, sie fahren Handsirenen herum, Strom fehlt.« – Wir standen auf, Frau Stühler rief an unserer Tür »Alarm«, Eva klopfte bei Frau Cohn an – von beiden haben wir nichts mehr gehört – und eilten hinunter. Die Straße war taghell und fast leer, es brannte; der Sturm blies wie vorher. Vor der Mauer zwischen den beiden Zeughausstraßen-Häusern (der Mauer des einstigen Synagogenhofes mit den Baracken dahinter) stand wie gewöhnlich ein Stahlhelmposten. Ich fragte im Vorbeigehen, ob Alarm sei. – »Ja.« – Eva war zwei Schritte vor mir. Wir kamen in den Hausflur der Nr. 3. Indem ein schwerer naher Einschlag. Ich drückte mich kniend an die Wand in der Nähe der Hoftür. Als ich aufsah, war Eva verschwunden, ich glaubte sie in unserem Keller. Es war ruhig, ich stürzte über den Hof in unsern Judenkeller. Die Tür klaffte. Eine Gruppe Leute kauerte wimmernd rechts der Tür, ich kniete links dicht am Fenster. Ich rief mehrmals nach Eva. Keine Antwort. Schwere Einschläge. Wieder sprang das Fenster an der Wand gegenüber auf, wieder Taghelle, wieder wurde gespritzt. Dann ein Schlag am Fenster neben mir, etwas schlug heftig und glutheiß an meine rechte Gesichtsseite. Ich griff hin, die Hand war voller Blut, ich tastete das Auge ab, es war noch da. Eine Gruppe Russen – wo kamen sie her? – drängte zur Tür hinaus. Ich sprang zu ihnen. Den Rucksack hatte ich auf dem Rücken, die graue Tasche mit unseren Manuskripten und Evas Schmuck in der Hand, der alte Hut war mir entfallen. Ich stolperte und fiel. Ein Russe hob mich auf. Seitlich war eine Wölbung, weiß Gott, welcher schon halb zerstörte Keller. Da drängte man herein. Es war heiß. Die Russen liefen in irgendeiner andern Richtung weiter, ich mit ihnen. Nun stand man in einem offenen Gang, geduckt, zusammengedrängt. Vor mir lag ein unkenntlicher großer freier Platz, mitten in ihm ein ungeheurer Trichter. Krachen, Taghelle, Einschläge. Ich dachte nichts, ich hatte nicht einmal Angst, es war bloß eine ungeheure Spannung in mir, ich glaube, ich erwartete das Ende. Nach einem Augenblick kletterte ich über irgendein Gewölbe oder eine Brüstung oder Stufen ins Freie, stürzte mich in den Trichter, lag ein Weilchen platt an den Boden gedrückt, kletterte dann den Trichter aufwärts, über einen Rand in ein Telefonhäuschen. Jemand rief: »Hierher, Herr Klemperer!« In dem demolierten Aborthäuschen nebenan stand Eisenmann sen., Schorschi auf dem Arm. »Ich weiß nicht, wo meine Frau ist.« – »Ich weiß nicht, wo meine Frau und die andern Kinder sind.« – »Es wird zu heiß, die Holzverschalung brennt ... drüben, die Halle der Reichsbank!« Wir rannten in eine flammenumgebene, aber fest aussehende Halle.

Der Oberzahlmeister Gerhard Erich Bähr 1894–1975
Dresden

Gegen ein Uhr kam der zweite Angriff, und das war erst die Hauptsache! Wir hockten wieder im Kellergang, wohl an die 40 Personen, Hausbewohner und Fremde. Schwere Einschläge rings um uns. Plötzlich ein ganz ungeheurer Schlag, so daß alles Licht verlöschte. Die Wände wankten, Quader stürzten auf uns, die Luft war vom Gesteinsstaub erfüllt zum Ersticken. Die Gläser der Schutzbrille waren sofort zerbrochen und der feine Sand drang in die Augen. Dazu Stockfinsternis und Schreie der Menschen um uns. Wir lagen auf der Erde und erwarteten das Ende. Meine Beine waren verschüttet. Darauf lag ein Sandsteinquader, ein Koffer und ein dicker grauer Sack, der sich naß anfühlte und den ich wegzuschieben ver-

suchte, um herauszukommen. Plötzlich merkte ich, daß es kein Sack war, sondern ein Mann ohne Kopf! Und dicht neben mir kauerten Hildegard und Ingelore. Mir verschlugs den Atem. Keinesfalls durften sie merken, was los war, damit sie nicht noch die Nerven verloren. Immer wieder versuchte ich, meine Beine herauszuziehen. Daß Gottseidank nichts gebrochen war, merkte ich ja. Aber ich kam nicht heraus und meine Verzweiflung stieg mehr und mehr. Mit einer geradezu übermenschlichen Anstrengung gelang es mir schließlich doch noch. Wir stellten fest, daß beide Mauerdurchbrüche hoffnungslos verschüttet waren und damit auch alles Gerät verloren war. Der Kellereingang war auch eingestürzt. Wir waren also völlig eingeschlossen. Durch den Mauerdurchbruch nach dem Hause Nicolaistraße 1 waren vom Einsturz des Nachbarhauses die losen Ziegelsteine in breiter Flut gerutscht und von dort kamen Hilfeschreie. Es war nicht heranzukommen, weil unser Kellergang verstopft war und halb verschüttet.
An der Unfallstelle konnte nur einer stehen und es war schon der alte Nasdal aus dem vierten Stock dort und räumte Ziegel weg. Mit einer Kerze, die ständig wieder ausging, leuchtete ich ihm und half so gut es ging. In dem Schuttkegel steckte zunächst unser Nachbar, der alte Herr Seltmann. Ihn hatte es erschlagen und er lag auf dem Rücken mit ausgebreiteten Armen und steckte bis zum Leib im Schutt. Unter ihm schrie eine unbekannte Frau grauenhaft um Hilfe. Sie steckte ganz im Schutt und der Tote lag auf ihr, nur ihr Kopf war frei. Noch tiefer und nicht mehr zu sehen wimmerte noch eine Frau. Wir arbeiteten wie rasend, aber

wenn Nasdal einen Ziegel wegnahm, rutschten 20–30 neue nach. Es wurde immer schlimmer und die Hilferufe wurden schwächer.
Plötzlich rief alles: »Die Kohlen brennen!« und in stinkenden Schwaden kam es heran. Es war kein Zweifel mehr: das war das Ende. Ich sah mich um nach Hildegard und Ingelore und sah sie nicht. Es war überhaupt alles leer da vorn. Im nächsten Augenblick entdeckte ich eine Bewegung nach dem Eckkeller. Dort hatte eine Zeitzünderbombe wie durch ein Wunder auf einmal doch noch eine kleine runde Kellerluke aufgerissen. Die war unvergittert, weil der Kellereigentümer eigenmächtig vor wenigen Tagen das Gitter entfernt hatte, was noch Krach mit dem Hauswirt gegeben hatte.
Nun war dieses Wunder unsere Rettung!
Wer kann begreifen, daß man einen um Hilfe schreienden Menschen in Todesangst im Stich läßt? Es kann kaum Schlimmeres geben! Zu helfen war nicht, und in den nächsten Minuten wären wir mit erstickt. So war die Lebensangst der Kreatur stärker und wir stürzten wie irrsinnig dem Rettungsweg nach. Auf den Trümmern einer Leiter, an der die ersten drei Sprossen fehlten, kletterte ich hinter Ingelore hinaus und zog Hildegard hinter mir her.
Draußen war es, als ob man in einen feurigen Ofen käme. So weit man sehen konnte ein brüllender Feuerorkan! Alle die fünfstöckigen Häuser ringsum brannten von unten bis oben und leuchteten wie geschmolzenes Eisen. Die Flammen schlugen stockwerkhoch aus allen Fenstern. Ein Blick nach unserem Hause. Ich traute meinen Augen kaum: es war im gan-

zen eingestürzt. Nur die Ecke stand noch. Wo unser Heim gewesen war, sah ich die feuerflammende leere Luft! Ein fünfstöckiges schweres Sandsteingebäude war auf uns gestürzt, während wir im Keller lagen. »Einen Blick nach dem Grabe seiner Habe sendet noch der Mensch zurück.«
Auf der Straße lagen umgestürzte Bäume, Steine, Gaslaternen, ausgebrannte Wagen, heruntergerissene Straßenbahndrähte und Tote. Es war kaum durchzukommen. Dazu heulte der Feuersturm und die Funken und Feuerfetzen flogen um uns wie in einem schweren Schneesturm. Man wankte und konnte sich kaum auf den Beinen halten. Hildegard war so aufgeregt, daß sie sich vor den herunterhängenden Straßenbahnleitungen fürchtete, obwohl doch längst kein Strom mehr drin sein konnte. Ich riß sie an mich und versuchte mich zu orientieren. Die Stephanienstraße hinunter nach der Elbe zu sah es mir dunkler aus. Also dorthin, denn dort mußte Luft sein. Als wir bis zur Striesener Straße vorgedrungen waren, mußten wir erkennen, daß es eine Täuschung war, denn das Dunkle war nur Qualm gewesen und die Fassaden der Stephanienstraße lagen schon als unübersteigbarer Schutt auf der Straße. Wohin nun? Wir versuchten nach dem Striesner Platz zu kommen. Nach 100 Metern sahen wir, daß dort eine Feuerwand stand, weil ein Flammenmeer von Phosphor brannte. Wieder zurück, rasend, hoffnungslos und halb erstickt.
Ingelore verschwand in einem Feuerregen. Gerade noch im letzten Augenblick konnte ich ihre Hände erwischen und hielt nun beide an den Händen. Wer stürzte, kam nicht wieder hoch. Auch Hildegard kam

zu Fall. Ich konnte sie mit letzter Kraft wieder hochreißen und wir kämpften uns erstickend zum Stephanienplatz zurück. Nur unseren Stahlhelmen und schweren Stiefeln war es zu danken, daß wir weiterkamen. Der ganze Platz loderte in Flammen. Hinter dem Transformatorenhäuschen bargen sich Menschen und Hildegard wollte in ihrer Todesangst auch dorthin. Ich sah aber, daß das Ende dort abzusehen war. Wir mußten durch. Wie es gelungen ist, weiß ich nicht mehr. Jedenfalls waren wir auf einmal hinter der Flammenwand und in der Hähnelstraße, wo wegen der offenen Bauweise erst auf der rechten Seite die Dachstühle brannten. So schnell wie möglich die 300 Meter bis zum Großen Garten! Über die Stübelallee drangen wir vor bis zur kleinen Eichwiese und brachen dort erst mal zusammen.

Ein RAF-Bomberpilot über Dresden

Nach meiner Schätzung umfaßte das Feuermeer eine Fläche von etwa hundert Quadratkilometern. Die von dem Feuerofen heraufsteigende Hitze war bis in meine Kanzel zu spüren. Der Himmel hatte sich leuchtend rot und weiß gefärbt, und das Licht in der Maschine glich dem eines gespenstisch anmutenden Sonnenuntergangs im Herbst. Obwohl wir uns allein über der Stadt befanden, war unser Entsetzen über den furchtbaren Feuerschein so groß, daß wir viele Minuten lang über der Stadt kreisten, bevor wir, ganz unter dem Eindruck des dort unten gewiß herrschenden Grauens, auf Heimatkurs gingen. Wir konnten den Schein des Feuerorkans noch dreißig Minuten nach Antritt des Heimfluges sehen.

Der Generalinspekteur der Feuerschutzpolizei
Hans Rumpf **Dresden**

Die Erscheinungsformen eines solchen Naturereignisses können die normalen Eigenschaften der Atmosphäre bis zu einem Grade verändern, daß in ihr organisches Leben nicht mehr möglich ist und erlischt... Die einzelnen Feuerherde schließen sich zusammen, die erhitzte Atmosphäre schießt wie in einem Riesenkamin nach oben, die längs des Erdbodens angesaugte und nachstürzende Frischluft erzeugt einen Orkan, der wiederum auf weithin die kleineren Brände anfacht und in seinen Bann zieht. Die Wirkung der heißen Luftsäule einer solchen riesigen Fackel über einer brennenden Stadt wurde von den Fliegern bis in 4000 m Höhe als stürmisch und unangenehm empfunden.

Katharina Tietze **Dresden**

Bald erschien ein Luftschutzwart, wohl Blockwart, der alle in die Wohnungen schickte, Funken zu löschen. Bei uns sah es schon böse aus, die Fenster heraus, Gardinen herunter, Türen fast alle aus den Angeln, lagen zum Teil im Wege, Schränke waren viele aufgerissen und Splitter, Scherben und anderes lagen herum. Natürlich schlugen überall die Flammen zu den Fensterhöhlen herein. Wir sahen bald ein, daß hier und bei diesem gewaltigen Feuersturm, der sich erhoben hatte, kein Löschen mehr möglich war. Deshalb wollten wir wieder hinuntergehen und standen schon alle drei an der Korridortür, als der zweite, ganz furchtbare Angriff begann. Es polterte, rüttelte und schüttelte ganz unglaublich um, über und unter uns. Wir hielten uns an der Tür fest und wurden mit dieser herumgebeutelt. Vater sagte: »Das ist unser Untergang«, ich: »Da müssen wir eben untergehen!« Doch noch war es uns nicht bestimmt. Auch dies furchtbare Erleben nahm ein Ende. Der Angriff ebbte ab, und wir drei gingen wieder hinunter. Daß wir dort heil ankamen, war ein großes Wunder, über Glas und sonstige Splitter, bei jedem Flurfenster durch starken Funkenregen. Im Keller, wo die übrigen Hausbewohner schon gelandet waren, machte sich schon etwas Rauch breit; denn im Nachbarkeller, dem des Hauses Nr. 25, brannten bereits Kohlen. Der Durchbruch nach drüben war geöffnet und unser Keller nun reichlich voll Menschen. Die Öffnung war so gut es ging wieder zugesetzt. Doch vorher hatten wir versucht, durch die Kellergänge der 23, 21 usw. irgend mal nach einem Ausgang ins Freie zu gelangen; leider ein Ding der Unmöglichkeit, nirgends war ein Entkommen! Wir gerieten immer mehr in Rauch und Hitze, kehrten deshalb wieder um und waren ordentlich froh, endlich wieder im eigenen Luftschutzkeller zu sein. Ich war vollkommen erledigt, habe das letzte Stück zum Teil auf allen Vieren zurückgelegt. Da saßen wir nun also wieder, eingeschlossen, wie in einer Mausefalle: vor den Kellerfenstern die großen Cementblöcke, rechts und links von unserm Keller Feuer; denn bald brannte auch die Backstube aus. Dadurch fing auch die äußere Tür der Gasschleuse Feuer und verbrannte. Um in dem Qualm noch atmen zu können, tauchten wir Tücher in Wasser und hielten sie vor den Mund.

Natürlich kamen immer wieder neue Wellen von Flugzeugen, man hörte mehr und mehr Bomben fallen und das Haus über sich nach und nach zusammenstürzen. Wir warteten schon ganz ergeben, wann das Kellergewölbe uns erdrücken würde, doch das hielt stand. Als alles Brennbare von den Flammen verzehrt war und der Qualm mehr und mehr Abzug ins Freie fand, konnte man wieder leichter atmen und hoffte auch von neuem, doch noch mal ans Tageslicht zu gelangen. Einige jüngere Leute waren ja mit umgehängten Decken hinausgeflohen; aber dann war das auch nicht mehr möglich, und die ältere Generation wartete, bis das Feuer mehr und mehr nachließ.

Ein Rittmeister **Dresden**

Der Keller hatte einen Durchbruch zum Nachbarhaus. Jemand öffnete ihn. Dabei ergab sich, daß das Nachbarhaus schon stärker heruntergebrannt war; durch die Öffnung drangen Rauchschwaden. Ich sagte den Menschen, daß wir heraus müßten, wenn wir nicht ersticken wollten, und gab den Rat, ihre Mäntel in das Wasser der Löschgefäße zu tauchen. Das taten aber nur wenige; besonders die Frauen scheuten sich, ihre Pelzmäntel zu ruinieren. Schließlich brachte ich einen Teil dazu, sich auf der Kellertreppe vor dem Ausgang aufzustellen, um, wenn ich »los« rief, auf die Straße zu laufen. Als ich das Kommando gab, scheuten die meisten vor den Flammen zurück. Als ich nochmals »los« schrie und selbst losrannte, folgten nur wenige. (Etwa 4 oder 5 Tage später kam ich zu dem Haus zurück, fand es bis zum Keller heruntergebrannt, den Keller aber unversehrt, in dem etwa 40 Tote lagen.)

Ein RAD-Führer **Dresden**

Beim Nachlassen des Angriffs suchte ich als erster, zumal durch die enorme Hitze das Atmen infolge des Sauerstoffmangels immer schwerer wurde, nach einem Fluchtweg. Als ich in die Nähe des Hauseingangs kam, stellte ich fest, daß wir von Feuer ringsumher eingeschlossen waren. Durch die Straßen fegten mit ungeheurem Sog riesige Flammen, brennende Balken stürzten herab, die Funken fielen in dichtem Regen, und beißender Qualm behinderte jede Sicht. Es war gänzlich ausgeschlossen, hier aus dem Haus zu gelangen, ohne daß man sofort in Flammen aufgegangen wäre. Auf mein Befragen erfuhr ich von den Hausbewohnern, daß etwa zehn Häuser weiter ein freier Platz, der König-Albrecht-Platz, läge und daß die Häuser untereinander durch Luftschutzwände in den Kellern verbunden seien. Ich ließ von meinen Männern von Haus zu Haus die schwachen Kellerwände einschlagen, und so gelangten wir unter Anwachsen der Menschenmenge durch die jeweils hinzukommenden Bewohner endlich ins »Freie«. Gegen den Funkenregen schützten sich die meisten Menschen durch Umhängen von nassen Decken. An dem genannten Platz lag das Gebäude des Zirkus Sarrasani, der am Abend noch bis zum Beginn des ersten Angriffs gespielt hatte. In der Nähe sah ich eine Gruppe Zirkuspferde, die völlig verschüchtert eng im Kreis beieinander standen.

Liesbeth Flade **Dresden**

Kaum waren wir so weit, daß wir schlafen wollten, da ertönte die Sirene von neuem. Wir stürzten in den Kel-

ler, die Kinder halb angezogen. Wir waren noch auf der Treppe, da begann der Höllentanz von neuem, diesmal noch fürchterlicher. Das Haus erbebte mehrfach, die Scheiben klirrten, aber wir blieben noch verschont. Größte Angst hatte ich um Vati. Da kam er, noch vor der Entwarnung, vollkommen rußgeschwärzt. Er hatte schon Schreckensbilder gesehen und die grausigsten Schilderungen gehört. Unser großer Kellergang war dicht gedrängt voll von Schutz suchenden Menschen, die meisten eilten aber weiter, nur fort, weit fort von diesem Entsetzen.
Aus dem Krankenhaus nebenan waren Mütter, die eben erst entbunden hatten, mit ihren Kindern davongelaufen. Ein solch armes kleines Würmchen packte Schwester Maria, unsere Gemeindeschwester, in unseren Sportwagen in Kissen, und bald schleppte sich die Mutter weiter. In unserem ganzen Haus war mein Küchenofen der einzige, den wir noch heizen konnten. Das Gas brannte natürlich nicht mehr. Merkwürdigerweise hatten wir noch Licht. Ich kochte einen großen Topf Kaffee, um die Leute im Keller etwas zu erwärmen. Aber die meisten waren schon wieder fort.

Eva Schließer **Dresden**

Zwischen aller Arbeit und Aufregung brach der neue Tag herein – Muttis Geburtstag. Wir gratulierten nur mit einem Geburtstagskuß und wollten uns die Bescherung aufheben, bis die Wohnung wieder in Schuß war. Wer wußte zu dieser Stunde, daß alles noch viel schlimmer kommen sollte. Tante Liesels schöne rote Azalee blühte ein paar Stunden später in einem scheußlichen Trümmerfeld und wurde noch zum Todesschmuck unseres lieben Heims. Denn gerade, als wir uns nach eins hinlegen wollten, ertönte wieder die Alarmsirene. In unsagbarer Hast rannten wir in den Keller und zogen uns dort unten an. Das Haus war nun schon voll von Leuten aus der Nachbarschaft, die wegen Blindgängergefahr ihre Wohnungen räumen mußten. Wir knieten im Kellerflur unter der Treppe, Mutti, Ursel, Tante Liesel, Maria und ich, die Köpfe zusammengesteckt und mit vielen Decken bedeckt. Wir wußten ja genug, als es hieß, daß Christbäume über der Walterbrücke gesetzt wurden. Welch ein Bild des Jammers, der wehrlosen Auslieferung in unserem Keller. Erst später kommt es einem voll zum Bewußtsein. In jener Nacht verging uns fast die Kraft zum Beten. Ich hatte mir das alles nie so vorstellen können, auch meine innere Haltung in der Todesgefahr hatte ich mir ganz anders gedacht. Wie klein war ich doch, wie habe ich gebebt und gezittert! Ich habe immer geglaubt, ich würde nicht am Leben hängen, sind mir doch schon so viele liebe Menschen in die Ewigkeit vorausgegangen. Vielleicht würde man dem Tod in anderer Gefahr freier ins Auge sehen. Haben doch selbst die Soldaten in unserem Keller sich lieber Front und Trommelfeuer in diesem nicht endenwollenden Bombardement gewünscht.

Ganz in unserer Nähe, im Volksbad auf der Vorwerkstraße, ging eine Luftmine nieder. Wir glaubten bei dem Getöse, unser Haus wäre zusammengestürzt. Der ganze Keller war mit Staub gefüllt, alles klirrte, krachte – ach, ich kann es schon heute gar nicht mehr recht beschreiben, wie grausam es war. Aber die unendliche Dankbarkeit, die uns erfüllte, als wir wußten, daß wir den Angriff gesund überstanden hatten und noch vereint waren, spüre ich noch heute wie eine warme Welle. Alles Materielle war abgeschrieben, unser gesundes Beisammensein war ein wundersames Glücksgefühl. – Erst spät konnten wir den Keller verlassen. Ich hatte zunächst noch einen kleinen Strauß mit Herrn Oehme, der sich meiner Ansicht nach allzusehr auf die rein weibliche Feuerwehr verließ. Schließlich stieg er aber doch noch mit mir aufs Dach, wo wir konstatierten, daß unser Haus vom Funkenflug verschont blieb. Nebenan brannte es ganz hell im Krankenhaus. In unserem Haus waren Türen und zum Teil auch Fensterrahmen herausgeflogen, natürlich von uns nicht eine Fensterscheibe geblieben. Diese hatten sich scheinbar kolloid über die ganze Wohnung verteilt. Selbst Muttis schöne Geburtstagskuchen waren ungenießbar geworden und wurden, nachdem ich sie beim 3. Angriff noch gerettet hatte, zum allgemeinen Bedauern in Flades Garten vergraben. Es gelang uns, das Wohnzimmer einigermaßen zugsicher zu bekommen, und wir errichteten dort ein Matratzenlager; denn wir waren völlig erschöpft. Ursel und Maria saßen noch bis gegen Morgen verstört im Keller. Schlaf konnten wir alle kaum finden. Draußen heulte der Sturm, der rote Feuerschein erfüllte die ganze Wohnung. Friedhild Damm schlief mit ihren Kindern auch bei uns, denn die Wohnungen nach der Westseite waren furchtbar zugerichtet. Sie wollte dann am kommenden Vormittag ihre Kinder nach Reick bringen, ist aber sicher unterwegs vom 3. Angriff überrascht worden. Wir wissen heute noch nicht, ob sie zu den Überlebenden zählt.

Nach dem zweiten Angriff

Ursula Schmidt *1920 **Dresden**

Da um 0.45 Uhr der zweite Angriff, viel furchtbarer als der erste. Die Türfüllungen flogen zersplittert in den Keller, bei Opitz (im Kellergeschoß) fing die Wohnung an zu brennen, konnte aber gelöscht werden. Nach 35 Minuten Ruhe – Sirenen gingen nicht mehr.

Unsere Wohnung nicht mehr bewohnbar, der Parkettboden hatte, unbewacht, doch Feuer gefangen. Wir versuchten noch zu löschen, um wenigstens später die Möbel retten zu können. Jetzt brannten aber links und rechts die Wohnungen des Blocks, unlöschbar. Nun mußten wir in den glühenden Feuersturm hinaus, die Eltern ohne Gepäck sich gegenseitig stützend, ich mit für die Flucht schon lange gepacktem Rucksack und zwei Koffern. Zuerst wäre ich fast im Qualm erstickt und mußte in den Keller zurück, um die Gasmaske aufzusetzen. Von oben bis unten mit Wasser beschüttet meinen Eltern hinterher Richtung Stübelallee – Fürstenstraße, vorbei an brennenden Villen, dem Sturm kaum widerstehend, immer in Gefahr, Feuer von rückwärts zu fangen. Vor dem Großen Garten die Menschen mit oder ohne gerettete Sachen vor Erschöpfung im eisigen Schmutz sitzend, aus dem Park das Krachen vom Sturm umstürzender Bäume, aber frische Regenluft. Furchtbare Angst vor einem dritten Angriff, da hier im Freien völlig schutzlos.

Am Morgen meine Eltern zu Thieles, ich zu meiner Wohnung nach Radebeul. Bis zur Elbe hin nur eingestürzte und brennende Häuser, phosphorverbrannte wachsartige Leichen auf den aufgewühlten trümmerübersäten Straßen. Woges Wohnung (in der Gerokstraße) war nicht mehr, über dem Kellergewölbe noch etwas Feuer. Ich mit der Taschenlampe hinab, Keller gut erhalten, niemanden gefunden. (Ursels Firmenchef, seine Frau und die Kinder hatten auf den Elbwiesen den Tod gefunden.) An der Elbbrücke (Albertbrücke) unzählige umgekommene, verrußte, verletzte Menschen. Alle Brücken intakt bis auf eine (die Carolabrücke). Die Neustädter Seite brannte. Am Ufer Bombentrichter, die Leichen der Menschen, die nach dem ersten Angriff hier Schutz gesucht hatten. Die Altstadt ein Meer von Flammen und Qualm, schattenhaft, ihre ehrwürdige Silhouette.

Vermißten-Nachweis-Zentrale
(Abt. Tote) **(Dresden)**

Wer aber auf den zweiten Angriff wartete, kam nicht lebend aus diesem Teil [Altstadt] der Innenstadt... Es gab auch Gebiete in Striesen und besonders um den Seidnitzer Platz, wo kaum jemand mit dem Leben davonkam, wenn er den zweiten Angriff abgewartet hatte.

Ein Nachtjägerpilot **Flugplatz Dresden-Klotzsche**

Großangriff auf Dresden, durch den die Stadt zerhämmert wurde – und wir standen da und sahen zu. Wie darf so etwas möglich sein? Man glaubt mehr und mehr an Sabotage, mindestens an eine unverantwortliche Kriegsmüdigkeit der »Herren«. Gefühl, als ob es mit Riesenschritten dem Ende zuginge.

Der Generalinspekteur der Feuerschutzpolizei
Hans Rumpf **Dresden**

Die Feuerlöschkräfte, obwohl über 1000 Mann stark und bestens ausgerüstet und geführt, waren einem solchen Wüten gegenüber von vornherein völlig machtlos. Die Unterstützungskräfte der Regimenter und aller Nachbarstädte einschließlich des hart umkämpften Berlins, kämpften sich auf vereisten Straßen durch die Nacht heran. Die Bilder, die sich ihnen boten, erfüllten selbst die in der äußeren und inneren Not von hundert Brandnächten hart gewordenen Männer dieser Einheiten mit Entsetzen und Grauen. Die unter dem Bombenhagel und den Zerstörungsbränden zusammenbrechenden Straßenzüge versperrten die Fluchtwege ins Freie und überantworteten viele Tausende dem Feuertod. Es erhob sich ein rasender Feuersturm, dessen übernatürlicher Sog viele Flüchtende widerstandslos in die Flammen riß.

Der Luftschutzpolizist Albert Birke **Dresden**

Man ruft nach mir. Ich werde einem Major vorgestellt, der vor einer Stunde hier [Befehlsstelle Albertinum] eintraf. Seine vier motorisierten Hilfs- und Sanitätsbereitschaften warten, von Frankenberg kommend, auf der Autobahn zwischen Dresden und Wilsdruff auf Einsatzbefehl. Der Wagen des Majors und die anderen Pkw sind vor dem Albertinum zerstört. Wenn mein Wagen noch in Ordnung ist, soll ich den Major und einen Feldwebel auf die Autobahn bringen und die einzelnen Züge an ihre Einsatzstellen lotsen. Ich wittere eine Gelegenheit, in die Nähe meiner Wohnung zu kommen.

Im Freien verschlägt es mir den Atem. Ringsum ein prasselndes, loderndes Flammenmeer, wir können uns kaum noch verständigen. Ich schreie nach dem Major, der einen Meter von mir entfernt ist, den ich aber in den erstickenden Rauchwolken nicht mehr sehen kann, ich fasse ihn am Ärmel und führe ihn zu meinem Wagen, der, es ist ein Wunder, unversehrt am Fuße des jetzt im Dachstuhl brennenden Albertinums steht. Schnell steigen wir ein, es fehlt an Sauerstoff, die Augen schmerzen. Der alte Adler springt tatsächlich treu und brav an, ich wende und fahre zur Carolabrücke. Elbaufwärts, elbabwärts Feuer und nochmals Feuer. Sogar die steinerne Albertbrücke scheint von Flammen umschlossen …
Auch die Neustädter Seite brennt. Wir sind im Feuerschein des Zirkus Sarrasani, als es unvermittelt dunkel um uns wird, ein ohrenbetäubendes Poltern und Knirschen, gleich wird es wieder hell. Neben uns schaukelt ein Teil der kupfernen Zirkuskuppelverkleidung.
[…] Den Straßenbahnschienen folgend biege ich in die Ostra-Allee ein. Es gelingt, über Steinbrocken und glimmende Balken bis zum Zwinger vorzustoßen. Dicke uralte Baumriesen versperren zersplittert die Straße. Reste eines verkohlten Lastwagens, Bombenkrater vor dem Schauspielhaus, im Zwingerwall. Ich kann nicht weiter. Wir steigen aus. Ich erkläre meinen Fahrgästen den Weg zum Adolf-Hitler-Platz. Sie sollen versuchen, am Zwingerteich vorbei durchzukommen. Ihr Ziel ist dort, wo hinter dem Zwinger aus dem Opernhaus die Flammen hoch zum Himmel schießen. Der Major sagt, ich solle ein paar Minuten

warten, sie kämen gleich zurück. Die beiden verschwinden im dicken Qualm.

Eine Telefonistin vom Fernsprechamt Dresden

Vom Postscheckamt, das durch eine Luftmine getroffen worden war, und von in der Nähe liegenden Privathäusern bzw. aus deren Kellern kamen jetzt durch unterirdische Verbindungsgänge Menschen zu uns. Ich erinnere mich, daß eine alte Frau angekrochen kam, die nur noch ein Bein hatte. Wir alle waren ziemlich durcheinander, und man kann sagen, daß wir fast einen Schock erlitten hatten. Der zweite Angriff war meiner Erinnerung nach gegen 1.30 Uhr. Als er vorüber war, kann es also höchstens 2.00 Uhr bis 2.30 Uhr gewesen sein. Einige Kolleginnen wollten nun aus dem Keller raus auf die Straße und nach Hause. Vom Keller des Fernsprechamtes aus führte eine Treppe in einen mit Drahtglas überdachten Lichthof (das Amt selbst war im Viereck um diesen Lichthof herumgebaut). Sie wollten über den Lichthof zum großen Eingangstor auf den Postplatz. Ich selbst sollte mitkommen, wurde jedoch einen Moment aufgehalten und sah dann auf einmal, als sich diese Kolleginnen auf dem Lichthof befanden bzw. gerade auf diesen getreten waren, daß das rotglühende Drahtglas herunterkam und sie unter sich begrub. Ich ging nun tief erschüttert in den Keller zurück. Das Amt selbst brannte.

Dieter Sachse (Dresden)

Und die Beschreibung dessen, was dann, was »danach« kam, das Eigentliche, was über den 13. Februar von Rudolf Mauersberger zu berichten ist, setzt hier ein. Als er nach dem Bombenhagel des zweiten Angriffes, der auch den Großen Garten nicht verschonte, aus einer Ohnmacht erwachte, eine Lähmung der rechten Hand konstatierte und sich wunderte, daß er inmitten der Toten ringsum am Leben geblieben war, versuchte er, zum Alumnat vorzudringen mit der Angst eines Vaters um Leben und Gesundheit seiner Kinder; denn der Kreuzchor ist nicht nur Rudolf Mauersbergers Lebenswerk, sondern auch sein Lebensinhalt. Diese Einheit von Chor und Kantor, diese Sorge um seine Sängerknaben trieben ihn zur Kreuzschule; doch, soweit man herankommen und sehen konnte, war die Schule eine brennende Fackel und großenteils ineinandergestürzt.

Der Oberzahlmeister Gerhard Erich Bähr 1894–1975 Dresden

Lang auf dem Rücken lagen wir auf dem dürren Grasboden der kleinen Eichwiese. Hildegard fand in ihrer Tasche die Tafel Schokolade, die ihr ihre Schwester vom letzten Bestand am Nachmittag gegeben hatte. Seit Monaten war das nicht geschehen und sie wußte nicht mehr, wie es gekommen war, daß sie sie eingesteckt hatte. Alles andere war ja im Keller geblieben. Auch die 3000 Mark, die sie früh von der Bank geholt hatte. Die Schokolade gab uns wieder Lebenskraft. Auf einmal merkte ich, daß die Baumriesen des Großen Gartens anfingen zu stürzen. Sie brannten zwar nicht, aber die Hitze des Riesenfeuers der Großstadt hatte sie so ausgedörrt, daß es einen nach dem anderen umlegte. Die Gefahr eines Waldbrandes war er-

schreckend. Wir mußten schleunigst wieder heraus und rafften uns mit Mühe auf. Längs der Stübelallee stapften wir weiter. Alle die großen Prachtvillen brannten einsam und verlassen. Es war schaurig. Quer über die große Wiese am Neuteich mußten wir weg, obwohl alle paar Meter Blindgänger und Brandbomben aus dem Boden ragten. Auch die Picardie war schon ausgebrannt. Immer weiter, immer weiter, nur fort, nur heraus aus dem Stadtbereich, denn es konnte ja jeden Augenblick ein dritter und endgültiger Angriff kommen. Wie wir später erfuhren, war uns dieser auch zugedacht gewesen. Die dritte Angriffswelle ist aber vom Sturm behindert umgekehrt.
Ängstlich war ich noch einmal unter der halbeingestürzten Eisenbahnunterführung am Bastei-Platz, wo wir uns besonders vor Zeitzündern fürchten mußten. Endlich waren wir durch und in Strahlen. Dort war schon wieder Ruhe und nichts wesentliches passiert. Die Leute schliefen schon wieder, als ob nichts geschehen wäre. Uns trieb es weiter, denn wir hatten noch keine Ruhe. Bis hinauf nach Leubnitz-Neuostra zu den alten Eltern von Hildegards Freundin Trude Pommer, die dann am 14. beim Mittagsangriff noch so schrecklich umkam. Lunzes waren sehr durcheinander, nahmen uns aber mit voller Hilfsbereitschaft auf, so daß wir zu Tode erschöpft, verdreckt und völlig abgestumpft erst mal wieder ein Dach über dem Kopf hatten. Das war das vorläufige Ende.

Otto Griebel 1895–1972 **Dresden**

Von der mir verbliebenen Habe nahm ich einen Pappkarton, der Farbtuben und Malmittel enthielt, an mich.

Des weiteren steckte ich zwei Flaschen Selter in den Rucksack und übergab Jack die gerettete Malleinen-Rolle, welche ein kostbarer Besitz war.
Neben uns benetzten sich einige Hausbewohner, ehe sie den Keller verließen, die Kleider aus einer Wassertonne. Ich feuchtete mein Taschentuch mit Selter an und betupfte meine vom Brand und Qualm arg schmerzenden Augen. Dann stiegen wir als vorletzte auf die Straße empor und merkten nun, daß im Hausflur bereits eine wahre Backofentemperatur herrschte, die es nicht ratsam erscheinen ließ, nochmals die Wohnung aufzusuchen. Außerdem drängte mich das Verlangen, meine Angehörigen wiederzufinden. Auf dem Dache zuckte die rote Lohe bereits herüber. Ich wußte nun, daß alles, was ich schuf und besaß, verloren war und ebenso im Feuer unterging wie unser geliebtes Dresden mit all seiner Pracht, seinen Schätzen und Menschen.
Arm wie ein Bettler und mit versengten Sachen wandte ich mich vom Hause fort, und mein Trost blieb, daß die Tages- und Jahreszeiten unbeirrt kommen und gehen, daß die Wiesen wieder grünen würden und alles einst auch wieder gut werden müsse.
»Mut verloren, alles verloren«, ging es mir durch den Sinn. Ich nahm Jack an meine Seite, und nun versuchten wir, die Funkengarben und Feuerstöße, welche ein unheimlicher Sog durch die Straßen trieb, zu durchrennen. Aber weit kamen wir nicht. Nach einer kurzen Weile schon betraten wir ein noch stehendes Haus und wurden in eine Parterrewohnung eingelassen, in der zwei ältliche Leutchen verzweifelt bemüht waren, die herein fliegenden Funken zu löschen. Wir halfen

einige Zeit wacker mit. Ich nahm etwas Selterwasser und tupfte immer wieder meine entzündeten Augen. Einmal schaute ich durch die Haustür, welche sich durch den Sog und Sturm kaum mehr öffnen ließ, die brennende Fürstenstraße entlang. Es schien unmöglich, jetzt vorwärtszukommen.

Kein Mensch zeigte sich mehr, und nun stürzten auch schon laut krachend und zerberstend ganze Dachaufsätze, Balkons und Gesimse auf die Gehsteige. Als ich aber dann feststellte, daß der Dachstuhl und die oberste Etage dieses Hauses schon in Flammen standen, machte ich Jack, der noch zögerte, Mut, mir durchs Feuer zu folgen. Das war eine wirklich gewagte Sache. Die Funken versengten uns, und der Asphalt war so heiß, daß wir die Glut durch unsere Schuhsohlen spürten. Vor uns lief ein deckenumhüllter Mann einsam durch die Röte der Brände. Manchmal fegten plötzlich vom Sturm getriebene Funkengarben um die Häuserecken auf uns zu, dann gab es wieder eine kleine Oase und nur glühendes Gebälk.

Nur unter der Zusammennahme alles Mutes erreichten wir endlich den Comeniusplatz, den rufende, suchende und fliehende Menschen füllten. Wir schauten nach den Bänken, auf denen meine Frau mit den Kindern gesessen hatte, und fanden sie von anderen Flüchtlingen eingenommen. Nur eine leere Selterflasche lag noch dort, und niemand vermochte uns Auskunft über den Verbleib einer Frau mit drei Kindern zu geben. Noch loderten neben den Bänken Phosphorbrände auf dem Boden.

Ganz, ganz leise und viel zu spät begann es zu regnen. Aber was sollte noch Wasser gegen diese knatternden

Feuersbrünste, dieses Meer von Bränden ausrichten können? Wir irrten kreuz und quer über den Platz bis zum Eingang des Großen Gartens hin, liefen fortwährend rufend die Stübelallee auf und ab, ohne die Unseren zu finden. Einmal stand uns ein aus dem nahen Zoo entwichener Hirsch gegenüber.

Wir setzten uns wartend auf eine Bank und sahen einen von einer Brandbombe getroffenen Baum lichterloh wie eine Fackel brennen. Uns wurde kalt, zumal der Regen nun zunahm, und wir suchten Unterschlupf in einem Haus, das durch eine Sprengbombe zwar mancherlei Schaden genommen hatte, aber wenigstens noch nicht brannte. Im Keller hockten viele Menschen dicht beieinandergedrängt, und wir fanden nur mit Mühe und Not ein bescheidenes Plätzchen. Kaum aber hatten wir ein wenig ausgeruht, so erschien jemand von droben und rief in den Keller:

»Gnädige Frau, die Galerie brennt!«, worauf sich die Besitzerin an alle, die hier Unterschlupf gefunden hatten, wandte und meinte, daß es besser sei, das Haus zu verlassen, so gern sie es auch zur Verfügung stellte, denn an Löscharbeiten sei nicht zu denken.

Also zogen wir wieder davon. Ich bemerkte, daß indessen bereits das gesamte Obergeschoß in Flammen stand, die gierig weiterfraßen. Nur eine einzige Villa in der Nähe war verschont geblieben, und es erwies sich, daß es ausgerechnet die des Reichsstatthalters Mutschmann war, eines der Hauptschuldigen an dieser Katastrophe, der sich im Garten einen schönen, festen Bunker hatte errichten lassen, während Hunderttausende Dresdner keinen Schutz besaßen und elendiglich umkamen.

An der Hauptallee des Großen Gartens sah ich das Palais in der Ferne in seltsam tiefer Röte brennen, und als ich später erfuhr, wie viele Unglückliche darinnen umgekommen waren, wußte ich, daß es Menschenleiber waren, die dort verschmorten. Überall sperrten gefällte große Baume und schwere Äste die Wege. An einer Stelle war von einem der stürzenden Bäume eine ganze Gruppe von Flüchtlingen erschlagen worden. Überall lagen Leute in den Büschen, trotz des Regens, manche auf dem nackten, feuchten Boden, andere zwischen Bündeln und Betten. Nur konnte man nicht genau feststellen, ob es Tote oder Lebende waren.
Vergeblich suchte ich mit Jack, der keinen Mantel besaß, eine Raststätte bis zum Morgen zu finden. Aber überall nur Trümmerstätten und brennende Häuser, bis wir endlich an der Karcherallee in den Garten eines halbzerstörten Hauses eindrangen, das allerdings schon von Ausgebombten überbesetzt war. Trotzdem blieben wir und errichteten eine primitive Bank unter einer Holzlaube. Danach verstaute ich erst mal die Malutensilien in dem Rucksack. Zwei Frauen, die zu uns stießen, gaben uns einige Schluck Weißwein, und eine dritte Frau mit einem Kinde brachte die Bank zum Zusammenbrechen. Ich schlang meinen dicken Mantel um Jack, der nun erschöpft einnickte. Allerlei Gedanken gingen mir durch den Sinn, meine brandverrußten Augen schmerzten fürchterlich.
Welch eine sonderbare Situation war das doch: Der Geruch, die stöhnenden Leute, der in der Ferne brennende Gasometer, der aussah wie ein mächtiges, illuminiertes Rundzelt der Vogelwiese. Wahrhaftig! So

ähnlich war es draußen an den Elbwiesen zugegangen, wenn das große Feuerwerk abgebrannt wurde; nur gab es diesmal ein Feuerwerk, das die ganze Stadt verzehrte, das Menschen in Fackeln verwandelte und ganze Kaskaden von Phosphor von den Fassaden der Häuser herabfließen ließ.
Durch die Glutröte des Himmels sickerte allmählich ein fahles Indigo und hellte sich immer mehr auf.

Ernst Heinrich Prinz von Sachsen 1896–1971
Bannewitz

Als der Angriff beendet war, gingen wir zum Auto. Es stand noch auf der Straße und – o Wunder – es sprang sofort an, nur die Scheiben waren alle zerbrochen. Wir fuhren in Richtung Dippoldiswalde bis zur Ortschaft Bannewitz, die hoch über dem Elbtal liegt. Von dort aus bot sich ein furchtbarer Anblick. Die ganze Stadt war ein einziges Feuermeer. Das war das Ende! Da brannte das herrliche Dresden, unser Elbflorenz, in dem meine Familie fast 400 Jahre residiert hatte. Kunst und Tradition und Schönheit von Jahrhunderten waren in einer einzigen Nacht zerschlagen worden! Ich stand wie versteinert.
Für die Eltern von Gina fand sich in Bannewitz eine Unterkunft. Ich verbrachte den Rest der Nacht in einem Lokal, auf einem Billardtisch sitzend. Ununterbrochen trafen verstörte, teils apathische, teils aufgeregte Menschen ein, die der Hölle von Dresden entkommen waren. Sie erzählten grausige Dinge über die beiden Angriffe, den Zustand der Stadt und die unübersehbaren Verluste an Menschenleben.

Die Hauswirtschaftslehrerin Herta Daecke
Dresden

Ganz langsam wird es etwas ruhiger, und die Flugzeuge entfernen sich. Auf einmal ruft es: »Sofort räumen, das Haus brennt lichterloh!« Wir können alle gerade noch aus dem brennenden Haus heraus kommen – die meisten sogar noch mit ihrem Luftschutzgepäck – nur meines ist schon verschüttet. Aber wo nun hin? Der Rauch ist undurchdringlich. Umhüllte Menschen kommen uns schon entgegen und sagen: »Hier können Sie nicht mehr durch!« Auf der anderen Seite ist es ebenso. Gott sei Dank ist ein noch nicht brennendes Haus in der Leubnitzerstraße. Dort verbringen wir, auf der Kellertreppe hockend, die Stunden bis zum Morgen. Ringsum brennt und prasselt es – hoffentlich schlägt das Feuer nicht über. Die hindämmernden Stunden werden zur Ewigkeit. Als es zu dämmern beginnt verabschiedet sich die Hausgemeinschaft – jeder versucht sich nach einer anderen Richtung durchzupirschen. Ich bin froh, daß ich nur einen Rucksack habe und mir somit keine Sorgen wegen Gepäckschlepperei zu machen brauche.

Eine Schülerin **Dresden**

Nach dem zweiten Angriff verließen nach und nach alle Hausbewohner den Keller, denn man ahnte etwas von einem Hausbrand. Wir Kinder blieben unten im Keller und erwarteten angstvoll meine Eltern zurück, schließlich kamen sie auch. Sie wollten noch einen Sealmantel retten, aber in den Flammen mußten sie ihn wieder fallen lassen. Mein Vater und mein Onkel hatten sich noch vergeblich mit einer winzigen Feuerlöschspritze abgemüht, um den Brand, der auf unsere Wohnung vom Dachgeschoß überzugreifen drohte, einzudämmen, aber vergeblich. Immer mehr Flammen züngelten durch die Decke. Es war nichts mehr zu retten. Wir verließen dann zu viert als letzte den Keller. Meine Mutter griff in der Dunkelheit noch einen Koffer, sie schleppte ihn noch eine Stunde mit sich herum, aber zu unserm Schrecken gehörte er uns nicht. Wir gaben ihn dann noch später an einer NSV-Stelle ab. Mein Vater trug einen Koffer mit Papieren heraus. Als wir in die Dunkelheit hinaustraten, hatte sich der Orkan noch verstärkt, es war nur noch ein einziger Funkenregen. Unaufhörlich ließen sich diese Funken auf den Kleidern nieder, ich drückte sie überall aus, um nicht noch eine lebendige Fackel zu werden. Der Garten war von Sprengbomben und Phosphorkanistern bedeckt. Mein Vater und wir Kinder gingen etwas voraus nahe am Haus vorbei; es fielen brennende Holzstücke herunter. Plötzlich fiel ein brennender Fensterladen herunter. Meine Mutter, die kurz hinter uns ging mit unserem Hausmeister, wäre fast davon getroffen worden, hätte er sie nicht blitzschnell zurückgerissen. »Hier können Sie nicht mehr hergehen«, hatte er nur noch gerufen, dann waren die beiden hinten über eine Gartenmauer gesprungen, um auf die Straße zu gelangen. Nun standen wir Kinder wieder allein da; mein Vater war in panischem Schrecken wieder zurückgelaufen, um meine Mutter zu suchen. Er sagte später einmal, das wären die schrecklichsten Augenblicke seines Lebens gewesen. Wir standen allein auf der Straße neben einem großen Koffer voll Dokumenten. An uns zogen die Bombengeschädigten vorbei, nasse Bettücher über den Kopf gehängt zum Schutz gegen den Funkenflug; diese hatten uns dann noch unsere letzte Habe, unseren Koffer, gestohlen. Aber bald trafen wir dann vollzählig zusammen, meine Eltern, wir Kinder, meine Tante, mein Onkel und das kleine Kind. Wir liefen an unserem Haus vorbei, ich sah meterlange Flammen aus unserem Balkon schlagen. Etwas weiter war ein riesengroßer Bombentrichter mitten in der Straße. (Es war der erste Einschlag in unserer Nähe gewesen.) Wir liefen immer weiter und weiter und ließen brennende Häuser hinter uns. Das Haus, in dem meine Freundin wohnte, in der Alemannenstraße, war verschont geblieben, wies aber auch die üblichen Schäden auf: die Fensterscheiben waren zertrümmert und die Gardinen zerrissen. Die Brandluft wurde zeitweise so dicht, daß ich schon glaubte zu ersticken, aber man erstickt nicht so leicht. Schließlich kamen wir dann alle wohlbehalten am »Blauen Wunder« an. Die Brücke war teilweise schwer getroffen worden. Die Straßenbahnschienen reckten sich wie drohende Arme gegen den glutroten Himmel. Man konnte sie trotz der Zerstörungen noch überschreiten. Am jenseitigen Elbufer war kaum bombardiert worden. Je weiter wir uns von der brennenden Stadt entfernten, um so froher wurden wir. Nur ein Gedanke beseelte uns: So schnell wie möglich diesen Hexenkessel zu verlassen. Der Weg führte uns durch die Elbhöhen zum Weissen Hirsch. Flugzeuge waren immer noch am Himmel zu hören. Manchmal explodierten hier und da Zeitzünder, aber sonst war nur noch nächtlicher Friede um uns. Wir ruhten uns bei einer Frau noch kurz aus. Bei ihr brannte noch Licht, sie brachte uns Kompott und zeigte sich sehr hilfsbereit; nach den letzten Stunden kam uns alles so unwirklich vor. Wie sahen wir aus. Erst jetzt bemerkten wir, daß unsere Gesichter vollkommen schwarz vom Ruß waren. Meine Mutter weinte aus Erregung, und dann das schwarze Gesicht dazu. Wir andern mußten lachen. Wir müssen dieser Frau einen eigenartigen Eindruck gemacht haben in unserm verwahrlosten Zustand.

Hans Schröter **(Dresden)**

Wir waren alle im Keller, hatten alle 2 Angriffe glücklich überstanden und dachten nun lebend davonzukommen. Es sollte aber leider nicht der Fall werden. Gleich beim 2. Angriff wurde die Tür von Keller 38 verschüttet, so daß nur noch der Notausgang nach 40 und 42 aus übrig blieb. Als wir nach 40 rüberkamen, schlugen uns schon die Flammen von den Treppenhäusern herunter, also war höchste Eile am Platze, um unser nacktes Leben zu retten. Es ging alles in größter Ruhe vor sich. Da das elektrische Licht versagte, hatten wir elektrische Taschenlampen und Petroleumlampen bei der Hand, die Ausgänge waren nur mit größtem Mut zu begehen, was bei vielen fehlte. Sie dachten vielleicht, wir halten es im Keller aus, hatten aber nicht mit dem Sauerstoffmangel gerechnet. Wie ich nun rauskam, sah ich meine Frau und Sohn im Wachlokal Marienstraße 42 ptr so hilflos stehen, da ich aber noch eine alte Tante aus Liegnitz hatte, wollte ich auch sie rausholen und sagte meiner Frau, komme in 2 Minuten wieder, als wir nach dieser Zeit wiederkamen, waren meine Lieben verschwunden, so bin ich wieder durch alle Keller auf die Straße, überall nicht zu finden, alles in Flammen eingehüllt, ein Durchkommen nicht mehr möglich, da ich meine Angehörigen nicht finden konnte, faßte ich noch einmal mein bißchen Lebensmut und kam bis ans Bismarckdenkmal und habe eine Stunde gegenüber an dem Häuschen gestanden, bis auch dort das Dach anfing zu brennen. Nun bin ich noch 30 Meter weiter die Ringstraße gegangen und habe mich dort bis es helle wurde aufgehalten, was man nun sah, war so grauenhaft, daß man so was nicht in Zeilen schildern kann, alles lag von verbrannten Leichen herum. Ich ging nun in größter Hast zu meinem Heim und Betrieb, um meine Lieben noch lebend wieder zu finden, leider war es nicht der Fall, sie lagen auf der Straße vorm Hause 38, so friedlich, als schlafen sie, was ich da durchgemacht habe, können Sie ermessen. Nun mußte ich feststellen, wo meine Schwiegereltern oder andere Kameraden lebend aus unserem Keller zu bergen waren. Zu diesem Zweck hatte ich mir noch 2 Mann von der Wehrmacht geholt, da keine Betriebs-Angehörigen da waren. Als wir den Notausgang 38 aufmachten, kam so eine Hitze raus, so daß es unmöglich war, in diesen Keller zu gelangen, so mußten wir am Eingang 40 den Fußabstreicher entfernen, um ins Bad und dadurch in die Keller 40 und 42 zu gelangen, der Keller 42 lag voll Leichen, ich stellte 50 Stück fest, es waren auch Eulitz dabei, alles lag übereinander, der Anblick war furchtbar.

Eine junge Flüchtlingsfrau aus Schlesien
Dresden/Hauptbahnhof

Eines nur rettete mich und fünf bis sechs andere. Ich war in den Heizungskeller geraten, der in der Decke ein Loch von einer Brandbombe hatte. Dadurch erhielten wir ab und zu etwas Sauerstoff. Meine Kinder hatten nasse Tücher ums Gesicht; meins war weg, und ich röchelte schon sehr. Da hörte ich Rufen. Ein Offizier rief, und durch einen langen Gang half er mir raus. Wir mußten durch den brennenden Bahnhof.
Immer mehr [tote Kinder vor dem Bahnhof] türmten sich auf, man deckte sie mit einer Decke zu, die ich mir dann aber für meine lebenden Kinder nahm, die schrecklich froren. Im Morgengrauen kamen einige ganz alte SA-Männer. Ich packte meine Kinder, rannte darauf zu und sagte: »Retten Sie uns schnell hier heraus, denn ich kenne es von Köln her, es geht gleich wieder los.« Er nahm den Sechsjährigen wortlos auf den Rükken, und ich sollte ihm folgen. Eine halbe Stunde liefen wir so aus der überall brennenden Stadt.

Die Komponistin Aleida Montijn *1908 Dresden

Nach dieser Nacht gab es keinen Morgen. Es blieb dunkel. Irgendwann, als es ruhiger geworden war, kam man aus den Kellern heraus. Die Mutter hatte ihr anderes Kind gefunden und holte den Säugling bei mir ab. Ich tastete mich noch einmal durch die Rauch- und Feuerhölle nach Hause zurück. Das Dach war völlig weggebrannt, ebenso der Holzfußboden. Das rotglühende Gerippe des Flügelrahmens schwelte im Sand, umgeben von den Pfützen der geschmolzenen Bronze-Gongs. Hier lag das Finale des ersten Teils meines Lebens, zerschmolzen und verglüht zu einer heißen Hölle, in der man fast erstickte. – Das war nur die erste Nacht gewesen. Mit Kreide – die hatte man immer bei sich, um Nachrichten hinterlassen zu können – schrieb ich an die Fassade meines Wohnhauses: »Gehe Richtung Westen. Aleida.«

Der Soldat Bruno Schote *1923 Dresden

Nach diesem Angriff fuhr Feldpolizei mit Motorrädern durch Pieschen und forderte alle Militärangehörigen unter Androhung von Strafen auf, sich zu Bergungsarbeiten sofort im Taschenbergpalais zu melden. Daraufhin begab ich mich nach 2 Uhr mit einem Fahrrad in Richtung Innenstadt. Erste große Zerstörungen sah ich vor der Marienbrücke, wo Häuser am Hotel »Stadt Metz« auf die Straße gestürzt waren. In der Ostra-Allee brannten ringsum alle Häuser. Auch das Taschenbergpalais brannte.
Es war jetzt etwa 5 Uhr. Kommandeure vor dem Taschenbergpalais wiesen die eintreffenden Militärangehörigen zu Bergungsarbeiten ein. Ich erhielt mit meinen Kenntnissen der Pionierausbildung die Leitung über einen Einsatztrupp von ca. 25 Personen. Die erste Aufgabe war, gegenüber vom Taschenbergpalais den Luftschutzkeller von Webers Hotel freizulegen. Ehe wir den Keller öffneten, ließen wir allmählich über ein Rohr Frischluft hinein. Ein plötzliches Öffnen hätte zum Lungenschlag bei den Eingeschlossenen geführt. Das hatte ich in der Pionierausbildung gelernt. Die Mehrzahl der Leute, die im Luftschutzkeller von Webers Hotel Schutz suchten, konnten wir lebend bergen.

Auf dem Postplatz war ein Sammelplatz für aufgefundene Leichen.

Victor Klemperer 1881–1960 **(Dresden)**
Die Bombeneinschläge schienen für hier vorüber, aber ringsum flammte alles lichterloh. Ich konnte das Einzelne nicht unterscheiden, ich sah nur überall Flammen, hörte den Lärm des Feuers und des Sturms, empfand die fürchterliche innere Spannung. Nach einer Weile sagte Eisenmann: »Wir müssen zur Elbe herunter, wir werden durchkommen.« Er lief mit dem Kind auf der Schulter abwärts; nach fünf Schritten war mein Atem weg, ich konnte nicht folgen. Eine Gruppe Leute kletterte die Anlagen hinauf zur Brühlterrasse; es ging dicht an Bränden vorbei, aber oben mußte es sich kühler und freier atmen lassen. Ich stand dann oben, im Sturmwind und Funkenregen. Rechts und links flammten Gebäude, das Belvedere und – wahrscheinlich – die Kunstakademie. Immer wenn der Funkenregen an einer Seite zu stark wurde, wich ich nach der andern zu aus. Im weiteren Umkreis nichts als Brände. Diesseits der Elbe besonders hervorragend als Fackel der hohe Aufbau am Pirnaischen Platz, jenseits der Elbe weißglühend, taghell das Dach des Finanzministeriums. Allmählich kamen mir Gedanken. War Eva verloren, hatte sie sich retten können, hatte ich zuwenig an sie gedacht? Ich hatte die Wolldecke – eine, die andere war mir wohl mit dem Hut verlorengegangen – um Kopf und Schultern gezogen, sie verdeckte auch den Stern, ich trug in den Händen die kostbare Tasche und – richtig, auch den Lederhandkoffer mit Evas Wollsachen, wie ich den bei all der Kletterei festgehal-

ten habe, ist mir rätselhaft. Der Sturm riß immer wieder an meiner Decke, tat mir am Kopf weh. Es hatte zu regnen begonnen, der Boden war naß und weich, dort mochte ich nichts hinstellen, so hatte ich schwere körperliche Anstrengung, und das betäubte wohl und lenkte ab. Aber zwischendurch war immer wieder als dumpfer Druck und Gewissensstich da, was mit Eva sei, warum ich nicht genug an sie dächte. Manchmal meinte ich: Sie ist geschickter und mutiger, sie wird in Sicherheit sein; manchmal: Wenn sie wenigstens nicht gelitten hat! Dann wieder bloß: Wenn die Nacht vorüber wäre! Einmal bat ich Leute, meine Sachen einen Moment auf ihre Kiste stellen zu dürfen, um mir die Decke zurechtziehen zu können. Einmal sprach mich ein Mann an: »Sie sind doch auch Jude? Ich wohne seit gestern in Ihrem Haus« – Löwenstamm. Seine Frau reichte mir eine Serviette, mit der ich mein Gesicht verbinden sollte. Der Verband hielt nicht, ich habe die Serviette dann als Taschentuch benutzt. Ein andermal kam ein junger Mensch an mich heran, der sich die Hosen festhielt. In gebrochenem Deutsch: Holländer, gefangen (daher ohne Hosenträger) im PPD [Polizeipräsidium Dresden]. »Ausgerissen – die andern verbrennen im Gefängnis.« Es regnete, es stürmte, ich kletterte ein Stück hinauf bis an die z. T. abgestürzte Brüstung der Terrasse, ich kletterte wieder hinunter in Windschutz, es regnete immerfort, der Boden war glitschig, Menschengruppen standen und saßen, das Belvedere brannte, die Kunstakademie brannte, überall in der Ferne war Feuer – ich war durchaus dumpf. Ich dachte gar nichts, es tauchten nur Fetzen auf. Eva – warum sorge ich mich nicht ständig um sie – warum kann ich nichts im einzelnen beobachten, sondern sehe nur immer das Bühnenfeuer zur Rechten und zur Linken, die brennenden Balken und Fetzen und Dachsparren in und über den steinernen Mauern? Dann machte mir wieder der ruhige Denkmalsmann auf der Terrasse seltsamen Eindruck – wer war es? Aber die meiste Zeit stand ich wie im Halbschlaf und wartete auf die Dämmerung. Sehr spät fiel mir ein, mein Gepäck zwischen die Zweige eines Buschs zu klemmen: Da konnte ich etwas freier stehen und meine Schutzdecke etwas besser zusammenhalten. (Den Lederkoffer übrigens hat doch Eva gehabt; immerhin waren die Tasche und der Rucksack beschwerend genug.) Das verkrustete Wundgefühl um das Auge herum, das Reiben der Decke, die Nässe wirkten auch betäubend. Ich war ohne Zeitgefühl, es dauerte endlos und dauerte auch wieder gar nicht so lange, da dämmerte es. Das Brennen ging immer weiter. Rechts und links war mir der Weg nach wie vor gesperrt – ich dachte immer: Jetzt noch zu verunglücken wäre jämmerlich. Irgendein Turm glühte dunkelrot, das hohe Haus mit dem Türmchen am Pirnaischen Platz schien stürzen zu wollen – ich habe aber den Einsturz nicht gesehen –, das Ministerium drüben brannte silberblendend. Es wurde heller, und ich sah einen Menschenstrom auf der Straße an der Elbe. Aber ich getraute mich noch immer nicht hinunter. Schließlich, wohl gegen sieben, die Terrasse – die den Juden verbotene Terrasse – war schon ziemlich leer geworden, ging ich an dem immerfort brennenden Belvedere-Gehäuse vorbei und kam an die Terrassenmauer. Eine Reihe Leute saß dort. Nach einer Minute wurde ich angerufen: Eva saß unversehrt in ihrem Pelz auf dem Handkoffer. Wir begrüßten uns sehr herzlich, und der Verlust unserer Habe war uns vollkommen gleichgültig, und ist es uns auch heute noch. Eva war in dem kritischen Moment aus dem Flur der Zeughausstraße 3 von irgend jemandem buchstäblich in den arischen Luftkeller heruntergerissen worden, sie war durch das Kellerfenster auf die Straße gelangt, hatte beide Häuser 1 und 3 in vollen Flammen gesehen, war eine Weile im Keller des Albertinums gewesen, dann durch Qualm an die Elbe gelangt, hatte die weitere Nacht teils elbaufwärts mich gesucht, dabei die Vernichtung des Thammhauses (also unseres gesamten Mobiliars) festgestellt, teils in einem Keller unter dem Belvedere gesessen. Einmal auf ihrem Suchweg hatte sie eine Zigarette anzünden wollen und keine Streichhölzer gehabt; am Boden glühte ein Stück, sie wollte es benutzen – es war ein brennender Leichnam. Im ganzen hatte sich Eva viel besser gehalten als ich, viel ruhiger beobachtet und sich selber dirigiert, trotzdem ihr beim Herausklettern Bretter eines Fensterflügels an den Kopf gefallen waren. (Zum Glück war er dick und blieb unverletzt.) Der Unterschied: Sie handelte und beobachtete, ich folgte meinem Instinkt, anderen Leuten und sah gar nichts.

Der Oberluftmarshall Arthur Harris 1892–1984
London

Der Angriff auf Dresden wurde seinerzeit von Leuten, die viel wichtiger waren als ich, für militärisch notwendig gehalten.

Der Luftmarshall Robert Saundby *London*
Trotz erheblicher Bedenken hatte ich keine andere Alternative, als diesen massiven Luftangriff anzuordnen.

Ein RAF-Bomberpilot *England*
Die RAF bombardierte die Stadt zum ersten Mal – ich glaube nicht, daß der Angriff wiederholt werden muß.

Aus dem Wehrmachtbericht
London wurde auch gestern durch unsere Vergeltungswaffen beschossen.

Adolf Hitler 1889–1945 **Berlin**
Politisches Testament
Unser nordisches Rassebewußtsein ist nur gegenüber der jüdischen Rasse aggressiv. Dabei reden wir von jüdischer Rasse nur aus sprachlicher Bequemlichkeit, denn im eigentlichen Sinn des Wortes und vom genetischen Standpunkt aus gibt es keine jüdische Rasse. Die Verhältnisse zwingen uns zu dieser Kennzeichnung, denn die Realität ist die Existenz einer rassisch und geistig zusammengehörigen Gruppe, zu der die Juden in aller Welt sich bekennen, ganz gleichgültig, welche Staatsangehörigkeit der Paß für den einzelnen ausweist. Diese Menschengruppe bezeichnen wir als die jüdische Rase. Es handelt sich also keineswegs, obwohl ihnen die hebräische Religion zuweilen als Aushängeschild dient, um eine religiöse, durch ein gemeinsames Glaubensbekenntnis begründete Gemeinschaft.

Dr. Theodor Morell 1886–1948
Berlin/Reichskanzlei

Kein Eintrag

Adolf Hitler 1889–1945 **Berlin**

Politisches Testament

Die jüdische Rasse ist vor allem eine Gemeinschaft des Geistes. Wenn ihr auch die hebräische Religion zu Grunde liegt und wenn sie auch teilweise durch diese geformt wurde, so ist sie doch in ihrem Wesen nicht rein religiöser Art, denn sie umfaßt gleicherweise erklärte Gottlose wie fromme Gläubige. Dazu kommt eine Art von Schicksalsverbundenheit als Folge der im Laufe der Jahrhunderte erlittenen Verfolgungen, daß sie sie ausnahmslos selbst verschuldet haben. Anthropologisch weisen die Juden allerdings nicht jene gemeinsamen Merkmale auf, wodurch sie als eine einheitliche Rasse gekennzeichnet würden. Dennoch birgt zweifellos jeder Jude in seinen Adern einige Tropfen dessen, was wir spezifisch jüdisches Blut nennen. Anders wäre bei ihnen die Beständigkeit gewisser körperlicher Merkmale nicht zu erklären, die nur ihnen eigen sind und die man unweigerlich bei sonst so verschiedenartigen Juden wie beispielsweise den Ostjuden und den Spaniolen vorfindet – ihre vorspringende Nase mit den vom Laster gezeichneten Nüstern. Das ist kaum durch ihre von Generation zu Generation immer gleichbleibende Art eines meistens in den Ghettos verbrachten Daseins zu erklären.
Geistige Rasse ist härter und dauerhafterer Art als na-

türliche Rasse. Verpflanzt einen Deutschen nach den Vereinigten Staaten und er wird bald zum Amerikaner. Der Jude, wohin er auch geht, er bleibt ein Jude. Er ist seiner Natur nach ein Wesen, das sich nicht einverleiben läßt. Und gerade dieses Merkmal der Nichtassimilierbarkeit ist bestimmend für seine Rasse und muß uns als ein trauriger Beweis für die Überlegenheit des »Geistes« über das Fleisch erscheinen!

Das britische Luftfahrtministerium *London*
Blitzmeldung: In der letzten Nacht setzte das Bomber-Kommando 1400 Maschinen ein stop Das Hauptziel war Dresden stop Ende der Meldung 6 Uhr 50, 14.2.1945.

Martin Bormann 1900–1945 **(Berlin)**
Am Spätabend u. nachts Großangriff auf Dresden-Innenstadt: mittags M. B.

Gerhart Hauptmann 1862–1946 **Dresden**
Mittwoch
Vom 13 zum 14 furchtbarer Terrorangriff über Dresden und Sanatorium inbegriffen: Schüsse von gewaltigstem Ausmass aus der von Menschen entehrten Luft. Auch dies sollte ich noch erleben. Es sind Gewitterschrecken ins Dämonische, höllische, verstärkt – Bellevue vernichtet Benvenuto kam von dort zu Fuss hierher (Weidner)
Lieber an jeder Front: hier ist Mut ohne Widerstand der sogenannte passive Mut.

Die Hauswirtschaftslehrerin Herta Daecke
Dippoldiswalde

Ich gehe mit Völkers zusammen durch die Bergstraße und überquere den Sedanplatz, Münchner Straße und denke: im Stadtgut kann man sich erstmal waschen und eine Tasse Kaffee trinken. Aber je weiter man geht, desto mehr wird einem klar, daß nicht nur das Viertel kaputt ist, sondern, daß es weiter um sich greift. Selbst die stabilen großen Steinhäuser der Münchner Straße sind verbombt und brennen alle noch. Man kommt vor Rauch kaum weiter. Als wir an den Stadtrand kommen – da liegen all die obdachlosen Menschen des Viertels in Haufen mit ihren Bündeln in furchtbarem Aufzug, ein Bild des Jammers und des Elends. Erst jetzt wird einem das Massenelend klar – die ungeheure Ausdehnung – der Menschheit ganzer Jammer packt einen und die Verzagtheit überwältigt einen. Nun sehe ich, daß auch das Stadtgut brennt, und daß die Kühe brüllend herumlaufen. Einige kleine Siedlungshäuschen bei der Recknitzhöhe stehen noch, und die Leute bieten uns Wasser an. Aber die Partei sorgt und tut ihr Möglichstes. Autobusse und Lastwagen laden am laufenden Band die Menschen mit ihren Bündeln auf und fahren sie ins Ausweichlager.

Da Völkers noch nach Verwandten in Dresden suchen müssen, vertrauen sie mir die beiden Mütter von über 80 und 70 Jahren und die 12jährige Irmtraud an, und wir machen aus: Treffpunkt Possendorf, wo die Autos alle ankommen. In Possendorf verstaue ich die beiden Großmütter und Irmtraud bei Leuten in einer warmen Stube, wo sie auch Kaffee bekommen – aber ich muß an der Straßenecke stehen und all die Lastautos abwar-

ten. Dort zog es tüchtig, denn ich hatte als Kopfbedeckung nur den Feuerwehrhelm. Die Lastautos entleeren sich, und dann kommen Bauernwagen, die die Menschen breit fahren. Die Bauern waren in der Nacht alarmiert worden. Die Leute kommen in furchtbarem Zustand an und können zum Teil nicht mehr aus den Augen schauen. Ich helfe ihnen mit Borwasser die Augen auswaschen. So stehe ich Stunde um Stunde an der Straße und warte, aber Völkers kommen nicht – es geht auf Mittag. Die Großmütter gehen ins Sammellager, wo sie eine Suppe bekommen. Als sie zurück sind, will ich mit Irmela gehen – aber unterwegs überrascht uns neuer Alarm, und eine Flugzeugwelle nach der andern fliegt über uns hinweg. Wir suchen rasch ein Haus auf – aber ein Luftschutzkeller ist nicht vorhanden, so verbringen wir die Stunden in einer Waschküche, zitternd und bebend. Wir drücken uns dankbar die Hand, als alles vorbei ist. Im Sammellager wird auch etwas Wurst und Brot verteilt – aber ich erwische bei den großen Menschenmassen nichts – es heißt also weiter durchhalten.
Da entdecke ich endlich Völkers mit ihren Verwandten. Ich fahre dann in einem Bauernfuhrwerk nach Dippoldiswalde. Es ist eisigkalt, und die Fahrt geht langsam. Zwischen all den Wagen und Autos kommen auch die Flüchtlinge zu Fuß, mit Leiterwagen, Rädern, und dazwischen die großen Züge der Flüchtlinge aus Schlesien – ein Treck hinterm andern. Vieh und alle müssen von den Bauern aufgenommen und versorgt werden. In Dippoldiswalde werden wir in die Gewerbeschule gebracht. Immer mehr Menschen kommen – man kommt fast nicht mehr durch, überall hockende und herumstehende Menschen.

Ich gehe auf das Gut zu Jochums, um vielleicht dort noch ein Lager zu bekommen. Bei Jochums ist auch schon alles voll – die ganzen Dresdner Offiziersfrauen sind dort und Offiziere, da Herr Jochum Reserveoffizier ist. Frau Jochum macht mir noch ein Notlager auf dem Boden zwischen zwei Betten in einer Kammer, und ich bekomme noch ein herrliches Abendbrot, das erste Essen seit 24 Stunden. Ich bin froh, daß ich mich ausstrecken kann, wenn es auch tüchtig kalt ist auf dem Fußboden. Ein schöner schwarzer edler Pudel liegt neben mir.

Eine Schülerin **Kamenz**

Als es dann heller wurde, machte mein Onkel von uns Jammergestalten Photos, das einzige Andenken an diese Schreckensnacht, das uns verblieben ist. Als wir Pulsnitz zur Mittagszeit erreichten, hatten wir 25 km zurückgelegt. Ich war nur in Pantoffeln gegangen, mit Pappmachésohlen. So fehlte nicht mehr viel, daß ich »richtig auf deutschem Boden ging«. In Pulsnitz wurden wir von einem anderen Onkel im Lastauto abgeholt, den wir telefonisch von unserem Schicksal benachrichtigt hatten. Die Wartezeit verbrachten wir in einem nüchternen Gasthaus, bis wir schließlich im Auto unserer vorläufigen Bleibe entgegenfuhren. Was würde die Zukunft bringen – die Russen standen unmittelbar vor Sachsens Grenze –; was würde aus uns werden. Wir wußten es nicht.

Der General Erich Hampe **Dresden**

Ich konnte nicht sofort bis zum Hauptbahnhof gelangen, weil der Weg in die Stadt völlig blockiert war. Das erste Lebewesen, das ich beim Eintreffen in der Stadt sah, war ein großes Lama. Es war anscheinend aus dem Zoo ausgebrochen. In der Innenstadt war alles zerstört, aber mein Interesse galt nur dem Hauptbahnhof und den Gleisanlagen. Keiner der führenden Eisenbahnbeamten war zur Stelle. Ich mußte einen leitenden Reichsbahnbeamten aus Berlin kommen lassen, um das Durcheinander zu entwirren und um notwendige Maßnahmen zu besprechen, wie der Verkehr wieder in Gang gebracht werden könnte.

Der SS-Gruppenführer von Alvensleben Dresden
An Heinrich Himmler
Vorläufiger Bericht: Schwerer Terrorangriff auf Dresden. Bombenabwurf auf Dresden von 22.09 bis 22.35 Uhr. Im gesamten Stadtgebiet schwere Sprengbomben und große Feuer, besonders im Bereich der Innenstadt. Getroffen: Opernhaus, katholische Hofkirche, Japanisches Palais, Hygienemuseum, Reichsbahndirektion, verschiedene Krankenhäuser, Ausstellungspalast, Taschenberg-Palais... Mindestens 3000 Sprengbomben und 25 000 Brandbomben angenommen. Hilfskräfte von außerhalb angefordert. Kasernengelände Albertstadt: Schützenkaserne, Adolf-Hitler-Kaserne, Heeres-Versorgungsamt, Vorratslager, Munitionslager. Verbindungen nach außerhalb auch unterbrochen. Ein sogar noch heftigerer Angriff von 01.24 bis 01.48 Uhr, hauptsächlich Sprengbomben, einige schwersten Kalibers. In der rasenden Feuersbrunst, die entstand, muß die fast vollständige Zerstörung der Stadt erwartet werden. Reichs-Unterstützung in größtem Umfang sofort und dringend erbeten.

Heinrich Himmler 1900–1945 Berlin

An den Befehlshaber der Ordnungspolizei Dresden, SS-Gruppenführer von Alvensleben

Ich habe Ihren Bericht erhalten. Die Angriffe waren offensichtlich sehr schwer, doch jeder erste Luftangriff vermittelt immer den Eindruck, daß die Stadt vollständig zerstört worden ist. Ergreifen Sie sofort alle notwendigen Maßnahmen. Ich sende Ihnen sofort einen besonders fähigen SS-Führer für Ihre Dienststelle, der Ihnen in der gegenwärtigen schwierigen Lage nützlich sein könnte. Alles Gute.

Ernst Heinrich Prinz von Sachsen 1896–1971 Schloß Moritzburg

Als der Morgen graute, erschien mir das Flammenmeer noch größer als in der Nacht, und riesige Rauchschwaden lagen über dem ganzen Stadtgebiet.

Ich entschloß mich, nach Moritzburg zurückzufahren. Ich fuhr nach Pirna, überquerte dort die Elbe, machte auf der rechten Elbeseite einen großen Bogen und erreichte Moritzburg. Dort war alles in Ordnung, es waren keine Bomben gefallen. Aber Ausgebombte trafen in sehr großer Zahl ein, ein armseliger Zug abgehetzter und total übermüdeter Menschen. Ich tat, was ich konnte, um möglichst viele im Schloß unterzubringen; die letzte Liegestatt und Matratze wurde ausgenutzt. Das größte Problem war die Ernährung der 60 Personen, die ich aufgenommen hatte. Wir kochten Kartoffelsuppe mit Fleisch von Wild, das wir im Wildpark abschossen. Brot war äußerst knapp, und am kargsten war die Fettration. Da Dresden mit allen Verbindungen, auf die auch die ganze Umgebung

angewiesen war, ausfiel, war die allgemeine Versorgungslage mehr als ernst. Die Partei, die immer so große Töne geschwungen hatte, war bei dieser Katastrophe wie vom Erdboden verschwunden, keiner getraute sich, in Parteiuniform zu erscheinen. Man sah nur Wehrmacht, Waffen-SS und Polizei.
Aber eins war sehr erfreulich und wohltuend: Jeder tat sein Bestes, um seinen hilflosen Mitmenschen zu helfen. Und das war eher eine christliche als eine nationalsozialistische Volksgemeinschaft.

Giesela Neuhaus *1924 **Dresden**
Fröstelnd erwachte ich im Morgengrauen. Eiskalt kam die Luft durch die zerbrochenen Fensterscheiben. Jürgen schlief noch fest. Mit steifen Gliedern erhob ich mich vom Fußboden. In unsere Decken gehüllt, waren wir eingeschlafen. Ein eigenartiges Geräusch kam von der Straße, wie von schlurfenden Füßen. Meine Eltern waren nirgends zu sehen. Was ich jetzt auf der Caspar-David-Friedrich-Straße sah, ist kaum zu beschreiben.
Ein endloser Zug von Männern, Frauen und Kindern schleppte sich langsam und lautlos die ansteigende Höhe hinauf zur Südhöhe. Nur raus aus Dresden, der brennenden Hölle. Nur das Schlurfen der Füße und ab und zu ein Aufschluchzen, ein Aufschreien waren zu hören. Und wie sahen diese Menschen aus!
Viele hatten nasse Decken über den Schultern, so waren sie durch die Flammen gerannt. Rußgeschwärzt waren sie alle. Groteske Gestalten in Harlekinkostümen oder Königinnengewändern, als Kammerkätzchen verkleidet oder in bunten Flitterkostümen gin-

gen sie im Zug mit. Am 13. Februar war das größte Faschingsfest in Dresden. Viele Dresdner waren an diesem Tag im Cirkus Sarrasani. Dieser Cirkus hatte ein großes festes Gebäude in Dresden-Neustadt, direkt an der Elbe gelegen. Andere waren bei Freunden eingeladen gewesen oder hatten in einem der vielen Vergnügungslokale Fasching gefeiert. So kam es, daß viele Kinder an diesem Tag allein zu Hause geblieben waren. Erschütternde Szenen haben sich abgespielt.
Meine Eltern hatten Eimer voll Wasser an unsere Straße gestellt. Es gab kein Trinkwasser mehr. Sämtliche Leitungen waren zerbombt. Wie alle hatten auch wir unsere Badewanne bis oben mit Wasser gefüllt. Das war eine Anordnung vom Luftschutz. Außerdem hielten wir Eimer voll Sand, eine primitive Feuerpatsche und Decken bereit. Ich erinnere mich an den Anfang eines Liedes, das damals gesungen wurde:
»Wer gibt acht in der Nacht, wenn die Fliegerbombe kracht. Der Luftschutz, der Luftschutz mit 'nem Eimer Sand rettet er das Vaterland ...«
Zu Tode erschöpfte Gestalten wankten in unser Haus, nur ausruhen wollten sie. Auch vier rauchvergiftete Soldaten befanden sich unter ihnen. Frauen, Männer und Kinder, es mögen 50 Menschen gewesen sein, lagen wild verstreut in den Zimmern. Wir öffneten unser eingemachtes Obst. Jürgen verteilte es.

Otto Griebel 1895–1972 **Dresden**

Jack erwachte frierend, und da nun tatsächlich Morgen geworden war, beschlossen wir, weiterzugehen. Auf des Sohnes Wunsch hin gingen wir in Richtung Strehlen, um Freunde in Gostritz aufzusuchen, von

denen wir annahmen, daß sie mehr Glück gehabt hatten als ich mit meiner Familie.
Grausig war die Fastnacht, ebenso war auch der Aschermittwoch, in den wir nun hineinschritten. Sprengtrichter, Trümmer, Brandstätten überall. Stabbrandbomben und rotgespritzte Oberteile von Zielabsteckungsbomben lagen wie gesät umher. Dazwischen wandelten fliehende Menschen, manche kaum mit dem Nötigsten angetan, manche schwer beladen mit ihrer letzten Habe. Ein älterer Mann aus unserem Viertel gesellte sich zu uns und erzählte ohne Tränen, daß ihm die Frau, welche kranke Füße hatte, vor den Augen im Keller verbrannt sei, ohne daß er ihr helfen konnte.
Schmuckschränkchen mit geschliffenen Scheiben, hinter denen Porzellangeschirr und Nippes durcheinandergeworfen lagen, standen am Straßenrande. Ein halbes Dutzend ausgeglühter Schreibmaschinen, Wannen voller Hausrat, Bücher, Kleider, alles mögliche sah man herrenlos am Wege liegen.
Es tat mir förmlich wohl, hinter der Strehlener Kirche durch fast unbeschädigte Siedlungshäuser nach Leubnitz zu marschieren, dessen alte, schöne Dorfstraße auch demoliert war und dessen Häuser meist abgedeckte Dächer hatten.
Endlich kamen wir nach Gostritz und traten in des Haus meines lieben Freundes Erich Fraaß ein. Wir hatten das Glück, dessen Frau nebst Bekannten, die hierher geflüchtet waren, eben in dem Augenblick anzutreffen, als sie sich außer Haus begeben wollten.
»Wer ist denn das?« fragte Frau Fraaß ihre Bekannten, als ich vor ihr stand und ihr die Hand entgegen-

streckte. Als ich meinen Namen sagte, brach sie stumm im Tränen aus und führte uns nach oben in die Stube, welche ebenso wie die übrige Wohnung auch keine Fensterscheiben mehr aufwies, denn in der Nähe waren ebenfalls Serien von schweren Bomben niedergegangen.
Zuerst wurden nun meine heftig brennenden Augen mit Borwasser behandelt, dann bekamen wir Brot und Kaffee, und tatsächlich gelang es Jack und mir, nun ein wenig zu schlafen.
Dann erst wuschen wir uns die verrußten Gesichter und wanderten, da schon wieder Luftgefahr angesagt war, gemeinsam mit den anderen über Gostritz dem winterlich stillen Heiligen-Born-Grund zu. Hinter uns stiegen die mächtigen Qualmwolken der gemordeten Stadt Dresden in den grauen Himmel dieses unvergeßlichen Aschermittwochs. Noch immer zuckten die roten Brände inmitten der tristen Trümmerwüste. Am Zaun einer Gärtnerei hingen Hunderte abgeworfener englischer Flugblätter, und es mutete uns als eine bittere Ironie an, in einem davon, das mit dem 13. Februar datiert war, zu lesen: »Die Bevölkerung ist klug und bleibt lieber im unausgebombten Dresden, während die prominenten Nazibonzen flüchten.«
Dresden hatte in Wirklichkeit in diesen Tagen das Doppelte seiner eigenen Einwohnerzahl an Flüchtlingen aus Schlesien und Ostpreußen aufgenommen, und die Todeszahlen jener Evakuierten waren ebenso erschreckend hoch.
Zu unserer Überraschung fanden wir den Heiligen-Born-Grund wie auch dessen Seitengründe voller Stabbrandbomben, die zumeist graue oder schwarze

Aschehäufchen hinterlassen hatten. Auch Blindgänger lagen massenweise umher.

Eine Frau *1919 — Dresden
Nach dem Angriff (auf Dresden) wankten wir aus der Stadt raus und sahen die Toten, die am Wege lagen, halbverkohlt, andere noch unversehrt: die waren erstickt.

Katharina Tietze — Dresden
Herr Schulze aus dem 1. Stock versuchte immer mal wieder, ob noch kein Entrinnen wäre und brachte uns Nachricht, endlich die, daß nun bei größter Vorsicht die Möglichkeit bestünde, über die richtige Kellertreppe, die also noch stand, auf die Straße zu gelangen. So stiegen wir ganz langsam und vorsichtig über allerlei Trümmer, einige noch brennende Stellen umgehend, bis zur Höhle der einstigen Haustür und gelangten durch diese auf die Straße. Das war am Vormittag des 14. Februar ½ 11 h. 13 Stunden waren wir also im Keller gewesen. Nun sahen wir uns draußen um und erblickten nichts als Trümmer und die ausgebrannten Ruinen der einstigen Wohnhäuser. Da ist wohl etwas in einem erstarrt. Ich sah eine weinende Frau stehen, hätte selber aber nicht mal weinen können. Wir stiegen also, inmitten der Fahrstraße gehend, mühsam über die Trümmer und begaben uns nach dem ganz nahen Dürerplatz, in dessen Mitte nur vereinzelt Ziegelsteine, Bretter, einiger wohl geretteter Hausrat und dergleichen herumlagen, aber auch tote, meist halbverbrannte Menschen und sehr viele Stabbomben. Und Ausgebombte wie wir irrten natürlich

viele herum, teils mit allerhand Gepäck. So wanderten wir doch wenigstens wieder in freier Luft herum. Kamen wieder Flugzeuge, so legten wir uns lang auf die Erde. Allmählich meldete sich auch der Magen wieder. Da ich die Einholtasche mit Brot, Butter und Wurst bei mir hatte, aßen wir ein paar Schnitten, gaben auch Schulzes davon, die nichts zu essen bei sich hatten. Etwas später verabschiedeten sie sich von uns und wollten versuchen, zu Verwandten nach Gruna zu gelangen.
Wir drei versuchten nach allen Richtungen, etwas gangbares Gelände zu finden, aber bei Vaters unsicheren Füßen war es unmöglich, mit ihm weiterzukommen. So blieb für uns zunächst nur der Dürerplatz, wo wir in einem ganz kleinen Büdchen, an einem Stromhaus angebaut, auch mit zehn fremden Menschen nächtigten. Vater fand grad noch ein Plätzchen auf einem Brett, was über Steine und Koffer gelegt war, also eine Art Bank bildete. Tante Dore und ich saßen auf einem fremden Koffer, leider direkt an der Türöffnung. Die Türe war nicht mehr vorhanden, nur eine Decke hing da. Schön war diese Nacht bestimmt auch nicht, aber man war froh, frei atmen zu können und sich nicht eingeschlossen zu fühlen. Ab und zu kamen auch noch Flugzeuge. Man hörte Bomben fallen und Hausteile einstürzen. Doch auch diese Nacht ging vorüber.

Der Unteroffizier Gerhard Gretzschel 1909–1984 Dresden

In Bad Schandau erreichte uns gerüchteweise die Nachricht vom Bombenangriff auf Dresden. Es gab wegen Fliegeralarm viele Stockungen. In Heidenau war die

Fahrt zu Ende. Ich gab meinen Koffer in der Gepäckannahme auf und lief zu Fuß nach Dresden. Die Sorge um das Schicksal meiner Lieben in Dresden beflügelte meinen Fuß.
Bald kamen mir rußgeschwärzte Menschen entgegen, die mit wenigen Habseligkeiten, die sie gerettet hatten, aus dem brennenden Dresden geflohen waren. Ich strebte der Johannstadt zu, um auf der Wintergartenstraße 67 nach meinen Eltern zu sehen. Endlich hatte ich die brennende und ausgebombte Trinitatiskirche erreicht, unsere Traukirche. Und als ich an das ehemalige Carolahaus – ein Krankenhaus, aber zuletzt SA-Kaserne – kam, stand ich plötzlich vor meinen Eltern, die mit Brandwunden bedeckt, mit einer Aktentasche und sonst mit nichts ohne Initiative am Straßenrand standen. Ich erschien ihnen buchstäblich wie ein rettender Engel; denn sie hatten keine Ahnung, daß ich unterwegs war. Handgreiflicher konnte man Gottes wunderbare Führung nicht vor Augen geführt bekommen!
Ich schritt mit ihnen langsam zur Elbe und wusch ihnen den Ruß ab und die Wunden aus. Dann suchten wir unser Haus auf der Wintergartenstraße 67 auf. Dieses schöne, völlig in Ordnung befindliche Grundstück meiner Eltern, über das unser Vater in seiner Sorgfalt alle Hände hielt, war von Brandbomben getroffen worden. Das 4stöckige Haus mit 11 Mietwohnungen war schon bis zum 1. Stock heruntergebrannt. Von unserer Wohnung im 2. Stock war nichts mehr da. – Aus der Gartenlaube rettete ich noch den Handwagen und was ich im Keller an Wertgegenständen noch finden konnte. Dann brachte ich die Eltern in

den Luftschutzkeller des nahegelegenen Postamtes; denn inzwischen gab es erneut Fliegeralarm, und weitere anglo-amerikanische Bombengeschwader warfen ihre Tod und Verderben bringenden Lasten über das brennende Dresden.
Als das Motorengebrumme etwas nachließ und man in der Nähe keine Einschläge mehr hörte, machte ich mich auf den Weg nach dem Dürerplatz, um nach meinen Schwiegereltern zu sehen. Auch die Nummer 20, Dorotheas Geburtshaus, war schon heruntergebrannt, und ich fand beide Schwiegereltern auf dem Dürerplatz vor und brachte sie zu meinen Eltern in die Post. Als die Luft einigermaßen rein war – wenn man das überhaupt sagen konnte – zogen wir durch die brennende Neustadt nach Trachau auf die Böttgerstraße 33 zu den Schwiegereltern meiner Schwester, Ehepaar Döring, denn dieser Stadtteil blieb verschont.
Als ich meine Lieben fürs Erste untergebracht hatte, fuhr ich mit Döringvaters Fahrrad in Richtung Ponickau. Noch nie war ich diesen Weg mit dem Fahrrad gefahren. In stockfinsterer Nacht, ohne Taschenlampe und ohne Streichhölzer konnte ich in der Nähe von Thiendorf einen Wegweiser nicht entziffern. Um mich nicht zu verlaufen, mußte ich warten bis der Morgen graute.

Der Suchdienst des Deutschen Roten Kreuzes 1985
Kindersuchdienst UK – 06123 – männlich
Familienname: unbekannt
Vorname: unbekannt
angenommenes Geburtsdatum: Juli 1943

Fundort: Hauptbahnhof Dresden, nach dem Bombenangriff in der Nacht vom 13. auf 14.2.1945. Die Leiche einer alten Frau lag über dem Kind. Beim Auffinden sagte das Kind stets Mamutschka
Bekleidung: nicht bekannt
Personenbeschreibung: blaue Augen, dunkelbraunes Haar, in Ohrhöhe am rechten Teil des Hinterkopfes kleine Warze, ebenso an der rechten Unterlippe und an der Außenseite des rechten Augenlides

Der Unteroffizier Gerhard Gretzschel 1909–1984
Ponickau

Am frühen Vormittag langte ich in Ponickau an. Ich konnte gerade noch sagen, was in Dresden passiert war, daß ich Eltern und Schwiegereltern retten konnte, daß sie über Nacht in Trachau geblieben wären und sich zu Fuß auf den Weg nach Ponickau begeben hätten. Zum Glück war meine Schwester Gerda mit ihren beiden Jungen schon eine Woche zuvor nach Ponickau übersiedelt gewesen. Dorothea richtete ein Fuhrwerk aus und fuhr unseren Ausgebombten entgegen. Ich selber aber war völlig am Ende meiner Kräfte und wurde gewaschen, gefüttert und ins Bett gesteckt.
Dorotheas Fahrt mit Nachbar Pönitzens Fuhrwerk war wegen Tieffliegel keineswegs ungefährlich. In Moritzburg hatten sie vergeblich gehofft, die Dresdener zu treffen. Aber sie trafen sie erst am Boxdorfer Berg. Von diesem 14. Februar ab wohnten unsere beiden Eltern für immer bei uns, denn eine Rückkehr nach Dresden war ausgeschlossen.

Liesbeth Flade **Dresden**

Vati drängte in seiner gewissenhaften Pflichterfüllung zum Dienst. Er ging gegen 6 Uhr aus dem Haus, um seine Dienststelle zu suchen, hinein in die fürchterlichen Schrecknisse (die äußeren Konturen sind in dem beiliegenden Brief aufgezeichnet, der zusammen mit meiner bleistiftgekritzelten Antwort ein wertvolles Dokument ist, das nicht verloren gehen möchte. Die furchtbaren Eindrücke, wie er auf dem Pirnaischen Platz die verkohlten Leichen sehen mußte, wie Menschen ihre Angehörigen suchten usw. hat er mir nur geschildert, ebenso wie den dritten Angriff, den er im Großen Garten erlebte, wo er als Samariter unter den schlesischen Flüchtlingen tätig sein konnte. Sie waren schutzlos im Freien dem Inferno preisgegeben. Wie ein Wunder blieb Vati dort verschont). Ich machte mich indessen daheim ans Aufräumen.

Eine Chemikerin **bei Radebeul**

Unser Haus war stark beschädigt, alle Fenster und Türen herausgerissen und kaputt, ein toller Scherbenhaufen. Durch den kolossalen Sturm und Luftzug waren fast alle Lampen von den Decken gerissen. Deshalb wollte Onkel Hans, daß ich mit meinem Vater am nächsten Morgen Dresden verlasse. Wir sind dann gegen 10 Uhr in Richtung Radebeul losmarschiert in einem endlosen Zug von Menschen, die aus der Stadt herausströmten. Die meisten hatten schwere Augenschäden durch die Hitze und den starken Staub erhalten und hatten alle nasse Tücher vor dem Gesicht. So gegen ¼ nach 12 trafen wir beide in Friedewald bei Radebeul ein, wo die Eltern von Onkel Hans ein

Häuschen hatten. Das ganze war ein Waldgrundstück, das Haus lag oben. Noch während wir uns mühten, durch den Wald hinaufzugelangen, hörten wir wieder starken Flugzeuglärm über uns. Wir legten uns sofort flach auf den Boden. Eine Warnung gab es nicht. Da der Strom überall weg war, gingen auch die Sirenen nicht mehr. Bald hörten wir auch wieder den Krach aus der Stadt, blieben aber von allem verschont.

Victor Klemperer 1881–1960 **(Dresden)**

Nun war es also Mittwoch morgen, den 14. 2., und wir hatten das Leben gerettet und waren beisammen. Wir standen noch nach der ersten Begrüßung zusammen, da tauchte Eisenmann mit Schorschi auf. Seine andern Angehörigen hatte er nicht gefunden. Er war so herunter, daß er zu weinen anfing: »Gleich wird das Kind Frühstück verlangen – was soll ich ihm geben?« Dann faßte er sich. Wir müßten unsre Leute zu treffen versuchen, ich müßte den Stern entfernen, so wie er den seinen schon abgemacht hätte. Darauf riß Eva mit einem Taschenmesserchen die Stella [Judenstern] von meinem Mantel. Dann schlug Eisenmann vor, zum jüdischen Friedhof zu gehen. Der würde unversehrt sein und Treffpunkt bilden. Er zog voran, wir verloren ihn bald aus den Augen, und seitdem blieb er für uns verschwunden.

Wir gingen langsam, denn ich trug nun beide Taschen, und die Glieder schmerzten, das Ufer entlang bis über die Vogelwiese hinaus. Oben war Haus bei Haus angebrannte Ruine. Hier unten am Fluß, wo sich viele Menschen bewegten oder hingelagert hatten, staken im durchwühlten Boden massenhaft die leeren, eckigen Hülsen der Stabbrandbomben. Aus vielen Häusern der Straße oben schlugen immer noch Flammen. Bisweilen lagen, klein und im wesentlichen ein Kleiderbündel, Tote auf den Weg gestreut. Einem war der Schädel weggerissen, der Kopf war oben eine dunkelrote Schale. Einmal lag ein Arm da mit einer bleichen, nicht unschönen Hand, wie man so ein Stück in Friseurschaufenstern aus Wachs geformt sieht. Metallgerippe vernichteter Wagen, ausgebrannte Schuppen. Die Menschen weiter draußen hatten z. T. wohl einiges retten können, sie führten Bettzeug und ähnliches auf Karren mit sich oder saßen auf Kisten und Ballen. Zwischen diesen Inseln hindurch, an den Leichen und Wagentrümmern vorbei, strömte immerfort Verkehr, Elbe auf- und abwärts, ein stiller, erregter Korso. Wir bogen neuerlich – ich überließ mich Evas Führung und weiß nicht, wo – rechts zur Stadt hin. Jedes Haus eine Brandruine, aber häufig Menschen davor mit gerettetem Hausrat. Immer wieder noch unversiegte Brände. Nirgends die Spur einer Löschtätigkeit. Eva sagte: »Das Lämmchen«, »der Fürstenplatz«. Erst als wir an die Krankenhäuser kamen, orientierte ich mich. Das Bürgerspital schien nur noch Kulisse, das Krankenhaus bloß teilweise getroffen. Wir traten in den jüdischen Friedhof. Von dem Haus, das die Leichenhalle und Jacobis kleine Wohnung enthalten hatte, stand dachlos das äußere Gemäuer, dazwischen sah man ein tiefes Loch im nackten Erdboden, sonst gar nichts, alles war vollkommen vertilgt. Merkwürdig klein wirkte dieser Raum; rätselhaft, wie er die Halle, die Wohnung und noch einige Nebenräume enthalten hatte. Ich ging die Allee hinunter zu dem Gärtner-

schuppen, in dem ich Steinitz, Schein und Magnus oft beim Skat getroffen hatte. Viele Grabsteine und -platten waren umgeworfen oder beiseite geschoben, viele Bäume geknickt, manche Gräber wie angewühlt. (Wir fanden nachher noch in einer ziemlich entfernten Straße ein Stück Grabstein, Sara... war darauf zu entziffern.) Der Gärtnerschuppen stand kaum beschädigt – aber nirgends war ein Mensch zu sehen. Einen Keller hat es auf dem Friedhof nicht gegeben – was mag aus Jacobi und seiner Familie geworden sein?
Wir wollten nun nach der Borsbergstraße zu Katz, teils um Anschluß zu finden, teils meines Auges halber, aber überall in den Straßen war Schutt und rauchiger Staub, überall brannten noch einzelne Häuser. Als eines davon wenige Schritte vor uns in sich zusammenstürzte, natürlich mit ungemeiner Staubentwicklung, gaben wir den Versuch auf. Langsam, mit vielen Pausen, sehr erschöpft, gingen wir den gleichen Weg zurück, den wir gekommen. Dort flutete der gleiche Korso wie zuvor. Dann suchten wir noch am Platz vor der Zeughausstraße, ob sich dort jemand von den unsrigen finde. Die Zeughausstraße 3 war ein einziger Geröllhaufen, von der Zeughausstraße 1 stand, der Stadt zugekehrt, ein Vorderpfeiler mit einem Stückchen Mauer galgenartig daran hängend. Das ragte gespenstisch und gefährlich und verstärkte nur das Bild der absoluten Zerstörung. Wieder kein Mensch. Wir lagerten uns nun an der Außenmauer der Brühlterrasse, Schmalseite. Wir fanden dort Waldmanns und Witkowskys, dazu ein älteres Ehepaar Fleischner. Waldmann rühmte sich, einige vierzig Leute, Juden und Arier, aus der Zeughausstraße 1 gerettet zu haben,

dort sei niemand umgekommen. Er wußte auch von irgendwoher, daß die Ménages Steinitz und Magnus heil seien – von allen andern wußte er nichts. Sehr merkwürdig berührte es mich, daß sich der ganz verlorene Witkowsky zäh und agil unter den Lebenden befand.

Auf dem Platz vor uns hielt ein Sanitätsautomobil; Menschen umlagerten es, Bahren mit Verwundeten lagen in seiner Nähe am Boden. Auf einem Bänkchen beim Eingang des Autos machte ein Sanitäter Augeneintropfungen; mehr oder minder mitgenommene Augen waren überaus häufig. Ich kam rasch an die Reihe. »Nu, Vater, ich tu Ihnen nicht weh!« Mit der Kante eines Papierstückchens holte er einigen Unrat aus dem verletzten Auge, machte dann eine ätzende Eintropfung in beide Augen. Ich ging, ein wenig erleichtert, langsam zurück; nach wenigen Schritten hörte ich über mir das bösartig stärker werdende Summen eines rasch näher kommenden und herunterstoßenden Flugzeugs. Ich lief rasch auf die Mauer zu, es lagen schon mehr Menschen dort, warf mich zu Boden, den Kopf gegen die Mauer, das Gesicht in die Arme gelegt. Schon krachte es, und Kiesgeröll rieselte auf mich herab. Ich lag noch eine Weile, ich dachte: »Nur jetzt nicht noch nachträglich krepieren!« Es gab noch einige entferntere Einschläge, dann wurde es still.

Ich stand auf, da war Eva inzwischen verschwunden. Fleischners hatten sie eben noch gesehen, ein Unheil hatte sich hier nicht ereignet: So war ich nicht sonderlich besorgt. Immerhin dauerte es wohl zwei Stunden, bis wir uns wieder trafen. Eva hatte beim ersten Bombenabwurf wie ich an der Mauer in Deckung gelegen,

nachher einen Keller an der Elbe aufgesucht. Ich suchte sie längs der Mauer, dann mit Waldmann zusammen im Albertinum, ich hinterließ an der Mauer sozusagen meine Adresse einem neu aufgetauchten Graukopf, mit dem ich Waldmann in behaglichem Gespräch gefunden. »Leuschners Schwager.« – »Er muß doch wissen, daß Sie und ich einen Stern getragen haben.« – »Das ist doch jetzt ganz egal! Alle Listen sind vernichtet, die Gestapo hat anderes zu tun, und in vierzehn Tagen ist sowieso alles zu Ende!« Das war Waldmanns in den nächsten Tagen ständig wiederholte Überzeugung, Löwenstamm und Witkowsky urteilten ebenso. Der Schwager Leuschner jedenfalls blieb harmlos, ich plauderte in der Nacht noch wiederholt mit ihm, und am nächsten Morgen reichten wir uns die Hand zum Abschied.
Irgendwie also hat sich Eva nach einiger Zeit in dem ihr schon von früher und vom Beginn der Schreckensnacht her bekannten Albertinumkeller eingefunden. Das große Gebäude hatte in seinen oberen Stockwerken gebrannt; das weiß ich aber nur aus Evas Bericht. Denn oben thronte unversehrt die gußeiserne Queen, und der festen Kellerflucht, wahren Katakomben, zu denen von der Toreinfahrt aus eine breite Treppe führte, merkte man nichts an. Die hohen, zahlreichen elektrisch erleuchteten Räume waren sehr voll. Es war schwer, auf den Bänken einen Sitzplatz zu finden. Auf dem Fußboden lagen auf Bahren oder Decken oder Betten Schwerverwundete, einige Räume waren ganz als Lazarett eingerichtet, nur von Liegenden angefüllt. Soldaten und Sanitäter gingen und kamen, neue Bahren wurden hereingetragen. Dort, wo ich Platz fand,

etwa im mittleren Raum, lag am Boden ein furchtbar röchelnder Soldat, ein starker Kerl mit mächtigen Beinen und Füßen. Jeder Vorbeigehende stolperte über seine Stiefel, der Mann in seiner tiefen Bewußtlosigkeit merkte nichts mehr. Dicht neben ihm unter Betten lagen zwei Frauen, die ich lange für tot hielt. Später begann die eine zu stöhnen und bat mich einmal, ihr die Decke fester an den Rücken zu stopfen. In einer Ecke des Raums stand auf niedriger Estrade eine Dynamomaschine, großes Schwungrad mit Handhebel. Als Eva kam, streckte sie sich auf dieser Estrade lang aus und schlief viel. Ich selber wanderte viel herum, plauderte, kauerte mich zwischendurch auf ein Bänkchen und schlief. Ich war nach der Katastrophennacht und nach dem reichlichen Gepäckmarsch des Vormittags so abgespannt, daß ich gar kein Zeitgefühl mehr hatte.

Der dritte Angriff 12.17–12.30 Uhr

Der Luftschutzpolizist Alfred Birke **Dresden**

Das Tageslicht ist allerdings getrübt durch schwarze und schwarzgraue Rauchwolken, die hoch in den Himmel wachsen. Sogar die Sonne scheint bläßlich, aber sie trägt einen grauen Schleier, den Trauerschleier des Dresdner Aschermittwochs. Mein Bemühen, die Dienststelle zu unterrichten, ist aussichtslos. Und so fahre ich die unterwegs aufgelesenen Opfer dieser Katastrophe in meine Wohnung. Während sich meine Frau und meine Tochter um die Unglücklichen bemühen, falle ich aufs Bett. Aber um die Mittagsstunde werde ich wachgerüttelt. Der nächste Angriff beginnt.

Die Komponistin Aleida Montijn *1908 Dresden

»So arm war ich noch nie« wie auf der Flucht. Warum ich so arm war wie noch nie – das ist mit wenigen Worten zu sagen: Ich besaß keinen Pfennig Geld, nur einen Rucksack, etwas Eßbares, Hindemiths »Mathies der Maler« in einer Taschenpartitur, das »Wohltemperierte Klavier« von Bach und meinen Wintermantel.

Mit was für einem Gefühl lebt man in solch einer Situation? Ja, seltsam, ich war stolz, wenn ich anderen Menschen helfen konnte: einen Wellensittich einfangen, der umherflatterte, in einem »Auffanglager« – Verwundete eines Tieffliegerangriffs verbinden, ohne in Ohnmacht zu fallen – zu helfen.

Man weiß gar nicht, was man alles aushalten kann, wenn es »Ernst« geworden ist, wenn Menschen sterben, wenn Kinder ohne Eltern in Auffanglagern zusammengepfercht sind – und wenn noch immer der Satan in Gestalt Adolf Hitlers und seiner Henker die Welt im Griff hält. Es hat zu lange gedauert – dieses »Tausendjährige Reich«.

Ohne es zu wollen und es so zu empfinden, übernahm ich in dieser Nacht die Führung und traf die notwendigen Entscheidungen. Die beiden Kinder meiner Freunde waren schon lange »ausgelagert«. Michael war bei seiner Großmutter in Thüringen und Toni war 30 Kilometer entfernt von Dresden in Kipsdorf in einem Kinderheim.

Dort wollten wir hin, Frau Martin und ich. Herr Martin mußte in Dresden bleiben, er war ja der Leiter des »Hochdruckprüffeldes«, wo ich gearbeitet hatte.

Mein Entschluß, aus dieser brennenden Hölle so rasch wie möglich herauszukommen, war richtig. Man darf sich nicht vorstellen, daß man sich auf sein Fahrrad setzen und »in Richtung Westen« fahren konnte. Man mußte das Fahrrad tragen, hochheben über brennende Trümmerflächen – ganze Häuser rieselten mit dem grausigen Knistern vor einem herunter. Es ist kaum zu beschreiben – genauso wie es in der Nacht geklungen hatte – so war jetzt der optische Eindruck. Totale Zerstörung. Nach Stunden kamen wir an die Stelle, wo am Tag zuvor noch der Zwinger gestanden hatte. Durch die rußige Dunstglocke konnte man kaum etwas sehen, die Augen waren inzwischen entzündet, aber der Zwinger war nicht mehr da. Anstelle dieses Kunstwerks war ein zehn Meter hoher Steinhaufen – aus dem erkennbare Teile des ehemaligen Zwingers ragten.

Kein Mensch wagte sich hier weiter, aber ich schulterte mein Fahrrad und schleppte es ungefähr 5–6 Meter in das Geröll – dann übergab ich es Frau Martin – ging wieder zurück und holte ihr Fahrrad – und so haben wir nach 3 Stunden eine feste Straße erreicht und trafen auf andere Flüchtlinge.

Der Flüchtlingsstrom ging an einer Ausfallstraße hinter dem zerbombten Bahnhofsgelände entlang. Man war selbst so kaputt und apathisch, daß man nur wenige Eindrücke in sich aufnahm. Die Leute schoben Kinderwagen mit Kindern und zusätzlichem Gepäck. Die größeren Kinder schleppten Gepäckstücke, notdürftig zusammengeschnürtes Bettzeug und Dekken, viele alte Menschen trugen ihre Lieblinge in Vogelkäfigen mit ihren schwachen Kräften, Hunde an einem Stück Kordel zogen mit hängenden Ohren, immer noch zitternd und verstört, hinter den Leuten

her, der Himmel war grau und dick verhangen mit Rußwolken. Es muß gegen 12 Uhr Mittags gewesen sein, als der dritte Angriff auf Dresden begann.
Ich entsinne mich an einen rechts von der Landstraße gelegenen Stollen, der überfüllt war von Menschen, die schon dorthinein geflüchtet waren, als man das dumpfe Dröhnen der herannahenden Bomberpulks hörte. Der Angriff endete nach knapp zehn Minuten. Ich taumelte zu dem Schacht und lehnte mich an den Rücken eines Mannes, der gerade noch unter dem Schacht stand, ich war draußen, aber ich verlor das Bewußtsein, ich hörte nichts mehr von dem Angriff.

Otto Griebel 1895–1972 **Dresden**

Alsbald gesellte sich ein lieber alter Bekannter mit seiner Frau und seinen Buben zu uns, die uns mitteilten, daß schon wieder Fliegeralarm gegeben worden sei. Die Sirenen funktionierten nicht mehr, so daß also jede Warnung fehlte.
Wir liefen rascher, wie gejagt, und verloren die Hinzugekommenen wieder. In der Höhe des Dorfes Rippien hörte man deutlich das Motorengeräusch sehr hoch fliegender Kampfgeschwader.
Nun setzte auch jenes seltsame Rauschen ein, das wie das Fallen von Bäumen klingt. Frau Grete Fraaß, unsere Buben und ich duckten uns hinter eine Kartoffelmiete. Da krachten auch schon die ersten Serien von Einschlägen, und wir zogen es vor, einem nahen Gute zuzustreben.
In unserer Eile fanden wir aber keinen Durchgang, bis uns endlich der Bauer winkte und uns den Weg zum

Hof zeigte, wo wir in einen gewölbten Kartoffelkeller krochen.
Immer neue Wellen von Flugzeugen flogen heran. Einige Male erfolgten die Detonationen der abgeworfenen Bomben bedenklich nahe, doch wir überlebten. Dann suchten wir die ›Auffangstelle‹ im Ort auf, wo ich meine Augen von einem Sanitäter behandeln lassen mußte. Danach erhielten wir warmen, schwarzen Kaffee und einige Brotschnitten, die mit Wurst belegt waren. Grete Fraaß machte uns nun den Vorschlag, mit zu ihrer Schwester zu gehen, die in Neu-Bannewitz wohnte. Und da ich ohnehin nicht recht wußte, wohin, nahm ich das Anerbieten gern an, und eine halbe Stunde später trafen wir dort ein, fanden allerdings die enge Dachwohnung bereits mit Menschen überfüllt, denn fast alle Verwandten der Frau hatten sich hierher geflüchtet. Dennoch nahm man auch uns freundlich auf, und ich war froh, wenigstens für die erste Zeit ein Unterkommen zu haben.
Ehe wir daran denken konnten, einmal ordentlich auszuschlafen, waren noch die Formalitäten im Ort wegen der Anmeldung und vor allem der Verpflegung zu regeln.
Viel gab es zu erzählen, und dann endlich krochen Jack und ich nur halb entkleidet in ein gemeinsames, behagliches Bett, in welchem wir die Wohltat des langentbehrten und alles auslöschenden Schlafes bis in die helle Morgenfrühe des folgenden Tages genossen.

Liesbeth Flade **Dresden**

Ich war bis ½ 12 Uhr in den vorderen Zimmern und im Flur fertig geworden mit dem Wegräumen der

Splitter usw., wollte eben meine Leutchen zu einem Eintopf zusammenrufen und dann im Studierzimmer anfangen, wo es ganz besonders schlimm aussah, da hörte ich schon wieder Motorenbrummen. Zwei Schutzleute laufen unten vorbei und rufen: Alarm! Höchste Gefahr! Sie setzen schon wieder Christbäume. Diesmal war unsere Gegend dran mit den Treibstoff-Reservoiren auf der Hamburger Straße, dem Sauerstoffwerk usw. Es gingen keine Sirenen, die waren alle kaputt vom letzten Angriff. Trotzdem stürzten wir alle wie von Furien gejagt in den Keller. Es dröhnte und krachte, zischte und prasselte entsetzlich. Mit Schließers kauerten wir in der Ecke neben der Treppe gegenüber von unserem Kellerraum, und wenn das Haus in den Grundfesten bebte, duckten wir unwillkürlich die Köpfe auf den Fußboden und warteten nur darauf, daß im nächsten Moment alles über uns zusammenstürzte. Während die Bomben noch fielen, verlangte der Luftschutzwart, daß die Feuerwehrleute – ich gehörte dazu – das Haus kontrollierten. Gern taten wir es nicht, das muß ich ehrlich zugeben. Als wir zur Hintertür hinaussahen, dachten wir, es wäre Nacht. Alles schwarz von Qualm, und unser liebes Kirchlein brannte über und über. Da konnte keiner ans Retten denken. Im Haus war zunächst noch alles in Ordnung, nur fegte der Flammensturm sehr viele Funkenwirbel zu dem großen Flurfenster herein, sodaß von da aus Brandgefahr drohte. Wir stellten die Kinder, darunter Maria, mit den langen Feuerpatschen als Wachen auf. Nun kontrollierten wir den Dachboden. Es sah zunächst aus, als wäre alles in Ordnung, die Männer – der Luftschutzwart und ein Verwandter von ihm – kletterten zum Dachfenster hinaus. Da zeigte es sich, daß einige Brandbomben sich festgeklemmt und gezündet hatten. Die Männer hackten die Ziegel auf, es war aber schon zu spät. Das Feuer hatte sich in den Balken schon festgefressen und brannte weiter. Alle schleppten Wasser und Sand, wir konnten aber überhaupt nicht heran. Schließlich merkten wir, daß wir des Feuers nicht Herr werden würden, und ich ließ hinuntersagen: Jeder rette, was er kann! Ich blieb mit einem Berliner Herrn oben und wir versuchten noch einmal, das Feuer aufzuhalten. Vergebens. Schließlich ging ich hinunter, da fand ich Maria nicht. Eisewigs waren fort, Frau Kretzschmer war mit ihren Kindern auch fort. Unser Keller stand offen, die große grüne Tasche, in der alle Ausweise und Wertpapiere steckten, war weg – das bedeutete für mich einen Hoffnungsstrahl. Vielleicht hatte Maria sich jemandem angeschlossen. Aber sicher war das nicht, denn es waren ja auch so sehr viele fremde Menschen mit im Keller gewesen, die bei nachlassender Gefahr sofort weggelaufen waren, jeder wollte ja bei sich daheim etwas retten. Die beiden Omas waren auch fort. Jemand hatte sie in Richtung Schlachthof laufen sehen (später erfuhren wir, daß sie ein Sebnitzer Auto gefunden hatten, das sie mitnahm. So entkamen sie dem Grauen und landeten bei Hilde Pilz). Von Maria keine Spur, nicht in der Wohnung, nicht auf dem Friedhof, wohin viele Menschen sich gerettet hatten. Wir riefen überall nach ihr. Schließlich suchte ich nochmal auf dem schon ganz verräucherten Dachboden – ich hatte mein Kind zuletzt Wasser hinauf schleppen sehen – nichts. Von Anstrengung und Aufregung war ich beinahe apathisch und schickte manchen heimlichen Stoßseufzer zum Himmel. Ich war ja nun ganz allein – ob Vati dieses Grausen überstanden hatte, ob Maria durch die brennenden Straßen sich hatte retten können? Aber ich rappelte mich auf und fing an zu wuchten, anders kann man es nicht bezeichnen. Unser Haus würde abbrennen, das sah man. Ob aber der Keller durch die schweren Massen nicht unzugänglich werden würde? Deshalb räumten wir zuerst alles Wichtigste dort heraus. Und das waren zumeist schwere Gegenstände. Als ich dann so allein in der Wohnung stand, wußte ich kaum, wo anfangen. Das Wichtigste für den »Wiederanfang«, sagte ich mir aber doch. Und so nahm ich die Daunendecken und aus der Jungen Stube die Betten und Auflagematratzen und warf alles zum Fenster hinaus. Alle andern Betten und Unterbetten (acht bis zehn Stück) verbrannten. Der Gedanke »nur das Wichtigste für den Anfang« muß wohl direkt zur fixen Idee geworden sein, denn ich sehe mich noch vor dem Buffet stehen, förmlich abschiednehmend, und nahm nur wenige Bestecke heraus anstatt die ganzen Kästen mit Silber und Tischwäsche anzupacken. Die zwei leichten Sessel schleppte ich vor die Flurtür und packte sie voll mit Kleinigkeiten, die mir lieb und nötig waren. Einer davon mit Stehlampe usw. ist dann dort verbrannt. Über die schöne Tischdecke, die Vati mir zum Geburtstag geschenkt hatte, strich ich noch einmal – so dumm, sie nicht mitzunehmen! Marias Puhz saß auf dem Sofa und guckte mich richtig traurig an. »Komm, alter Kerl, du sollst nicht verbrennen!« Ich suchte nun noch allerlei Eßbares zusammen, verstaute es in den Brotkapseln, nahm von

Tellern, Schüsseln, Töpfen, was man für einen Kleinsthaushalt benötigt. Inzwischen war es ½ 4 Uhr geworden. Nun wählte ich noch für jedes das wichtigste »Handwerkszeug« aus. Für Vati die Schreibmaschine, für mich die Nähmaschine, für Maria die zwei Geigen und ein Rollschränkchen mit Noten. Plötzlich erschien der Mann unserer Hausgehilfin mit noch zwei Soldaten. Sie hatten die ganze Zeit im Krankenhaus geholfen, und nun kamen sie, um mir noch eine halbe Stunde zu helfen. Ich überließ ihnen dankbar, was sie mir hinuntertragen wollten. Sie schleppten hinunter mein Sofa, 2 Sessel, 7 Stühle, die Herrenkommode. Ich hätte gern selbst noch mehr geholfen, aber Willi S. erlaubte nicht mehr, daß ich nochmals in die Küche ging, weil schon Brandteile durch den Lichtschacht fielen und das Kabuff (Abstellraum) mit den vielen leicht brennbaren Sachen sehr gefährdet war.
Auch von außen konnten wir uns kaum noch ins Haus wagen, weil jeden Augenblick die Mansarden herunterstürzen konnten. Ursel Schließer hatte fast einen Nervenzusammenbruch, als sie noch einmal in Gotthards Zimmer ging. Sie schaute sich die Bilder an, die sie vor einem Jahr mit ihm aufgehängt hatte, und auch die Bücher in seinem Schrank. Aber nur den kleinen alten Wecker brachte sie mit, den Gotthard sich hergerichtet hatte, nachdem er bereits auf dem Schrott gelandet war. Dann standen wir alle unten in den Gärten und schauten dem schrecklichen Schauspiel zu, den ganzen Abend, die ganze Nacht, ich in den alten Pelzmantel gehüllt – so fühlte ich weder Nässe (es fing auf einmal an zu regnen) noch die Nachtkühle. Es gab bei aller Tragik auch manche lächerliche Situ-

ation. So ging z.B. Schwester Maria herum und bot überall ihre Gläser mit herrlichster Marmelade an. Keiner zeigte sich begierig danach! Appetit hatten wir nicht, und mitnehmen ließen sie sich nicht so leicht. Dann hockten wir mal ein Weilchen alle zusammen in der Ecke des Gartens und aßen die Reste vom Geburtstagskuchen, die nicht mit Splittern gespickt waren. Die meiste Zeit aber stand oder saß ich allein an unserer Laube und sah zu, wie sich das Feuer immer weiter fraß. Ein Weilchen hatte ich Hoffnung, daß es im zweiten Stock stehen bliebe, nachts gegen 2 Uhr schien es zu verlöschen. Ich wagte es, einmal aus dem Garten hinterm Haus nach vorn auf den Hohenthalplatz zu gehen – da war alle Hoffnung zunichte: die Flammen schlugen schon aus unseren Fenstern, sie fraßen gerade unser Klavier, die schönen Schränke, so vieles, was uns lieb war. Ich habe in der Erinnerung noch genau dasselbe Gefühl wie damals. Ich wunderte mich schon damals, daß es nicht viel schmerzlicher war. Nein, mich ließ es ziemlich gleichgültig, lastete doch die lange Ungewißheit um Marias und Vatis Schicksal viel schwerer auf mir und die Trauer um die Jungen, und ich wünschte mir weiter nichts als daß ich die Worte aus Schillers »Glocke« noch erleben dürfte: »Einen Blick nach dem Grabe seiner Habe sendet noch der Mensch zurück, greift fröhlich dann zum Wanderstabe. Was Feuers Wut ihm auch geraubt, ein süßer Trost ist ihm geblieben: er zählt die Häupter seiner Lieben, und sieh', ihm fehlt kein teures Haupt.« Es mag lächerlich klingen, daß man in einer solchen Situation an pathetische Dichtung denkt. Aber eine solche Nacht ist lang, viel länger als andere. Das schaurig-schöne Schauspiel jener Nacht ist schwer zu beschreiben: als die Sauerstoffbomben explodierten und wie feurige Drachen durch die Luft jagten, fing auch das Ostra-Gut Feuer. Entsetzlich das Brüllen des Viehs, das zum Teil noch in den Ställen stand. Die Pächter waren geflüchtet, die Schafe nur waren draußen im Ostragehege, wo sie auch sonst immer weideten. Sie hatten großes Glück, daß der Wind nicht gerade auf uns zu stand, sonst hätte uns bei dem Feuersturm auch im Garten noch das Letzte in Flammen aufgehen können. Als gegen 4 Uhr früh das Studierzimmer brannte – ach, war das traurig! Was ist da unserm Vati alles verlorengegangen, auch ein fast druckfertiges Manuskript über ein historisches Thema – und jetzt weiß ich nicht einmal mehr den Titel.

Der Suchdienst des Deutschen Roten Kreuzes 1985
Kindersuchdienst UK – 02112 – weiblich
Familienname: unbekannt
Vorname: unbekannt
angenommenes Geburtsdatum: 1.10.1941
Fundort: am 13./14.2.1945 nach dem Bombenangriff auf den Elbwiesen in Dresden
Bekleidung: Hemdchen aus Trikotresten
Personenbeschreibung: blaue Augen, blondes Haar, schielte auf einem Auge, Hüftgelenkluxation

Eva Schließer **Dresden**
Den Vormittag des 14. Februar haben wir furchtbar geschuftet. Wir hatten die Wohnung annähernd besenrein, ich stand gerade auf der Treppenleiter und hatte nach vieler Mühe das Wohnzimmerfenster mit

Hobel und Schnitzmesser zum Passen gebracht, als man mir von der Straße her andeutete, es wäre wieder Alarm. Ich glaubte nicht recht daran und kam erst spät in den Keller, wo ich viele Flüchtlinge vorfand. Sie waren halbverdurstet und baten mich um Wasser. Also noch einmal nach oben und Wasser geholt. Dann wollte ich gerade ein paar Scheiben Brot aus dem Keller bringen, als mich Mutti entsetzt zu sich rief. Da fielen auch schon wieder Bomben. Dieser 3. Angriff war wohl nicht ganz so schwer wie die ersten beiden, entsetzlich war dabei unser vollgestopfter, finsterer Keller. Wir hockten fast übereinander, die Bomben krachten, Kinder schrien. Unsere kleinen Schlesier riefen »Lieber Gott, hilf!«, und wir Großen hätten am liebsten laut mit eingestimmt. Immerhin blieb auch bei diesem 3. Angriff die allgemeine Haltung diszipliniert. Wenn ich mich recht erinnere, war es bei den ersten beiden Angriffen totenstill in unserem Keller.
Nur beim 2. hörten wir voll Entsetzen, wie unsere Kirchenglocken von allein zu läuten begannen. Unser liebes Kirchlein stand nach dem Mittagsangriff sofort in hellen Flammen. Immer neue Menschenmassen fluteten in unseren Keller, der ganze Hohenthalplatz brannte. Nur unser Pfarrhaus und das Hohenthalhaus blieben vorerst verschont. Jetzt auf einmal eine Stimme: Auch bei uns brennt es auf dem Dachboden. Oehmes waren schon am Werk, als ich hinaufkam. Mit Hilfe der Handspritze gelang es uns, diese erste Stabbrandbombe zu löschen. Ich habe gar kein offenes Feuer zu sehen bekommen. Auch als wir die zweite Brandstelle entdeckten, bemerkten wir zunächst nur Rauchentwicklung. Das war in der Wohnung über

uns. Wahrscheinlich hat die Bombe im Gebälk über der Brandmauer gesteckt, denn das Feuer griff auf beide Häuser über. Ein Mann stieg angeseilt aus der Mansarde aufs Dach und löschte von außen. Da brannte auch schon der Boden. Wir löschten mit vier Spritzen, Wasser hatten wir mehr als ich dachte, aber einmal nahm es eben auch ein Ende. Vor allem gingen unsere Kräfte zur Neige. Jetzt nachträglich denke ich oft, wir hätten das Haus halten können, wenn wir die ganze Löscherei besser organisiert hätten. Aber uns fehlten auch die Menschen zum Bilden einer Eimerkette. Löschsand konnten wir beim Dachbrand überhaupt nicht verwenden, und von außen her wurde das Feuer durch den unvorstellbaren Sturm ungeheuer angefacht. Unvergeßlich wird mir das Bild bleiben, das sich beim Löschen vom Mansardenfenster aus bot. Schemenhafte Gestalten jagten unter einem gelbgrünen Sturm über den Hohenthalplatz hinweg. Das Leid, die vielen grauenhaften Einzelschicksale, sind so schrecklich, daß man sie kaum noch zu fassen vermag. Nachdem wir das Löschen als zwecklos aufgeben mußten, haben wir versucht, das Wichtigste zu retten. Ich erinnere mich noch, wie ich zuerst das Wertvollste aus dem Keller fortschaffte. Hätten wir nur gewußt, daß das Haus so langsam niederbrennt, wir hätten manches mehr retten können. Aber wohin mit den Sachen? Zunächst nahm Pfarrer Flades und Dammes Garten unsere Sachen auf. Ein ganzes Paket Kleider hatte ich auch auf Vatis Grab hinter den Stein geworfen. Als wir die letzten Waschwannen aus dem Keller holten, war es schon dunkel geworden. Durch den wahnsinnigen Qualm brach die Nacht schneller herein. Unsere Kräfte waren am Ende. Unvorstellbar dreckig und erschöpft brachen wir zu Direktor Hartliebs auf. Dort fanden wir zwar das Haus auch stark beschädigt, konnten uns aber wenigstens die Hände waschen und einen Schluck warmen Kaffee trinken. Ach, wie bescheiden war unser Wünschen, wie elementar unsere Bedürfnisse geworden! Kaum war ich mit Mutti wieder im Garten angelangt, als von fern eine Art Sirenenton ertönte. Wir besaßen ja in unserer Gegend keine Sirene mehr. Verängstigt stürzten wir mit etwas Gepäck ins Hohenthalhaus. Unser Haus stand noch in hellen Flammen, als ich um Mitternacht mit Tante Liesel zum Pfarrgarten ging, um von 2–4 Uhr die Wache bei unseren dort lagernden geretteten Sachen zu übernehmen. Mir waren Zeuge, wie gerade unsere und Flades Etage ausbrannte, wie die Decken zusammenstürzten, wie in Onkel Gottfrieds Studierzimmer Hunderte wertvollster Bücher in hellen Flammen aufgingen. Hätte man nicht schreien sollen bei diesem Bild sinnlosester Zerstörung? Machtlos standen wir bei unserer geringen Habe und waren doch noch reicher als Tausende, die nichts mehr als ihr nacktes Leben besaßen. Ich versuchte, die Matratzen und Betten so gut wie es ging vorm Regen zu schützen, der teils rettend vor dem Funkenflug, teils vieles Gerettete noch verderbend, unschlüssig herniederrieselte. Als Unterstand hatte ich mir das Friedhofspförtchen gewählt, wo ich zum ersten Mal bei Vatis Beerdigung mit Mutti und Ursel Schutz vor dem Regen gesucht hatte. Da dachte ich all die Jahre zurück, angefangen von der Wende, die mit Vatis Tod in mein Leben getreten war, über all die Zeit hinweg, die wir in diesem Hause in Kummer und in Sorgen, aber auch in Freuden verbracht hatten. Mir war, als versänke da auch meine Jugendzeit, zumindest ihr erster Teil, in Rauch und Asche. Im Hohenthalhaus lag Mutti mit hohem Fieber auf einer Holzbank. Ursel und ich kamen morgens dorthin zurück und warteten naß und frierend im kalten Keller auf einen Schluck warmen Kaffee. Es war ein recht trostloser Morgen. Gott sei Dank kam Mutti wieder zu Kräften, und so ging es denn, nachdem wir uns im Garten an leicht verdrecktem »Fluchtkuchen« genährt hatten, mit vereinten Kräften ans Werk. Der erste Schritt zurück zur Zivilisation: Wir konnten unsere Sachen bei B.'s im Trocknen unterstellen. Den ganzen Tag über fuhren wir mit dem Handwagen an der noch immer brennenden Kirche vorbei nach der Friedrichstraße 56. Und doch konnten wir's nicht ganz schaffen. Bei B.'s befand sich in der Einfahrt ein großer Sprengtrichter. Dieser sperrte unseren Weg so dumm, daß wir fast alles durchs Büro tragen mußten. Wievielmal zogen wir schwer beladen an Vatis Arbeitsplatz vorbei! Wir hatten am Abend jenes Tages nicht viel weniger hinter uns als ein gelernter Transportarbeiter. Aber wir durften uns waschen! Frau v. Bergander sorgte rührend für uns. Und dann schliefen wir, wenn auch wieder auf Holzbänken, so doch warm im sicheren Keller.

Christian Just *1929 **Dresden**

Den ganzen Weg: Johann-Georgen-Allee, Albrechstraße, Bürgerwiese (die Straße an den Tennisplätzen entlang) lagen überall Tote, Tote, Tote; auch um die Steinreihen herum, wo wir während des 2. Angriffes gelegen hatten. Viele Tote waren durch explodierende Bomben scheußlich zugerichtet, manchen nur die Kleider vom Leib gerissen, mitunter die nackten Körperteile dunkel gerötet. Mitten auf dem Weg lag ein dunkler, formloser Haufen, obenauf etwas mit langen Haaren; daran allein war zu erkennen, daß dies eine tote Frau war. Mehr kann ich nicht beschreiben. Ich habe zwar hingesehen, mir aber die Bilder nicht eingeprägt. Mein Vater war jedenfalls nicht darunter.

Auf der Bürgerwiese stand eine lange Reihe von Luftschutzfahrzeugen des SHD (Sicherheits- und Hilfdienst). Ich glaube, sie waren nach dem 1. Angriff von auswärts gekommen. Die Mannschaften – wenigstens ein großer Teil – lagen tot um die Fahrzeuge herum.

Gleich uns war eine lange Prozession von Menschen unterwegs, die mit mehr oder weniger Gepäck die zerstörte Stadt verließen. Als wir in Strehlen zu unseren Bekannten kamen, erkannten sie uns zunächst nicht: »Wer sind Sie denn?« Wir sagten unseren Namen, und die Menschen erschraken. Wir mußten furchtbar ausgesehen haben. Die Leute machten warmes Wasser, damit wir uns waschen konnten, und gaben uns auch etwas zu essen. Mein Vater aber war nicht dort.

So machten wir uns auf den Rückweg, auf den gleichen Straßen, die wir gekommen waren. Wir schauten wieder nach den Toten, aber meinen Vater sahen wir nicht... Dann beschlossen wir, uns auf den Weg nach der Heimat meiner Mutter zu machen, nach Schirgiswalde, einem kleinen Städtchen südlich Bautzen.

Wir suchten einen Weg, der uns möglichst nur über breite Straßen führte: Johann-Georgen-Allee, Lenné-

straße, Stübelplatz, Güntzstraße, Sachsenplatz (hier lagen auf der Straße ebenfalls Tote; Tote sah ich auch in einem zerstörten Straßenbahnwagen), Albertbrücke, von da auf der Neustädter Seite hinab zu den Elbwiesen. Etwa 250 m nach der Brücke, elbaufwärts, war eine Abteilung Soldaten mit Grabwerkzeugen angetreten. Plötzlich spritzten diese auseinander und warfen sich auf den Boden. Einer begann sogar, ein Schützenloch auszuheben. Da warfen auch wir uns nieder.
Und schon begann es von neuem: Motorengedröhn, Fauchen stürzender Bomben, Explosionen. Die Einschläge schienen mir aber weiter weg zu sein... Irgendwann war auch das vorbei. Die Soldaten standen auf und wir gingen weiter. Die Elbwiesen entlang bis zum Waldschlößchen, dann den Schienen der Linie 11 folgend bis nach Bühlau... und dann nach Weißig. Dort warteten wir an einer Sperre der Feldgendarmerie, die alle Fahrzeuge anhielt, auf eine Fahrgelegenheit nach Bautzen. Endlich kam ein LKW mit einem Geschütz auf der Ladefläche und eines angehängt, der an die Front nach Lauban wollte und auf dem noch Platz für uns war. So verließen wir das zerstörte Dresden.

Der Jurist Ottmann *1890 **Dresden**

1 ½ Uhr, zweiter Vollalarm und neuer Angriff bis nach 2 Uhr; Haus in Brand; eilige Flucht aus dem Flammenmeer; Fußmarsch; NSV-Wohlfahrtsstelle – Hindenburgstraße 84, Koffer von Dettmanns (= Mami hatte ihn versehentlich im Dunkeln aus dem Keller mitgenommen) abgestellt bei Köster, Dresden-Loschwitz, Schevenstraße 1 Koffer abgestellt; 5 Uhr

kurze Rast, Fußmarsch bis Heidemühle, weiter nach Radeberg, weiter nach Ohorn.

Giesela Neuhaus *1924 **Dresden**

Es war gegen Mittag des 14. Februar. Unheilverkündendes Dröhnen und Brausen in der Luft. Es kam näher und näher. Keine Sirene warnte. Es gab keine mehr. In rasendem Flug näherten sich die Bomber. Angstschreiend, übereinander stürzend, kriechend und sich gegenseitig tretend versuchten die zu Tode erschreckten Menschen, in unserem Haus den Keller zu erreichen. Panik war ausgebrochen. Der Keller war zu klein, viel zu klein für alle Menschen.
In Windeseile hatte mein Vater seine Pistole geholt, eine Mauser. Damit schoß er mehrere Male in die Luft. Er verschaffte sich Gehör. Im Souterrain hatten wir die Küche, Speisekammer und ein Mädchenzimmer. »In die Räume verteilen, auf den Boden legen«, brüllte Vater. Sie gehorchten. In die tiefe Stille hinein hörte man eine Männerstimme: »Jetzt sind wir dran.« »Ruhe«, schrie mein Vater. Sicher hat der Mann Recht, dachte ich. Erst war der Stadtkern dran, jetzt wir, der Außenbezirk.
Unaufhörlich erzitterte unser Haus von den schweren Bombeneinschlägen. Wir konnten die Flugzeuge wie Schatten über das Haus fliegen sehen. Nicht hinsehen. Vater, Mutter, Jürgen und ich hielten uns umklammert. Wir zitterten. Jemand fing zu beten an. Wir alle sprachen das »Vaterunser«, es wurde vom Bombenhagel übertönt. Ein Brüllen und Tosen erfüllte die Luft. Nahm das denn gar kein Ende? Jetzt eine furchtbare Detonation. Kalk rieselte an den Wänden herunter.

Das Haus hielt. Die Flugzeuge flogen ab. Wir waren verschont geblieben.
Wir hatten nur einen Gedanken: Fort aus Dresden, fort aus der brennenden Hölle. Fast alle Menschen aus unserem Haus hatten sich schon wieder dem endlosen Strom der Flüchtenden angeschlossen. Nur fort, fort, lieber auf der kalten Landstraße die Nacht verbringen. Zwei Rauchvergiftete blieben in unserem Haus, zwei Soldaten. Sie wollten nicht weiter. Wie wir später hörten, wurden sie gerettet.
Das Auto hatten wir schon am Nachmittag des 13. Februar bepackt. Wir brauchten nur noch einzusteigen und zu hoffen, daß der Motor nach so langer Zeit des Stillstandes anspringen würde. Wir mußten die Dunkelheit abwarten. Am Tag wäre eine Abfahrt unmöglich gewesen. Die armen Menschen hätten sich auf Kühler und Dach gesetzt und auf die Trittbretter gestellt, nur um so schnell wie möglich weiterzukommen. Und das hätte unser Wagen nicht geschafft.
Die Dunkelheit kam, leise schlichen wir zur Garage, vorsichtig öffneten wir das Tor. Mutter saß am Steuer, beim vierten Mal sprang der Wagen an. Sehr langsam fuhren wir auf die Straße. Der Strom der Flüchtenden hatte jetzt etwas nachgelassen. Wir hatten nur zwei »Trittbrettfahrer«.
Ganz langsam und vorsichtig fuhr meine Mutter. Die tiefen Krater in der Straße konnten wir umgehen. Jetzt kamen wir auf die Südhöhe. Hinter uns lag das brennende und qualmende Dresden. Wir wollten nach Possendorf, wo ein Patient von Vater wohnte. Dort hofften wir unterzukommen.
Wir kamen zu spät, das Haus war bis unter das Dach

voll mit Flüchtlingen aus Dresden. Im Schulgebäude fanden wir dann Unterkunft. Der hilfsbereite Lehrer hatte uns einen Raum zur Verfügung gestellt. Die Klassenzimmer waren alle schon überfüllt. Außerdem befand sich eine militärische Funkstelle in der Schule.

Victor Klemperer 1881–1960 **(Dresden)**
Es war kaum später als sechzehn Uhr, da schien es mir schon, als steckten wir tief in der zweiten Nacht. Die Abspannung wurde durch Hunger verstärkt. Seit der Kaffeemahlzeit am Dienstag abend hatten wir keinen Bissen erhalten. Es hieß immer, die NSV werde Verpflegung heranschaffen. Aber nichts kam. Die Sanitätssoldaten hatten Brot und Wurst zu ihrer eigenen Verpflegung. Davon verschenkten sie einiges. Ich bettelte einen an und brachte Eva ein Brot. Später kam eine Frau, brach mit ihrer fraglos schmutzigen Hand einen Brocken von ihrer Schnitte ab und reichte sie mir. Das Stückchen aß ich. Viel später, bestimmt schon am vorgeschrittenen Abend, kam ein höherer Sanitäter, traf irgendwelche Anordnungen und rief, jeder werde gleich etwas zu essen bekommen. Dann tauchte eine Schüssel mit weißen Brotpaketen auf, in jedem Paket zwei Doppelschnitten. Aber nach den ersten Minuten hieß es: Jedes Paket müsse für zwei Personen reichen. Ich teilte mit Eva. Was aber den meisten – uns merkwürdigerweise nicht – mehr fehlte als das Essen, war Getränk. Anfangs hatte man irgendwo ein wenig Tee aufgetrieben und einzelne Schlücke verteilt. Bald gab es gar nichts, keinen Tropfen Wasser, auch nichts für die Verwundeten und Sterbenden. Die Sanitäter

klagten, sie könnten niemandem helfen. Der kräftige Waldmann fühlte sich derart durstgequält, daß er buchstäblich verfiel. Er schlief ein, fuhr elend auf, er habe von Trinken geträumt. Neue Sanitäter kamen. Einer setzte Waldmann die Flasche an den Mund. Ein andrer, offenbar schon Arzt, stand ein Weilchen vor dem Röchelnden. »Die Lunge?« fragte ich. – Gleichgültige Antwort: Ödem. Eine Weile später hörte das Röcheln auf, ein bißchen Schaum trat vor den Mund. Aber der Mann bewegte das Gesicht noch lange, ehe er still lag. Später schaffte man den Leichnam hinaus. Auf dem Hof sollten viele Tote liegen. Ich habe sie nicht gesehen, ich habe dort oben nur (wie x andere auch) mein Geschäft verrichtet. Irgendwann gingen die Lampen aus, man saß im Dunkeln, sogleich wurde gejammert: Sie sind wieder da. Und tatsächlich hörte man das Summen in der Luft, und tatsächlich waren die Flieger auch wieder da. Kerzen wurden angezündet, und jemand rief, es seien gar keine Flieger da, man müßte nur mit der Handmaschine neuen Strom für die Beleuchtung und den Ventilator schaffen. Das große Rad wurde gedreht, und es sah phantastisch aus, wie die übergroßen Schatten der Arbeitenden an der Wand auf- und niederfuhren. Nach ein paar Minuten gingen die Lampen allmählich wieder an, und die Entlüftungsmaschine begann zu singen. Ein paar Stunden später wiederholte sich die Szene...
Eva schlief fest, ich ging herum, schlief wieder, wanderte wieder, war ohne Gedanken und ohne Zeitgefühl, aber doch etwas entlasteter als die Nacht zuvor. Immer wieder wurden Verletzte hereingetragen oder von einem Raum in den andern verlegt, immer wieder

kamen neue Sanitäter, auch neue Zivilisten. Ein Mädchen erzählte mir, sie habe im Trompeterschlößchen Dienst getan, das einen besonders guten Keller hatte. Beim ersten Angriff sei das Zentraltheater und ein nahes Hotel getroffen worden, die dort befindlichen Leute hätten den Trompeterkeller aufgesucht, sie hätten sich dort unten Wein geben lassen. Dann habe auch das Schlößchen gebrannt, es sei im Keller furchtbar heiß geworden. Sie, die Kellnerin, ein Koch und noch zwei Angestellte hätten die Ventilatormaschine mit der Hand bedient, hätten feuchte Tücher vorm Mund getragen und wären noch ins Freie gekommen; alle andern aber seien zusammengebrochen, die Geretteten seien über ganze Leichenhaufen geklettert. Sehr spät in der Nacht oder schon gegen Morgen kam Witkowsky aufgeregt zu mir: »Wir werden alle herausgeschafft, nach Meißen, nach Klotzsche.« Ich weckte Eva, sie war einverstanden, es dauerte aber eine Weile, ehe sie fertig war. Da hieß es, der Wagen sei voll, es würden aber in kurzen Abständen weitere folgen. Wir blieben draußen auf der Bank vor dem Keller – drin war heiße dicke Luft. Wir hörten die Geschichte eines jungen Menschen, der mit seinem Amt von Czenstochau hierhin geschafft worden war, und nun war hier seine Amtsstelle mit dem Rest seiner Habe untergegangen. Wir saßen lange, es dämmerte. Dann stand wieder ein Wagen bereit, man schaffte mehrere Kranke auf Bahren hinein, preßte dann uns Gesunde dazwischen und in den Hintergrund. Eine holprige Fahrt an Ruinen und Bränden vorüber. Genaues konnte ich von meinem Sitz aus nicht sehen, aber jenseits des Albertplatzes hörte die restlose Zerstörung auf. Ziemlich früh am Morgen des Donnerstag waren wir dann im Fliegerhorst.

Adolf Hitler 1889–1945 **Berlin**

Politisches Testament

Ihr steiler Aufstieg im Laufe des XIX. Jahrhunderts hat den Juden das Gefühl eigener Macht verliehen und sie verführt, die Maske zu lüften. Zu unserem Glück; denn jetzt, wo sie sich in herausforderndem Stolz als Juden zu erkennen gaben, konnten wir sie bekämpfen. Bei der Leichtgläubigkeit des deutschen Volkes können wir uns zu diesem Anfall von »Ehrlichkeit« unserer schlimmsten Todfeinde nur beglückwünschen.

Ich habe gegen die Juden mit offenem Visier gekämpft. Ich habe ihnen bei Kriegsausbruch eine letzte Warnung zukommen lassen. Ich habe sie nicht im ungewissen darüber gelassen, daß sie, sollten sie die Welt von neuem in den Krieg stürzen, diesmal nicht verschont würden – daß das Ungeziefer in Europa endgültig ausgerottet wird. Sie haben auf diese Warnung mit einer neuen Herausforderung geantwortet und erklärt, wo immer ein Jude auch ist, gibt es gleichzeitig auch einen unversöhnlichen Feind des Nationalsozialismus und damit des Reiches.

Die jüdische Eiterbeule habe ich aufgestochen, wie die anderen. Die Zukunft wird uns ewigen Dank dafür wissen.

Martin Bormann 1900–1945 **Berlin**
Rücksprache mit Lammers
mittags M. B. wie üblich z.[um] V.[ortrag] beim Führer.
mittags dritter Großangriff Dresden

Der Suchdienst des Deutschen Roten Kreuzes 1985
Kindersuchdienst UK – 03934 – weiblich
Familienname: unbekannt
Vorname: unbekannt
angenommenes Geburtsdatum: 20.9.1944
Fundort: Beim oder nach dem Bombenangriff auf Dresden am 12./13./14. Februar 1945
Bekleidung: Sie war in eine Decke gewickelt
Personenbeschreibung: Blaugraue Augen, mittelblondes Haar, kleine Narbe unbekannter Herkunft, 7 cm über dem linken Auge

Helmut Krause *1929 **Meißen – Dresden**
Nach Mitternacht erfolgte ein zweiter Angriff auf die brennende Stadt. Als ich am nächsten Morgen mit meiner Schultasche zur gewohnten Zeit zum Bahnhof ging, fing mich ein HJ-Melder vor der Johannesschule ab. »Um Sieben auf dem Bahnhof zum Einsatz in Dresden!« rief er mir zu. Ich machte kehrt, zog mich um und sagte Mutti Bescheid.
Nach und nach fanden sich etwa 40 Jungen, darunter auch Christian, am Bahnhof ein. »Die ganze Innenstadt brennt!« erfuhren wir. Gegen 9 Uhr setzte sich endlich ein Zug in Richtung Dresden in Bewegung. Am Abzweig Sörnewitz, wo er auf die Riesaer Strecke

traf, hielt er lange an. In Coswig mußten wir ebenfalls warten. So ging es in Etappen weiter bis nach Radebeul West, wo wir gegen 11 Uhr ankamen und aussteigen mußten, weil die Strecke blockiert war. Wir marschierten auf der Dresdner Straße durch Radebeul. Vor uns stand eine riesige Rauchwolke, die den Himmel über Dresden verhüllte. Auch hier stockte der Verkehr. Wir kamen an leeren Straßenbahnen vorbei, die dort schon längere Zeit hielten. Als wir Radebeul-Ost erreichten, heulten erneut die Sirenen. Kaum waren sie verstummt, hörten wir über uns das gleichmäßige metallische Dröhnen eines Bomberverbandes, das ich von Surendorf her kannte. Unser Führer konnte uns gerade noch das oft geübte »Fliegerdeckung!« zurufen, da klatschten schon die ersten Stabbrandbomben vor uns auf das Pflaster. Wir stoben in die Häuser einer Straße auseinander, die in schrägem Winkel auf den Radebeuler Bahnhof zuführte. Christian und ich blieben zusammen. Weil wir im Keller nur alte Leute und Frauen mit Kindern antrafen, wagten wir uns auf den Boden. Zwei Brandbomben hatten das Dach durchschlagen, von denen eine gezündet, aber noch keinen Brand entfacht hatte. Wir schaufelten sie in einen Eimer und warfen sie aus dem Treppenhausfenster, die andere hinterher. Durch Kontrollgänge überzeugten wir uns davon, daß keine weiteren Bomben das Haus getroffen hatten. Nach der Entwarnung sammelten wir uns auf der Straße, deren getroffene Häuser wir vor dem Abbrennen bewahrt hatten. Daß dies neben der glücklichen Heimkehr der einzige Erfolg unseres Einsatzes bleiben sollte, ahnten wir nicht, als wir weiter in Richtung Dresden losmarschierten.

An der Leipziger Straße in Dresden-Neustadt stießen wir auf ein Fabrikgebäude, in dem das Feuer wütete und zu den Fenstern herauslohte. Der Rauch verdunkelte den Himmel und biß uns in die Augen. Am Japanischen Palais, in dem die Staatsbibliothek untergebracht war, bemühte sich die Meißner Feuerwehr, den Brand mit Elbwasser zu löschen. In die Augustusbrücke hatten Sprengbomben große Löcher gerissen, durch die wir auf die Elbe blickten und die wir umgehen mußten. Von der Altstadt war vor Rauch nichts zu sehen. Vor der Brühlschen Terrasse lagen verbrannte Menschen, die auf Kindergröße zusammengeschrumpft waren. An der zum Terrassenufer hinabführenden Rampe lehnte ein ausgebrannter dreirädriger Lieferwagen, beladen mit den Mumien von Menschen, die dem Feuer hatten entfliehen wollen. Am Terrassenufer ragten die Gerippe ausgebrannter Dampfer aus der Elbe. Wir stiegen die Terrassenstufen hinauf in der Hoffnung, von oben einen Überblick gewinnen zu können. Doch der Rauch versperrte jede Sicht. Nur einmal lichtete er sich für einen Moment und gab einen Blick auf die schemenhaft aus dem Dunst auftauchende Kuppel der Frauenkirche frei, der die Laterne fehlte. Wenigstens sie steht noch, dachte ich. Am nächsten Morgen stürzte sie zusammen, weil die vom Brand geschwächten Pfeiler ihre Last nicht mehr tragen konnten. Angesichts der noch immer brennenden und vom Rauch verdunkelten Stadt sahen wir ein, daß wir hier nur noch uns selbst retten konnten. Gegen 16.00 Uhr traten wir den Heimweg an, um noch vor Einbruch der Dunkelheit aus der Stadt zu sein, wenn ein erneuter Angriff drohte. Wir wählten hierzu den Weg über die unzerstörte Marienbrücke, den uns ein Mann am Theaterplatz gewiesen hatte. An einer Unterführung der benachbarten Eisenbahnbrücke war ein Trupp Soldaten von dem Mittagsangriff überrascht worden. Sie waren von einer in ihrer Nähe detonierenden Bombe erfaßt und zerfetzt worden. Körperteile lagen verstreut am Boden oder klebten blutig an der Brückenmauer. Noch später als Student mied ich diese Stelle, die durch die Einschläge der Bombensplitter in der Mauer markiert war. Als wir an der Brandstelle in der Leipziger Straße vorüberkamen, flackerte das Feuer noch immer um schwarzverkohlte Balken. Vereinzelt trafen wir auf Menschen, die mit vollbeladenen Handwagen aus der Stadt strebten. In Radebeul-West fanden wir einen Zug, mit dem wir gegen 21.30 Uhr in Meißen eintrafen. Auf dem Heimweg heulten schon wieder die Sirenen. Zu Hause saßen alle im Luftschutzkeller, und meine Mutter schloß mich weinend in die Arme.

Ursula Flade *1921 **Dessau – Dresden**

Es war der 14. Februar 1945, als eine Telefonistin des [Junkers-Motoren-]Werkes mich in meinem Büro anrief und sagte: »Hier ist gerade eine Meldung durchgekommen, daß Dresden bei schweren Luftangriffen in Schutt und Asche gelegt worden ist.«
Ich nehme sofort Urlaub, fahre los, auf dem Leipziger Hauptbahnhof Fliegeralarm, der Zug fährt in Hast aus dem Bahnhof (Bahnhöfe sind bevorzugte Ziele der Bomber). Ein Bomberpulk donnert über uns hinweg, aber der Bahnhof bleibt verschont. Es kommt Entwarnung, der Zug fährt los Richtung Dresden.

Unterwegs greifen feindliche Tiefflieger den Zug an, sie schießen auf die überfüllten Waggons. Es gibt Verletzte, aber keine Toten. Die Fahrt scheint ewig zu dauern, bis der Zug endlich spätnachmittags in Coswig stehenbleibt und nicht weiterfährt. Alles aussteigen. »Wir wollen doch nach Dresden!« – »Dresden?« fragt ein Eisenbahner. »Da müssen Sie zu Fuß gehen. Alle Schienen sind zerstört.« Aus Richtung Dresden steigen dicke schwarze Rauchwolken auf, am Horizont glüht der Himmel rot. Bis hier heraus nach Coswig wirbeln verbrannte Papierfetzen, schwarze Rußklumpen, Asche durch die von Brandgeruch erfüllte Luft.
Ich mache mich zu Fuß auf den Weg. Nach einigen Stunden erreiche ich Dresden Neustadt, wo Oma Flade in der Marsdorfer Straße am Wilden Mann wohnt. Hier ist nicht allzu viel zerstört. Doch die Luft ist zum Ersticken. Gelbbraune stinkende Rauchschwaden hängen in den Straßen, die Wolken aus Resten verkohlter Kleidung, Papier und Asche werden dichter. Oma empfängt mich völlig verstört, sie ist überzeugt, daß niemand in der Friedrichstadt mit dem Leben davongekommen sein könnte. Sie will nicht, daß ich dorthin durchzukommen versuche, sie glaubt auch nicht, daß irgendeine Elbbrücke noch passierbar ist. Ich will es trotzdem versuchen, nur erst mal ein paar Stunden ausruhen. Es ist schon später Abend. Ich höre auf der Straße lautes Rufen »Alarm, Alarm«. Sirenen sind längst zerstört. Ob wirklich schon wieder Luftalarm ist? Niemand weiß es, aber alle rennen in Panik in den Keller. Nach einiger Zeit kommt ein Mann und sagt, es sei falscher Alarm gewesen. Ich lege mich aufs Sofa und schlafe sofort ein.

Es ist noch dunkel, als ich gegen 4 Uhr wach werde und mich sofort anziehe und auf den Weg mache. Ich muß durch eine Überführung der Bahngleise am Neustädter Bahnhof. Nur eine schmale Gasse führt noch hindurch: links und rechts hochaufgeschichtet Leichenberge. Die Köpfe zeigen nach einer Richtung, die Füße nach der anderen. Als ich durch bin, stehe ich vor einem riesigen Berg von Leichen: verbrannte, verkohlte, zerstückelte Leichen. Bekleidete und nackte Leichen. Verkohlte abgerissene Beine und Arme. Und überall der ekelerregende süßliche Gestank von Verwesung. Mir wird schwarz vor den Augen. Ich renne, renne, bleibe stehen, muß mich übergeben. Ich bin ganz allein, weit und breit keine Menschenseele, das alles ist nicht wahr, denke ich. Aber es ist wahr. Und ich muß weiter. Ich klettere über Steinbrocken und Schutt, über noch qualmende Balken, komme an einer Ruine vorbei, an deren verkohltem Haustürrahmen ein Zettel hängt: »Lisa, wir leben. Sind in Radebeul. Vater.« Also gibt es Menschen, die das Inferno überlebt haben. Ich schöpfe Hoffnung und suche den Weg zur Marienbrücke. Zwei Soldaten halten dort Wache. Sie wollen mich nicht hinüberlassen. »Die Altstadt ist eine Trümmerwüste. Niemand darf hinüber. Einsturzgefahr«, sagen sie. Mein Betteln macht sie nachgiebig. Ich darf passieren.

Es ist schwer, sich zu orientieren in dieser Trümmerlandschaft. Die Straßen sind als solche nicht mehr zu erkennen, die Häuserblocks gibt es nicht mehr. Ich irre durch diese Steinwüste, umgehe aufgerissene Straßenbahnschienen, die verbogen in die Höhe ragen. Ich sehe Menschen, die wie ich auf der Suche nach

Angehörigen sind, einen alten Mann, der verzweifelt mit bloßen Händen in den Trümmern eines Hauses scharrt, und einen kleinen Jungen neben ihm, der ständig ruft »Mama, Mama!« Ich denke an meine kleine Schwester Maria, und das Herz krampft sich mir zusammen. Ob sie lebt? Ich kann es mir nicht vorstellen in dieser grauenvollen Umgebung. Wieso lebe ich eigentlich noch, denke ich. Die Brüder sind tot, Maria, Vati und Mutti sicherlich auch. Ich lehne mich gegen eine rußgeschwärzte Mauer und kann nicht mehr zu weinen aufhören. Schließlich raffe ich mich auf, stolpere weiter und sehe mich nach vielen Umwegen vor dem Friedrichstädter Krankenhaus, halte Ausschau nach jemand, den ich fragen kann, ob das Hohenthalhaus noch steht. Ich bin ganz nahe dran und möchte doch lieber vorher wissen, was mich erwartet. Aber niemand ist in der Nähe.
Ein paar Minuten später stehe ich vor dem ausgebrannten Pfarrhaus. Ruinen ringsherum um den ganzen Hohenthalplatz. Ich rufe »Hallo! Hallo!« in der Hoffnung, daß jemand mich hört – aber weit und breit ist keine Menschenseele, Totenstille über der apokalyptischen Szenerie. Hier und dort züngeln kleine Flammen aus dem Hausgerippe hoch. Ich gehe in unseren Garten und finde in der Laube allerhand Haushaltgerät aufgestapelt. Aber wo sind die Hausbewohner? Verstört, ratlos gehe ich suchend hin und her, über den Platz, in die Schäferstraße, wieder zurück – überall nichts als geschwärzte Ruinen, glimmende Trümmer, aufsteigende Rauchwölkchen. Ich weiß nicht, wie lange ich so umherwandere ohne zu wissen, was ich tun soll.

Der Friedhof liegt still hinter dem Haus. Ein paar Bombentrichter, ein paar aufgewühlte Grabstellen, aber der Weg vom Pfarrhaus zur Seitentür der Kirche, die in die Sakristei führt, ist unbeschädigt. Und während ich mich auf diesem Weg Richtung Kirche bewege, tut sich die Tür der Kirche auf und heraus kommt schleppenden Schrittes – Mutti. Das Haar hängt ihr wirr ums Gesicht, das Gesicht ist kalkweiß mit einem Stich ins Gelbgrünliche. Die Augenlider decken rotverschwollen die jetzt glanzlosen, früher funkelnden braunen Augen. Ich eile auf sie zu und kann sie gerade noch auffangen. Schlaff und zu Tode erschöpft liegt sie in meinen Armen und stammelt: »Ulla – Ulla, daß du da bist! Maria ist in Cossebaude, sie ist während des Feuersturms, als ich zu löschen versuchte, weggelaufen mit Nachbarn. Und auch Vati ist wohlauf.«

Herta Klöntsch *1915 — Berlin

Dann war der große Angriff auf Dresden. Mein Goldfasan teilte mir erschüttert mit, daß Frau und Sohn in Ordnung seien, seiner Tochter jedoch sei ein brennender Balken auf das Gesicht gefallen, was sie vollkommen entstellte. Und nun geschah etwas ganz Unfaßbares. Dieser Mann, Herbert Rost hieß er, macht mir doch tatsächlich im selben Atemzug einen Heiratsantrag. Empört ließ ich ihn stehen und habe ihn auch bis Kriegsende nicht wiedergesehen. Ich brauchte lange, um darüber hinwegzukommen.

Alisah Shek *1927 — KZ Theresienstadt

An den Baracken wird Tag und Nacht gearbeitet. Sie stehen dunkel gestrichen, einsam und unheimlich in einem Meer von Kot ohne Boden. Die Stimmung eines Gefangenenlagers. Das Ghetto ist verändert von dem Geiste der Außenseiter, den diese »Goim« mitbringen. Sie fragen erzürnt bei dreckiger Arbeit: Bin ich denn ein Sklave? und fassen es als persönliche Herausforderung und Beleidigung auf, wenn wir ihnen mit einem »ja« antworten. Wüßten sie, wie blutig und welchem Erleben dieses »ja« abgerungen ist... So sind sie Narren. Sie tun mir leid, wenn ihnen das geringste geschieht, ihre geistige Widerstandskraft ist immer nur gering – vielleicht gar keine.

Der Pater Johann Maria Lenz (KZ Dachau)

Es war mittags um ein Uhr, als wir die Todeszone betraten. Auf der Blockstraße von 21 lagen etwa 20 bis 30 nackte Leichen: die Todesernte seit 24 Stunden. Es sollte unser tägliches Schauspiel werden. Daneben mit schleichendem Schritt die lebenden Leichen, die sich aus dem Block gewagt. Sie schauen hier die furchtbare Wirklichkeit. Sie sehen das traurige Ende, das ihrer noch harrte.

Ein schöner Vorfrühlingstag ist heute. – Der Stube 2 werde ich zugeteilt. Dort schwingt Gevatter Tod seinen grausigen Herrscherstab. Viele Kameraden scheinen noch gesund zu sein, keiner jedoch weiß, ob nicht das tödliche Typhusgift bereits in seinen Adern rollt. Eine drückende Stimmung, trotz der lachenden Sonne. Andere wiederum sitzen oder liegen teilnahmslos und abgestumpft in ihren Betthöhlen.

Langsam wandere ich durch alle vier Stuben der Todesbaracke. Sie alle wollte ich kennenlernen, die hier bewußt oder unbewußt ihr Ende erwarteten. Für sie alle wollte ich Priester sein. Tieferschüttert und von all den Eindrücken erschöpft, legte ich mich abends ins harte Bett. Es tat wohl wie weicher Flaum, wie Schwarzbrot in der Hungersnot des Lagers. Gewaltsam schloß ich die Augen. Was ich heute gesehen, war zu grauenvoll gewesen. Auch jetzt wollen sie nicht weichen, die entsetzlichen Bilder und Stimmen des Todes. Die eigentliche Todeshöhle war der Nachtraum von Stube vier. Schon vermochte man zu ahnen, was hier alles zu erleben war. Die kommenden vierzehn Tage haben mich dann auch um zehn Jahre älter gemacht. Nur vierzehn Tage! Es waren die schwersten und größten Tage meines armen Lebens. Bald werden sie enden – weil die Knochenhände des Würgers Tod auch nach mir greifen. Wird es ihm gelingen?

Nico Rost **KZ Dachau**

Pater R. brachte mir heute die Bücherliste: Lebensbeschreibungen einiger Heiliger der katholischen Kirche. Ich habe mir fest vorgenommen, alle diese Bücher später zu lesen – alles, was ich auf diesem Gebiete entdecken werde und was Niveau hat. Man wird ja auch nicht so mir nichts, dir nichts heiliggesprochen (kürzlich las ich einiges über das Verfahren, das der offiziellen Heiligsprechung vorangeht und das manchmal Jahrhunderte dauert). Darum kann man auch annehmen, daß ein Heiliger zumeist jemand von mehr als durchschnittlichem Format war, oft wohl sogar ein Heros des Geistes.
Das Studium eines solchen Lebens kann nur Gewinn bringen, auch ohne daß ich deswegen katholisch zu sein brauche!

Warum weiß ich zum Beispiel so wenig über das Leben des Augustinus, wohl aber eine Menge Einzelheiten aus dem der Jeanne van Schaffelaar?
Nichts vom heiligen Canisius, wohl aber etwas von Elsje van Houweningen, der Dienstmagd Hugo Grotius'?
Abends
Heute abend viel an Brauwer denken müssen, der ja mit seinen Büchern über Johannes vom Kreuz (1543–91) und Theresia von Jesu (1515–82) zuerst mein Interesse für Heiligenbiographien geweckt hat. Auch dafür bin ich ihm dankbar.

Maxime Cottet **KZ Buchenwald**
(Das Folgende dieses Tagebuchs ist nach meiner Rückkehr aus dem Gedächtnis rekonstruiert, übernommen aus meinem Notizbuch.)
Ich bin in die Krankenstube eingeliefert worden, denn meine Wunde am Fuß ruft einen Abszeß unter dem Nagel des großen Zehs hervor: Ohne Rücksicht entfernt man den Nagel mit einer Zange. Aber wir sind die »Härte« gewohnt. Auf dem Revier bekommen wir die halbe Ration. Die Doktoren (deportiert wie wir) besuchen uns alle zwei Tage. Ich finde viele Kameraden wieder: Edgar, Vladimir und Douvres sind schwach, aber auch optimistisch. Léon Michel ist gesundheitlich nicht auf der Höhe, angegriffen von der Ruhr, die ihn buchstäblich belehrt, wohl deshalb, weil er viel schwarzen Tabak kaute und immer »Roll« genannt wurde. Jean Bertrand ist von einem Ödem aufgedunsen und ißt nicht mehr. Jeantet glaubt sich schwindsüchtig (viele sind es, sogar noch mehr), ob-

wohl er ein normales Aussehen hat; es ist sein Bewußtsein, daß er krank ist. Albert Bourgeois ebenfalls, aber er hat Ödeme, und sein Gesicht ist aufgedunsen. Wir reden miteinander vom Land, machen Zukunftspläne und reden über Gott und die Welt. Jeden Augenblick verderben die Jungs es: sie sterben ohne jeden Laut, sogar ohne genug Kraft, zu leiden. Ich komme nach Ende einer Woche heraus, schwächer und blasser als ich hereinkam. Ich verliere dort einen Teil meiner Ausdauer und meiner psychologischen Stabilität. Man öffnet mir wieder zwei Furunkel am Hals (mit dem Rasiermesser).

Odd Nansen **KZ Sachsenhausen**

Im Laufe der vorletzten vierundzwanzig Stunden sind im Lager verstorben:
150 Mann auf dem Revier,
46 auf dem Block,
14 Juden aus Liberose und
1542 auf Transporten.
Das ist die Ernte von vierundzwanzig Stunden. Gestern wurden einhundertzehn Mann aus der Tuberkulose-Abteilung ausgesucht und »um die Ecke« geführt, das heißt, zum Krematorium. Das Aussuchen geschieht auf folgende Weise: Die Häftlinge werden aufgerufen und »zum Transport« aufgestellt. (Als wenn die meisten nicht wüßten, wohin es ginge!) Man läßt sie sogar Decken und Schüsseln mitnehmen und was sie sonst an Kleinigkeiten besitzen. Sie werden gut angezogen. Die SS hilft ihnen sogar, die Jacken am Hals zuzuknöpfen, damit sie nicht frieren sollen! Sie nimmt sich ihrer an und ist geradezu nett zu ihnen,

damit sie keinen Verdacht schöpfen sollen. Trotz der Wolldecken, der Schüsseln und der Kleinigkeiten sind die Kleider ohne ihre Besitzer vom letzten »Transport« auf die Blocks zurückgebracht worden. Und doch gibt es viele, die sich betrügen lasen und glauben, es ginge wirklich auf einen anständigen Transport. Man könnte vielleicht glauben, daß diese Fälschung, diese Todeskomödie aus Nächstenliebe in Szene gesetzt wird, damit die armen Menschen jedenfalls nicht wissen, daß sie getötet werden sollen. Ach nein, auch Edelmut kennt Grenzen! Es geschieht aus rein praktischen Gründen – es ist das Ergebnis einer jahrelangen Erfahrung. Es hat sich nämlich gezeigt, daß die Menschen, selbst die Kranken, sich nicht ganz freiwillig zur Schlachtbank führen lassen, gerade wie die Tiere auch. Es kommt vor, daß sie ihre letzten Kräfte zusammenraffen, um sich loszureißen und wegzulaufen, Widerstand zu leisten, zu schlagen, zu schreien. Dann müssen sie auf sie schießen, sie wieder einfangen, und allerlei Unannehmlichkeiten können entstehen. Es könnte vielleicht sein, daß unerwünschte Leute auf diese Tätigkeit aufmerksam werden. Nicht von jedem wird sie ja als die hygienische Aktion, als die sie gemeint ist, verstanden und gewertet. Denn Tb ist ja ansteckend, ist einer der schlimmsten und tödlichsten Feinde der Menschheit! Sie muß ausgerottet werden. Gesunde Menschen darf man dieser tödlichen Ansteckungsgefahr nicht aussetzen. Der Schwindsüchtige ist darum ein Feind des gesunden Menschen. Wenn man die Sache also von dieser höheren Warte aus ansieht, kann man den ganzen Prozeß als menschenfreundlich bezeichnen. Aber so »weit« zu schauen, ist wohl nur einzelnen gegeben – Übermenschen!

In letzter Zeit wählt man für diese »Transporte« allerdings einen anderen Weg. Man hat entdeckt, daß die meisten verstehen, wohin es geht, sobald sie um die rechte Ecke biegen. Viele klappen zusammen oder werden lästig aus den genannten Gründen. Darum setzt der Transport, nachdem er durch das Tor gegangen ist, seinen Weg geradeaus fort an der verhängnisvollen Ecke vorbei und geht auch zum äußeren Tor hinaus, hinaus auf die Straße in das freie Deutschland! Und in die angsterfüllten Herzen schießt die Hoffnung, daß es doch übertrieben ist, dieses Gerede von Krematorium und Untergang, daß man ihnen nichts Böses will, daß sie nur in ein besseres Lager übergesiedelt werden sollen, in ein Erholungsheim! Und mit frischem Mut und zunehmenden Lebenskräften wandern sie mit ihren Narrendecken und Sachen los bis zur nächsten Ecke, wo rechts abgebogen wird. Und dann führt man sie durch einen anderen Eingang in die gleiche Anstalt mit denselben gelben Schornsteinen, aus denen sich Tag und Nacht schwerer Rauch wälzt. Viele glauben sogar, daß sie hier nur hinkommen, um in Omnibusse verladen zu werden, die sie zur Bahn bringen sollen. Bei Tb-Kranken ist es ja sehr schwer, die Hoffnung zu zerstören, wenn sie einmal gefaßt ist. Und diese Hoffnung betäubt ihren Verdacht, stumpft ihre Urteilskraft und Beobachtungsgabe ab und bringt sie dazu, bis zum letzten Atemzug mit allen Fasern am Leben zu hängen.
Aber die »Rücksichtnahme« und das ganze Narrenspiel hören auf in dem Augenblick, in dem sie die Schwelle zur Todeskammer überschreiten – sei es nun die Gaskammer, der Krematoriumskeller oder der

Industriehof. Wenn man die Schüsse und Schreie bis zum Revier und den umliegenden Gebäuden hören kann, wie muß es dann sein, wenn man sich im nächsten Raum befindet und »an der Reihe« ist?
Ein Stück Speck von Björn und ein paar Sardinenbüchsen, die sich im gleichen Paket befanden, »retteten« gestern die Lage. Die »Panzerportion« wurde noch einen Tag gespart. Vielleicht können wir noch einen Tag mit dem restlichen Speck und der einen Sardinenbüchse auskommen – wir werden dazu noch ein paar Steckrüben hinunterzwingen, damit der Magen voll wird.

Luise Solmitz 1889–1973 **Hamburg**
(Bericht über einen Theresienstadt-Transport)
Herr R. hielt sich mannhaft. Die Sachen waren schon gepackt. Die Verwandtschaft kam zum Abschied. ... die Sache gleich zu enden: 3 oder 4 Selbstmorde, einer von einer Frau begangen, – die freigestellt worden war. Sie hatte nicht den Mut gehabt, nachzufragen. Starb lieber, als sich enttäuschen zu lassen. – Frauen mit Kindern unter 2 Jahren bleiben hier. Was wird aus den Kindern über 2 Jahre? ... Es kam ein schlanker, gutaussehender, feingekleideter Herr auf die (jüdische) Geschäftsstelle, stellte sich als Oberst v. H. vor. ... wurde wegen seiner kranken Frau gleich vorgelassen. Wie der Bescheid ausfiel, weiß ich nicht, – Oberst v. H. hat sich und seine Frau erschossen. So braucht sie auf keinen Fall mit fort. – An 400 Menschen kommen weg, vordringliche, unaufschiebbare Kriegsarbeit. Es soll der letzte Transport sein, (aber) die Gerüchte wollen wissen, es kämen alle weg ...

In Bargteheide sah Edith zwei Güterzüge voll elternloser oder verlorener Kinder von 2 bis 12 Jahren. – Das Bahnpersonal schleppte mit ihnen herum, sie zu versorgen. Alle Menschen waren erschüttert ob des trostlosen Anblicks. Die armen, entwurzelten, heimatlosen Kinder des Ostens, unfroh, was hatten sie hinter sich. Und was haben sie noch vor sich?
L.W. und doch noch Alarm. 200 zwei- und viermotorige Bomber in der Elbmündung. Im Begriff, mit Ri. dennoch in den Bunker zu laufen, durch den strömenden Regen, erfuhr ich beglückt: Kursänderung.
Sachsen, das bisher geschützte, ist jetzt dran, wird furchtbar beworfen. Dresden! Man sagt, dreimal in 12 Stunden schwer. Die Zeitung spricht von einem ungeheuren Terrorangriff, d.h. nicht der OKW-Bericht. Zwinger weg. Schloß, Hofkirche und vieles andere Unersetzliche.
Wien auch schwer zerstört, Belvedere. – Armes Deutschland. Zeitungsüberschrift: Auf friderizianischen Schlachtfeldern. Todesurteil für den Bürgermeister Flötner von Königsberg/Neumark; hatte seine Stadt ohne Räumungsbefehl verlassen, wurde gehängt. Ich habe nie gedacht, daß das Bürgermeisteramt so gefährlich sei.

Der Rotarmist Sergei Akonowitsch Dadajan
1918–1945 *bei Frankfurt/Oder*

Liebe Mama!
Lange habe ich Dir keinen Brief geschrieben, weil ich dauernd unterwegs war. Jetzt haben wir eine kleine Verschnaufpause, und so habe ich beschlossen, Dir einen kleinen Brief zu schreiben. Es geht mir sehr gut.

Auf dem deutschen Territorium fühle ich mich sehr gut. Wir sind tatsächlich in Europa. Wir befinden uns am Fluß Oder in Nähe der Stadt Frankfurt. Den Deutschen haben wir es ordentlich gegeben, überall liegen die Leichen dieser Schufte. Bald werden wir in Berlin sein, und nur über Berlin werden wir wieder nach Hause kommen. Ich bitte Dich, Dir keine Sorgen um mich zu machen. Ich will nicht viel schreiben. Nimm meinen Gruß und meine besten Wünsche entgegen.
Ich küsse Dich herzlich
Dein Sohn Sergei

Der Offizier Hans Tausch * 1922 *Namur/Belgien*
Von einem Sammelplatz am Ufer des Rheins ging es per Bahn zunächst nach Namur in Belgien. Auf dem Marsch durch die Stadt in ein Zwischenlager traf uns die ganze Wut der Bevölkerung, am Straßenrand stehend beschimpften sie uns, manchmal wurde auch mit Prügeln auf uns eingeschlagen. Was mußte sich in dieser Stadt unter deutscher Besetzung ereignet haben, daß sich die Bewohner zu solchem Haß verstiegen! Unsere amerikanischen Bewacher hatten alle Mühe, uns vor den Angriffen zu schützen. Wehe den Besiegten!

Der Archivar Chobaut *Avignon*
Schönes, mildes Wetter. Die Mandelbäume blühen. Die Demonstrationen vom 12. sind hier wenig befolgt worden, sogar in Marseille nicht. Der Informationsminister Teitgen reiste am 12. nach Marseille. »Le Méridional« zitiert mehrere Ausschnitte aus seiner Rede gegen die Hinrichtungen in Nazi- und Gestapo-Ma-

nier, die dazu führen, daß daraus Märtyrer und keine Schuldigen werden.

Viktor Seehöfer *bei Allenstein*

Morgens noch im Dunkeln traten wir zum Weitermarsch an. Ein beschwerliches Gehen auf glatten Waldwegen. Mein einbeiniger Kamerad, dessen Oberschenkelstumpf blutete und eiterte, warf die Prothese fort. Dieses wurde als Weigerung angesehen und der Ärmste seitwärts im Walde erschossen. Aus einem Waldbach, in dem allerdings Pferdekadaver lagen, durften wir ein erstes Mal zum Trinken schöpfen. Dann kamen wir am Tagesziel Geldwangen an – erhielten eine Kartoffelsuppe und kampierten in lädierten Häusern. Nachts zogen uns die Polen- und Russenposten die Mäntel, Schuhe und Stiefel aus.

Hildegard Bolle *Elbing*

Von hier wurden immer kleinere und größere Gruppen von Frauen und Männern und halben Kindern weggeführt, am 14. Februar auch ich mit aufmunterndem Schlag ins Kreuz und »Dawai, dawai Ñ Kommandantura, Dokumente holen«.
Wir landeten nach einer langen Fahrt hinter dem Ural, arbeiteten im Bergwerk, zunächst über, dann unter Tage und guckten täglich den Karren mit den nackten Menschenleichen nach, innerlich wohl fragend: Und wann fährst du durch dieses Tor? Mein Trotz war stark, aber manchmal war es mir auch egal, dann reichte die Kraft fast nicht mehr zum Denken.

Chemnitzer Zeitung **Chemnitz**

Otto Thörner gestorben

Wie aus den Familienanzeigen der »Chemnitzer Zeitung« ersichtlich war, ist auch Otto Thörner, unser Chemnitzer Dichter, dem Angriff amerikanischer Terrorflieger zum Opfer gefallen. Als feinsinniger Lyriker bekannt, hat er seit Jahrzehnten besonders den Geschehnissen in Stadt und Land mit schönen gehaltvollen Versen höhere Weihe verliehen. Er war ein liebenswerter, ausgezeichneter Mensch und Lehrer.

*

John Colville 1915–1987 *London*

Aschermittwoch und Valentinstag: eine Kombination, die nicht harmoniert. Blauer Himmel und Sonnenschein ermöglichen es den Luftflotten, Dresden zu zerstören. Der Premierminister macht in Athen eine Zwischenlandung, um die Ovationen der Bevölkerung entgegenzunehmen, die befreit ist von der Furcht, wenn auch nicht von der Not.

Lord Moran 1882–1977 *Athen*

Wir haben die Franconia heute früh um neun Uhr verlassen und sind nach einer dreieinhalbstündigen, holprigen Fahrt auf einer schlechten Straße in Saki eingetroffen. Auf dem Flugplatz lag eine dünne Schneedecke; ein scharfer Wind blies über das freie Gelände, und ich bekam es mit der Angst zu tun, als wir zwanzig Minuten in der Kälte zitterten, während die Kapelle unaufhörlich spielte und die Ehrenwache vorbeimarschierte. Es waren ein paar Trompeter dabei, die dem PM wegen ihrer Präzision sehr gefielen. Er sagte, die Bewegungen, mit denen sie die Instrumente an den Mund setzten, seien heraldisch korrekt. Sie hätten geradenwegs aus dem Moskauer Ballett stammen können.

Wir überquerten das Schwarze Meer und die Türkei und flogen über Lemnos, Samothrake, den Berg Athos hinweg – Namen mit einer großen Vergangenheit. Es war angenehm, von dem rauhen, verschneiten Saki in den blauen Himmel und die Sonne Griechenlands hineinzufliegen, und wir fühlten uns sicher im Geleit von sechs Jägern.

Nach der Landung wurden wir in mehreren Autos direkt zum Königsschloß gebracht. Die Straßen waren von jubelnden Griechen flankiert, und auf dem großen quadratischen Platz standen die Leute so dichtgedrängt, daß sie zwar ihre Hüte in die Luft werfen konnten, aber wenig Aussicht hatten, sie zurückzubekommen. Der Umfang der Menschenmenge und ihre lärmende Begeisterung imponierten dem PM, der solchen Massendemonstrationen gern mehr Bedeutung beimißt, als ihnen eigentlich zukommt. In der Botschaft kam er mir ganz aufgeregt entgegen:

»Sind sie dabeigewesen, Charles? Ich habe noch nie eine so große und begeisterte Menge gesehen. Das wäre nicht möglich, wenn wir im Unrecht wären.«

Ich erinnere mich, wie tief gerührt der PM über den Beifall der Italiener gewesen war, an denen wir auf dem Wege nach Livorno vorbeigefahren waren. Am Ende dieses Tages hatte er ganz anders über das italienische Volk gedacht. Nun waren die Griechen an der Reihe. Sollten auch sie mehr Lebensmittellieferungen

erhalten? Ich war froh, als wir Winston endlich heil in der Botschaft hatten; einige in dem Haufen sahen ganz danach aus, als ob sie Briganten seien...
Am Abend, als es dämmert, ging ich zur Akropolis; als ich zurückkam, fand ich noch alle bei Tisch. Der PM sprach noch immer von Griechenland. Er erzählte uns, was er im Unterhaus über die Times gesagt hatte, von der er wegen seiner Politik angegriffen worden war... Abermals erging er sich in düsteren Worten über die finanziellen Schwierigkeiten, die England nach dem Kriege erwarteten, wenn die Hälfte unserer Lebensmittel durch Exporte bezahlt werden müsse. Winston hatte sich ein Viertel vor neun zu Tisch gesetzt. Nun war es dreiviertel eins. Fast vier Stunden hatte dieser Mann, der schon Geschichte war, völlig rückhaltlos zu uns gesprochen, und dennoch waren die Zuhörer halb eingeschlafen.

Anna Eleanor Roosevelt 1884–1962 *Washington*
In vielen Teilen der Welt haben die Menschen alles verloren und müssen wieder ganz von vorne anfangen. Wenn man von der Zerstörung der Städte liest, in denen Tausende von Menschen einst gelebt haben, wo heute nur noch sechs Häuser stehen oder wo nur noch die Wände der Gebäude davon zeugen, daß hier einst Zivilisation und Schönheit bestanden haben, dann wird einem bewußt, daß diese Menschen mehr Mut haben als wir selber. Allein die Tatsache, noch am Leben zu sein und die Gelegenheit zu haben, in einem Land zu wohnen, wo so viel Arbeit getan werden muß, scheint ein Wunder zu sein und gibt ihnen zusätzliche Kraft.

Mrs. B. Hubbard *West Sussex*

Mittwoch. 1. Tag der Fastenzeit und Valentinstag. Nichts Angenehmes und nichts Böses für mich. Nur 2 Vorsätze, weil ich mich dann möglicherweise eher an sie halte.
Oooh, der Schmutz in dieser Küche! Ich hatte, wie Nan sagen würde, meinen großen Tag. Es war auch der erste Frühlingstag, und Hatsy ging zum ersten Mal hinaus. Sie trug ihre Babykleidung – heller, weißer Cordsamt + flauschige leichte Kappe – sie hielt meine Hand, und wir tapsten im hellen, warmen Sonnenschein den Steinweg entlang. Es war eine Sensation für sie, alles berühren zu können, das sie so lange von ihrem Kinderwagen aus gesehen hatte; jedes Blatt und jede Pflanze brachten neue Freude. Die alte Katze von Mrs Steel kam und aalte sich auf dem Rücken in der Sonne, und Harriet wollte sie küssen – hielt 3 Schneeglöckchen fest.
Oh die Sonne, der erste Sonnenschein – was bringt er fertig? Er läßt einen sich doppelt lebendig fühlen, die Haut beginnt zu leben und glüht, und man ist mit Energie geladen – zur gleichen Zeit Kraft wie herrlicher Friede.

Die Angestellte Nancy Usher *1902 *Sheffield*

Mein Mann spielt mit dem Gedanken, das Pfeiferauchen aufzugeben. Zum einen, weil er glaubt, daß er Gewicht zulegen könne, was er schon 30 Jahre nötig gehabt hätte, und nun, nachdem er alles mögliche versucht hatte, meint er, das wäre der Trick. Er wäre auch froh, die Kosten loszuwerden, von denen er glaubt, daß sie Rauchen heutzutage zum Luxus machen. Ich habe ihm ein Buch über dieses Thema besorgt, das er sorgfältig durchliest, und das ich auch lese, wenn er damit fertig ist. Heute bin ich dankbar, daß ich kein Raucher bin. Glücklicherweise hatte es für mich keinen Reiz, als ich in meiner Jugend rauchte, »weil es die Anderen taten«.

Die Krankenschwester Maud Cole *1888 *Somerset*
Mittwoch. Ich erfuhr, daß der Distrikt in Verbindung mit dem Lambeth Patenschaftsplan erfolgreich geworben hatte und daß trotz anfänglicher Zurückhaltung Gegenstände gesammelt wurden, mit denen die bombardierten Häuser ausgestattet werden sollten. Der Kriegskommentar beschäftigte sich heute abend mit der systematischen Bombardierung Deutschlands. Ich finde es sehr schrecklich, so notwendig es auch sein mag, um den Krieg zu gewinnen.

Die Museumsangestellte M. Cossins *London*
Museum. Zur Teezeit muß es ganz in der Nähe eine schreckliche Bombenexplosion gegeben haben. Bin um 8.40 Uhr abends noch immer ziemlich zittrig. Mein Fenster sprang auf. Ich nehme an, daß es ganz in der Nähe war, aber es nicht sehr einfach zu orten.

Aus dem Wehrmachtbericht
Das Vergeltungsfeuer auf London wird fortgesetzt. Auch der Raum von Antwerpen liegt ständig unter unserem Fernbeschuß.

Das Rundfunkprogramm
Deutschlandsender:
20.15-21.00: Die bekanntesten Lieder von Franz Schubert
21.00-22.00: Konzertsendung aus Berlin. Szenen aus »Faust« von Robert Schumann

Fünfzig Jahre danach

Kreuze mahnen zum Frieden
Gottesdienst zum 50. Jahrestag der Zerstörung in der Dresdner Hofkirche
Von Klaus Wilk, ADN
Lausitzer Rundschau, 13.2.95

Dresden. Die Mahnung zu Frieden, Freiheit und Barmherzigkeit prägte den Gedächtnisgottesdienst von Katholiken und Protestanten in der katholischen Hofkirche zu Dresden. Gemeinsam gedachten Hunderte Gläubige und Gäste, darunter Vertreter von Dresdner Partnerstädten sowie Politprominenz wie Bundeskanzler Helmut Kohl (CDU) und Sachsens Regierungschef Kurt Biedenkopf (CDU), der schätzungsweise mindestens 25000 Opfer der Bombenangriffe vom 13./14. Februar 1945. Zu den Ehrengästen zählten auch die Bischöfe von Coventry und St. Petersburg, Simon Barrington-Ward und Simon von Tichvin.

Zehn Kreuze mit den Namen von im Zweiten Weltkrieg zerstörten Städten wie Coventry, Hamburg, St. Petersburg, Plauen, Rotterdam, Dresden erinnerten an die Schrecken, unsägliches Leid und die noch heute nachwirkenden Schmerzen, die der sinnlose, von Deutschland entfesselte Krieg Abertausenden Menschen in aller Welt gebracht hat. Frauen und Männer, die die Zerstörung Dresdens miterlebt haben, brachten Blumen zu diesen Kreuzen, um damit ein Zeichen der Versöhnung und des Friedens zu setzen.

Bei der ersten größeren Veranstaltung der Gedenkfeierlichkeiten zum 50. Jahrestag der Zerstörung Dresdens appellierte der Bischof des katholischen Bistums Dresden-Meißen, Joachim Reinelt, an die Menschen in aller Welt, sich aktiv für Frieden, Freiheit und Barmherzigkeit einzusetzen. Dresdens Oberbürgermeister Herbert Wagner erinnerte an den Tag der »Machtübernahme brauner Gewalt«, als sich »die Schreckenswalze durch ganz Europa« schob, »alles vernichtend, was ihr im Wege stand«. Bischof Simon Barrington-Ward zitierte die Worte des Herrn: Verflucht der Mann, der auf Menschen vertraut, auf schwaches Fleisch sich stützt und dessen Herz sich abwendet vom Herrn. Gesegnet der Mann, der auf den Herrn sich verläßt und dessen Hoffnung der Herr ist.

In den Fürbitten beteten die Anwesenden für alle Menschen, die heute unter Gewalt, Terror und Krieg leiden, besonders für jene in Bosnien, Tschetschenien und Afghanistan. Mögen endlich die Waffen schweigen, die Gewalt ersterben, der Hunger gestillt und der Haß überwunden werden, so die Dresdner Botschaft. An die Verantwortlichen in Staat und Gesellschaft, »für jene, die Einfluß haben in Wirtschaft und Forschung, in Bildung und Kultur« erging der Appell, alle Möglichkeiten zu nutzen, Krieg, Haß und Zerstörung ein Ende zu bereiten.

Hunderte Menschen hatten sich vor dem Gotteshaus versammelt, um den Ausklang des Gottesdienstes zu erleben. Dem insgesamt friedlichen Charakter des Vormittags vermochten auch einige Unruhestifter nichts anzuhaben, die mit Losungen und Plakaten auf sich aufmerksam machen wollten.

Oskar Eduard Schmidt

Dresden vor dem Ersten Weltkrieg

Einen kaum minder schönen Ausklang der Fahrt auf dem Luxusdampfer bildet das allmähliche Hineinschweben des fast geräuschlos dahinfahrenden Schiffes nach Dresden. Von Stunde zu Stunde ändert sich die Beleuchtung der reich gegliederten Landschaft und des Wassers. Mit Sonnenuntergang zieht der Elbstrom sein Perlmuttergewand an, und den letzten großen Reiz spenden die Tausende von Lichtern der Stadt Dresden, mit denen die wesentlichsten Züge ihrer Umrisse: die Brücken, die Brühlsche Terrasse und das Belvedere, die längs des Stromes laufenden Straßen und endlich die hervorragendsten Punkte der benachbarten Höhen ans Firmament geschrieben sind. Es gibt Leute, die diese flimmernde, lichtübergossene Einfahrt in die nächtliche Großstadt für die Krönung der gesamten Fahrt ansehen.

Max Beckmann 1884–1950 **Amsterdam**

Zum ersten Mal gründlich an »Nelly und Kind« gearbeitet. Wird mir noch viel Arbeit machen.
Sonst wieder Geldsorge. – Nachmittag Nebelspaziergang – glaube nun wieder, daß es noch lange dauert...
Wieder Brustweh

Dr. Theodor Morell 1886–1948
Berlin/Reichskanzlei

13.40 Uhr mittags: Traubenzucker und Benerva fortiss. i.v. Blutdruck 138 mm Hg, Puls 72. Keine Klagen! Stimmung mäßig, anscheinend mißtrauisch; durch Ostlage bedingt und durch die Angriffe der alliierten Luftwaffe auf Dresden.

Der Adjutant Nicolaus von Below
(Frankfurt/Oder)

Am 15. Februar fuhr Hitler zum letzten Mal an die Front. Er besuchte einige Verbände des Heeres an der Oder in der Gegend von Frankfurt, unter anderem den Stab der 9. Armee des Generals Busse. Hitler machte einen verhältnismäßig frischen Eindruck. Er nahm sich zusammen und ließ von seinen nervösen Störungen am Arm nichts merken. Aber die urteilsfähigen Soldaten, mit denen er sprach, konnten nichts mehr von dem glauben, was er ihnen sagte. Daß sie die Oder halten müßten, war ihnen auch klar. Ebenso sicher wußten sie, daß das angesichts der eindeutigen russischen Überlegenheit kaum möglich war, wenn die russische Offensive erst einmal begonnen hatte. Hitler hielt diesen Besuch an der Front für besonders wichtig und glaubte, damit das Selbstbewußtsein der Soldaten gestärkt zu haben.

Der Kammerdiener Heinz Linge **Berlin**

Da erschien Mitte Februar 1945 noch einmal Giesing im Hauptquartier. Ich freute mich sehr, ihn wiederzusehen, zumal ich wußte, daß er auf Hitler stets positiv eingewirkt hatte. Nun hoffte ich, er werde es noch einmal tun können. Ich bat Hitler, ihn doch zu empfangen. Hitler, der sich Anfang Oktober 1944 über Giesings »Kompetenzüberschreitungen« geärgert hatte, wie er sich ausdrückte, war unschlüssig und sagte weder »ja« noch »nein«. Für mich hieß das: Arrangiere eine »zufällige« Begegnung. Ich tat es. Während eines Fliegeralarms richtete ich es so ein, daß Giesing dem Führer in die Arme laufen mußte. Als der Arzt dann »plötzlich« vor ihm stand, blickte Hitler auf und sagte ausnehmend liebenswürdig: »Ach, Doktor. Wie geht es Ihnen und Ihrer Familie? Kommen Sie mit!« Wie weggeblasen war die alte Verstimmung. Hitler wirkte erfreut und aufgeschlossen; aber er erlegte sich keinen Zwang auf, sondern gab sich so, wie er wirklich war. Dem Arzt, der ihn kannte, wollte er wohl nichts vormachen. Er wußte, daß er ihm den inzwischen rapide vorangeschrittenen Verfallprozeß nicht verheimlichen konnte. Giesings Bericht spricht denn auch für sich. »Als ich das Gesicht Hitlers jetzt... sehen konnte«, schrieb er im Juni 1945, »war ich erstaunt über die

Veränderungen. Er schien mir gealtert und noch mehr gebeugt als sonst. Seine Gesichtsfarbe war unverändert blaß, und er hatte starke Säcke unter den Augen. Seine Sprache war zwar klar, aber sehr leise. Sofort fiel mir ein starkes Zittern des linken Armes und der linken Hand auf, das jedesmal stärker wurde, wenn die Hand nicht auflag, so daß Hitler den Arm immer auf den Tisch oder die Hände auf die Bank stützte... Ich hatte den Eindruck, daß er ziemlich geistesabwesend und nicht mehr konzentriert war. Er machte einen absolut erschöpften und abwesenden Eindruck. Auch seine Hände waren sehr blaß und die Fingernägel blutleer.«

Adolf Hitler 1889–1945 **Berlin**

Politisches Testament

Der schwerste Entschluß dieses Krieges war für mich der Befehl zum Angriff auf Rußland. Immer hatte ich die Meinung vertreten, daß Deutschland keinen Zweifrontenkrieg führen darf, und niemand soll bezweifeln, daß ich mehr als irgend jemand die Erfahrungen Napoleons in Rußland studiert und durchdacht habe. Warum aber dann dieser Krieg gegen Rußland? Warum zu dem von mir bestimmten Zeitpunkt?

Es gab für uns keine Hoffnung mehr, den Krieg im Westen mit einer Invasion der englischen Inseln zu beenden. Dies von Schwachköpfen geführte Land hätte sich gegen die Anerkennung unserer Führerrolle und einen ehrlichen Friedensschluß solange gesträubt, als noch eine im innersten Wesen reichsfeindliche Macht in Europa selbst ungeschlagen blieb. Der Krieg mußte sich darüber ins Unendliche hinziehen; ein Krieg, an dem die Amerikaner im Hintergrund sich in zunehmendem Umfang beteiligten. Das Schwergewicht des Menschen- und Materialpotentials der USA, der unaufhörlich fortschreitende Zuwachs der Kriegstechnik und der neuen Waffen – beim Feinde ebenso wie bei uns –, die drohende Nähe der englischen Küste, all das zwang uns zu versuchen, einen langandauernden Krieg mit allen Mitteln zu verhindern. Die Zeit – immer wieder die Zeit! – mußte in steigendem Maße gegen uns arbeiten. Das einzige Mittel, die Engländer zum Frieden zu zwingen, war, ihnen durch Vernichtung der Roten Armee die Hoffnung zu nehmen, uns auf dem Kontinent einen ebenbürtigen Gegner entgegenzustellen. Es blieb uns keine andere Wahl, als den Faktor Rußland aus dem europäischen Kraftfeld auszulöschen. Es gab dafür noch einen zweiten ebenso durchschlagenden Grund, der für sich allein schon ausgereicht haben würde: die aus der bloßen Existenz des Bolschewismus latent drohende Gefahr. Der Angriff von dieser Seite mußte eines Tages geradezu zwangsläufig erfolgen.

Emil Barth 1900–1958 **Haan/Rheinland**

In den letzten Tagen las ich die Gespräche Friedrichs des Großen mit Catt: seine Situation ist mit der unsren gar nicht zu vergleichen, wie man es jetzt so oft zu tun beliebt. Und mag es auch wahr sein, wenn dieser große und böse Mann von sich sagt, daß er sich mit Freuden in Stücke hacken lassen würde, um seinem Volk den Frieden zu geben, für den es so bitter gekämpft und so große Opfer gebracht hat, – wer hat ihm denn diesen Frieden genommen? Was für ein furchtbarer Weg ist dieser von Leichen bedeckte, von Blut besudelte, von Tränen überschwemmte Weg zur Größe, wenn man ihn von dem Ziele aus überblickt, zu dem er in diesen unsern tragischen Jahren geführt hat!

Der Wehrmachtspfarrer Siegfried Hotzel 1894–1992
Erfurt

Der Feind steigert seine Luftoffensive ins Maßlose. Täglich erleben wir endlose Überfliegungen; der Luftalarm ist Dauerzustand geworden; eine wirkliche Nachtruhe gibt es nicht mehr. Die letzten schweren Luftangriffe haben sich besonders gegen Städte in Sachsen gerichtet. Am 13. Februar abends sah ich am nächtlichen Himmel in südöstlicher Richtung einen gewaltigen Feuerschein, der von einem riesigen Brand in einer großen Stadt herrühren mußte, aber wo? Gestern unternahm ich einen erfolglosen Versuch, zu meiner Mutter zu reisen. Ich kam mit dem Frühzug nur bis Sangerhausen und saß dort fest. Kein Zug fuhr in Richtung Magdeburg, und es war auch keine Auskunft vom Bahnpersonal zu erhalten; das Eisenbahnwesen schien völlig zerrüttet gewesen zu sein. Ich mußte meine Reise aufgeben, so leid es mir auch tat. Weil ich erst am Abend nach Erfurt zurückreisen konnte, hatte ich viele Stunden Aufenthalt in Sangerhausen und vertrieb mir die Zeit damit, in der Stadt umherzuwandern und den durchziehenden Flüchtlingstrecks zuzusehen, die aus der Provinz Posen oder Westpreußen kamen. Es handelte sich um bäuerliche Bevölkerung, die sich mit pferdebespannten, hoch mit Hausrat beladenen Wagen auf die Flucht vor den Russen begeben und Schweres erlebt hatte. Die Pferde waren abgetrieben und entkräftet; nur Alte und Frauen mit kleinen Kindern durften noch auf den Wagen Platz nehmen; die anderen Familienmitglieder liefen nebenher, frierend, verhärmt und vor Müdigkeit schwankend. Drei bis vier Wochen waren diese Unglücklichen und heimatlos Gewordenen schon auf der Landstraße, oft im Freien kampierend und dies bei der strengen Kälte im Januar. Ihr Ziel war Mitteldeutschland, wo sich alles zusammendrängt. Ab und an trieb mich der Alarm in einen Luftschutzkeller, in dem die Menschen dicht an dicht hockten, oder ich saß in dem danebenliegenden überfüllten Gasthof, wo Durchreisende und Flüchtlinge aus Ost- und Westdeutschland genau so wie ich auf die Möglichkeit einer Weiterfahrt warteten, die meisten in stumpfer Resignation. Mit einigen kam ich ins Gespräch, aus dem ich ihre Nöte und Stimmung erfuhr. Sie wünschten alle ein sofortiges Kriegsende herbei, selbst wenn es ein Ende mit Schrecken wäre, damit die unerträgliche Not aufhöre. Es geht jetzt wie ein Erwachen durch unser Volk, das sich keine Illusionen mehr macht. Wie Schuppen fällt es den meisten von den Augen, sie erkennen klar, daß der Krieg endgültig verloren ist und daß sie von den Naziführern belogen und betrogen worden sind. Keine noch so geschickte Propaganda wird daran etwas ändern können. Mein Zug fuhr am Abend mit viel Verspätung nach Erfurt ab. Auf freier Strecke gab es mehrmals langen Aufenthalt, wenn wir überflogen wurden; um Mitternacht kam ich erst zu Hause an. Ich konnte mich aber nicht zu Bett legen, sondern mußte sofort den Keller aufsuchen und dort die halbe Nacht verbringen. Auch heute nimmt der Alarm kein Ende; wir sind alle todmüde.

Martin Bormann 1900–1945 **Berlin**
mittags neuer Angriff auf Dresden
nachm. M.B. R mit Hummel, Lammers, danach Kaltenbrunner.

Gerhart Hauptmann 1862–1946 **Dresden**
Donnerstag
Furchtbarer Untergang des geliebten, göttlichen Dresden noch im Gange: Sturm und Feuerraserei: So ziemlich die ganze Stadt in Flammen, armes Sachsen, arme Menschheit.
Wie schleicht die Zeit, wie schleichen die Stunden. Es war zehn Uhr morgens als wir nach Alarm a[us] d[em] Keller stiegen. Nur angenehmes sonst im Agnetendorfer Bad in dieser Zeit, vor dem friedlich wohltätigen Frühstück.

Julius Marx 1888–1970 ***Zürich***
An Georg Kaiser
Lieber Herr Kaiser, falls Sie, wie ich hoffe, wieder wohlauf sind, würde ich mich freuen Ihnen morgen einen guten Kaffee brauen zu dürfen. Samstag und Sonntag bin ich in Bern, Dienstag & Mittwoch muß ich beim Umzug in der Tönistraße helfen, wäre aber nur am Montag wieder frei & wahrscheinlich auch nur von drei bis fünf Uhr.
Sollten Sie morgen kommen können, dann bitte ich um Ihren Anruf zwischen ein & zwei Uhr (25 9075)
Herzlichst Ihr Julius Marx

Thomas Mann 1875–1955 *Pacific Palisades*

½ 9 Uhr auf. Nicht ausgeschlafen. Mühsam, etwas an XXV gegen das Ende. Rundgang in der Nähe, bei kühlsonnigem Wetter. Mittagessen ohne Mädchen, etwas festere Kost. Zeitschriften. Nach dem Thee Besuch bei den alten Riebers zum Dank für Obst und Candies. Nachher den Brief an Mrs. Meyer beendet. Nach dem Abendessen (mühsam) Brief an Knopf diktiert in Sachen des von ihm gewünschten Vorworts zu The Law, das ich ablehne. Guter Artikel über Rußland in Common Sense. – Neue Bombardements von Dresden und anderen deutschen Städten. Breslau eingeschlossen u. isoliert. Offenkundige Desintegrierung der deutschen Verteidigung. Sporadischer und örtlicher Widerstand. Scheinbares Versagen der Befehlsübermittlung.

Mary Wigman 1886–1973 **Leipzig**

Dresden zerstört – total – tot – unwiederbringlich –
Der Zwinger ist nicht mehr, die Hofkirche nicht mehr,
Oper u. Schloss, das japanische Palais –
zertrümmert, verbrannt.
Fünf Terrorangriffe nacheinander – Die Menschen! ...
Ruth, Gert und ihre Kinder?
Will?
Herzfelds?
Rita mit ihren 4 Kleinen, und Oskar [?] in Budapest?
Die Rudolph, Seilers, Kretzschmars? Unser altes Mariechen?
Alle paar Minuten fällt mir jemand Anderes ein, um dessen Schicksal man bangt.
Wann kann eine Nachricht kommen, wie wird sie lau-

ten? Die Stadt belegt mit Flüchtlingen. Auffangstation für Schlesien –
Nur Gisela ist kurz vorher mit ihren Kindern fortgefahren – vor meinen Augen ersteht das Bild dieser so unsagbar schönen Stadt, der Blick vom Neustädter Ufer aus auf den zauberhaften Rhythmus der Bauten, die das Antlitz der Stadt waren.
Warum nur musste auch dieses noch sein?
Tage und Nächte lang waren die Bomberverbände über dem sächsischen Raum. Und ein Verband nach dem anderen jagte auf Raum 16 zu. Das war Dresden. Auch hier waren die Nächte vom Feuerschein erhellt, und das Dröhnen der Maschinen über uns drang bis in den Keller hinein, in dem die Menschen angstvoll zusammen sassen, und warteten ob die Bombenlast für uns bestimmt war.

Der Pfarrer Robert Grosche 1888–1967 Köln
Seit heute haben wir wieder elektrisches Licht. Wer weiß für wie lange.
Die Zeitungen melden, daß Dresden schwer bombardiert worden sei. Darin zeigt sich zunächst das neue angekündigte Zusammenarbeiten der Alliierten. Aber wie furchtbar ist es, daß nun auch der Osten völlig zertrümmert wird! Eine Stadt nach der andern wird in Staub sinken.
In der Zeitung steht die Nachricht, daß Pater Matthäus Schneiderwirth gestorben sei. Er war noch ein echter Franziskaner, den ich seit meinen Bonner Studienjahren verehrt und geliebt habe. Ich habe ihn dann eigentlich nur noch einmal getroffen bei der Tagung in Waldenburg bei dem Fürsten von Schönberg, auf der

wir zum ersten Male mit den evangelischen Mitbrüdern zusammen waren. Auf der Tagung selbst hat er kaum ein Wort gesagt, und doch hat er einen ganz starken Eindruck auf die Evangelischen gemacht. Sie haben die echt franziskanische Seele gespürt, die ihnen da gegenübertrat.

Die Schriftstellerin Lisa de Boor 1894–1957
Marburg

Sachsen, und vor allem die Stadt Dresden, wurde schwer heimgesucht durch Bombardierung. Nach Liegnitz und Sagan nehmen die Russen jetzt Sorau und stehen dicht vor Cottbus. Was wird Monika tun in dieser Stunde? Ist sie wirklich frei? Und wohin wird sie sich wenden? Die Nachrichten über das Elend der Flüchtlinge aus dem Osten sind unüberbietbar schauerlich. Die Menschen sterben massenhaft an Hunger oder an Entkräftung.

Lageberichte des kommissarischen Leiters der Abteilung Propaganda im Reichspropagandaministerium

Berlin, den 15. Februar 1945...
Die Tragfähigkeit des Eises im Frischen Haff ist so weit gesunken, daß es mit Fuhrwerken nicht mehr befahrbar, sondern nur noch zu Fuß zu überqueren ist ...
Danzig ist voll von Verwundeten, die nicht genügend verpflegt werden können. Leichtverwundete betteln um Brot und nehmen Kartoffelreste und -schalen aus Hunger zu sich...
Im Hirschberger Raum befinden sich ca. 500 000 Menschen, die auf dem Bahnwege nicht abtransportiert

werden können, da die Bahn nach Görlitz wegen Wehrmachtstransporten ausfällt...

Der Stadtbürodirektor Hugo Kaftan **Pillau**

Transportleistungen:
Bis Mitte Februar hatten 204 000 Menschen Pillau auf dem Seeweg verlassen, 50 000 waren zu Fuß oder mit Treck über die Nehrung übergesetzt worden und dort zu Fuß in Richtung Danzig geflohen.

Harold Nicolson 1886–1968 *Sissinghurst*

Ich nehme im Unterhaus an einer Ausschußsitzung über polnische Flüchtlinge teil. Drei geflüchtete Polen berichten uns. 1 230 000 Polen sind verschleppt worden, und nur neun Prozent davon sind nachträglich entkommen. Eine wirklich schöne Frau erzählt uns, wie ihr Vater, ein Bankdirektor, sie selbst und ihre Mutter in Viehwagen verladen und nach Kasan verschickt wurden, wo sie auf dem Land arbeiteten und mit Kalmücken zusammen leben mußten. Ihr Vater verschwand. Ein anderer Mann erzählt uns, er sei ohne jede Anklage acht Monate lang in Moskau im Gefängnis gewesen. Hynd [Abgeordneter der Labourpartei] fragte die Frau, welchen Verdacht man gegen sie gehabt habe. Sie antwortete, sie habe dem katholischen Verein »Die Töchter der Jungfrau Maria« angehört, und man habe sie immer wieder belästigt, um herauszufinden, welchen politischen Hintergrund dieser Verein habe. Eine andere Frau sagte, sie sei viel gereist und habe Fremdsprachen gelernt. Man habe ihr gesagt: »Aber Sie können nicht erwarten, daß wir glauben, jemand reise aus andern als politischen Gründen.« Das alles klingt überzeugend und tief beunruhigend.

Der Matrosen-Hauptgefreite Klaus Lohmann
***1910 Stettin**

In der Schreibstube so gut wie gar keine Arbeit! Zwischendurch lese ich allerlei Gedichte von Binding, vor allem aus seinem Zyklus »Nordische Kalypso«. Es ist auf der einen Seite der »Mut zur Sinnlichkeit« wie ich es nennen möchte, auf der anderen aber und vor allem, die einzigartige edle Form und Sprache. Ich muß sogar sagen, daß die jüngsten Gedichte von Rudolf Alexander Schröder, die mich ihrem Inhalt nach stark beeindrucken in der Form nicht mit diesen Binding-Gedichten wetteifern können.
Ein fremder Bootsmaat erzählt von dem Untergang des 15000 t großen Lazarettschiffes »Steuben«, das auf der Fahrt von Pillau nach hier torpediert wurde. Etwa 3000 Verwundete und 1000 Zivilisten, Frauen und Kinder, sind mit untergegangen – grauenvolle Szenen haben sich da abgespielt. Der Krieg wird immer furchtbarer und legt sich einem oft als unerträgliche Last auf die Seele.
Abends und nachts von 12–2 Uhr Wache. In der Nacht lese ich in Jesus Sirach, Kap. 15–19, die ganz anders sind in ihrer gottesfürchtigen Weisheit.

Der Oberkirchenrat Drechsler Hamburg

Lieber Herr Kollege Dr. Hennig!
Haben Sie vielen Dank für Ihren Brief vom 20. Januar 1945. Herr Landesbischof und ich haben Ihren Bericht mit Interesse gelesen. Wir hoffen, dass Sie, nach-

dem es mit Ihrem Urlaub zur Weihnacht und Jahreswende nicht geklappt hat, vielleicht zu Ostern kommen könnten. Sehr gerne würde ich in Friedenszeiten, nicht etwa jetzt im Krieg, dort oben im Norden sein und das Wunder des Nordlichtes sehen. Wie schön, dass Sie Weihnachten feiern konnten mit einem Gottesdienst und einer Nachtfeier mit den alten Liedern, die das Wunder der Heiligen Nacht mit ihren hohen Sternen und dem offenen Himmel und seinem ewigen Gloria preisen. Mit Ihnen sind wir sehr betrübt, dass unser Donat Neugeschwender der Landeskirche nie mehr dienen kann. Und eigenartig, obwohl an seinem Tode kein Zweifel besteht, ist mir gerade bei diesem Amtsbruder immer wieder, als käme er noch einmal zurück. Besonders heimgesucht ist Familie Sauerlandt, die drei Söhne, davon zwei Vikare unserer Landeskirche, hat hergeben müssen. Immer ernster und schwerer werden die Zeiten. Unser Gott sei unserem Vaterland und uns allen gnädig. Inmitten dieses Ausmasses von sinnloser Zerstörung, dieser Überfülle von Jammer und Leid, Wunden und Tod, bleibt unser einziger Trost unser Gott und Heiland, der keine Fehler macht, bei dem es keinen Irrtum gibt, der auch zu Seiner Zeit die Welt zurückholen wird in ein Stadium neuen Friedens, neuer Ordnung und neuen geistigen und geistlichen Lebens. Bis dahin bleibt uns nichts zu tun, als betend und arbeitend unsere Pflicht für die Gemeinschaft zu erfüllen.
Bleiben Sie und die Ihrigen behütet und lassen Sie sich in treuem Gedenken grüssen.
Ihr Drechsler

Heinrich Himmler 1900–1945 **Berlin**

SS-Gruf. Ludolf v. Alvensleben, Dresden

Mein lieber Alvensleben!

Fernschreibbericht vom 15.2. [über die Schäden des Luftangriffs auf Dresden] erhalten.

1. Genehmigte Verlegung der Dienststelle lediglich in einen Vorort von Dresden. Weiter weg darf Dienststelle nicht sein. Dies würde einen miserablen Eindruck machen.

2. Jetzt gibt es nur eiserne Standhaftigkeit und sofortiges Anfassen, um überall Ordnung zu schaffen. Ihr müßt dafür sorgen, daß Strom, Wasser und Transportwesen sofort wieder in Ordnung kommen. Bin bereit, Ihnen auch noch SS-Obergruppenführer Hildebrandt zu Hilfe zu schicken, so daß Sie einen Kameraden haben, der Ihnen in verschiedenen anderen Orten außerhalb Dresden wirksam werden kann. Seid mir ein Muster und Vorbild an Ruhe und guten Nerven!

Heil Hitler!

Ihr H. Himmler

Adolf Hitler 1889–1945 **Berlin**

Politisches Testament

Unsere einzige Chance, einen Sieg über Rußland zu erringen, lag darin, seinem Angriff zuvorzukommen; denn ein Verteidigungskrieg gegen die Sowjetunion war für uns ausgeschlossen. Keinesfalls durften wir der Roten Armee den Vorteil des Geländes überlassen, unsere Autobahnen für den Ansturm der roten Panzer, unsere Eisenbahnen für ihren Truppen- und Materialtransport. Wir konnten die Bolschewisten in ihren Wäldern, Sümpfen und Mooren schlagen, wenn wir rechtzeitig

den Entschluß zum Handeln ausführten – niemals aber auf dem Boden eines dem Verkehr erschlossenen Raumes, wie des unseren. Den Angriff abwarten hieß, dem Feind das Sprungbrett nach Europa zu ebnen.
Warum 1941? Weil es galt, keinen Augenblick länger als notwendig zu warten, um so weniger als unsere Gegner im Westen unaufhörlich rüsteten. Übrigens blieb auch Stalin durchaus nicht untätig. Auf beiden Fronten arbeitete also die Zeit gegen uns. Die Frage lautet demnach nicht: »Warum schon am 22. Juni?« sondern »Warum nicht früher?« Ohne die von den Italienern mit ihrem idiotischen griechischen Feldzug verursachten Schwierigkeiten hätte ich die Russen in der Tat schon um einige Wochen früher angegriffen. Es ging darum, sie solange hinzuhalten, und es war meine beständige Sorge während dieser letzten Wochen, Stalin könnte mir zuvorkommen.

Der Pressereferent Wilfred von Oven
Berlin/Propagandaministerium

Die Geschichte dieses Krieges ist um ein neues scheußliches Verbrechen bereichert worden. Die Stadt Dresden, die mit Zehntausenden von Flüchtlingen aus Schlesien und der Lausitz überfüllt und ihrer Luftverteidigung wie viele andere deutsche Städte zur Zeit weitgehend entblößt ist, wurde am Abend des 13. Februar von einem starken englischen Bomberverband angegriffen und besonders in ihrem kunsthistorisch einmaligen Kern vollständig zerstört. Die Zahl der Toten ist erschreckend hoch und bisher noch nicht dagewesen. Sie kann nur geschätzt werden, dürfte aber zwischen 2 und 300 000 liegen.

Militärische oder nur kriegswichtige Ziele sind in der Stadt, die in aller Welt wegen ihrer einmaligen Werke der deutschen Barockbaukunst bekannt war, kaum vorhanden. Zumindest nicht in einem Ausmaß, das eine so totale Zerstörung gerechtfertigt hätte. Nicht eines dieser Kleinode europäischer Kultur blieb erhalten.

Die Briten wandten eine neue Angriffstaktik an. Ihr bisheriges, stets erfolgreiches System bestand darin, auf eine Stadt zunächst Sprengbomben und danach Brandbomben abzuwerfen, um erst einmal »Luft zu schaffen« und den Flammen für ihr Vernichtungswerk bessere Nahrung zu geben. Sie wandten dieses Mal das umgekehrte Prinzip an. Beim ersten Anflug warfen sie 650000 Brandbomben ab. Die Menschen wurden von Hitze und Qualm der entfachten Brände aus den Schutzräumen heraus auf die Straßen und Plätze der Stadt getrieben. Zehntausende flüchteten auf die Elbwiesen. Nun erfolgte der zweite Angriff. Und zwar mit Sprengbomben. Sie hielten unter den schutzlosen Menschen furchtbare Ernte. Vor allem die Elbwiesen, auf denen keine andere Ziele als schutzlose Zivilisten zu treffen waren, wurden mit Bomben und Bordwaffen angegriffen. Es wurde ein Massaker von ungeheuren Ausmaßen.

Man geht wohl in der Annahme nicht fehl, diesen Angriff mit der Krim-Konferenz in Verbindung zu bringen. Churchill hatte sich schon früher damit einverstanden erklärt, Polen für die ihm von Rußland geraubten Gebiete östlich der Curzon-Linie mit deutschen Gebietsteilen zu entschädigen. Er hat sich auch mit der Vertreibung von 18 Millionen Deutschen aus diesen Gebieten einverstanden erklärt und im

Unterhaus verkündet, es würde für diese 18 Millionen im Restdeutschland durch »Kriegsereignisse« schon Raum geschafft werden.
Nun dürfte ihn Stalin in Jalta darauf aufmerksam gemacht haben, daß sich der Krieg seinem Ende nähere, und daß es Zeit werde, in der besprochenen Weise Platz für die Aufnahme der aus den deutschen Ostprovinzen zu Vertreibenden zu schaffen. Die erste Quote von rund 300 000 hat Churchill in Dresden auf einen Schlag erfüllt. Er kann zufrieden sein, 300 000 Frauen, Kinder und wehrlose Zivilisten innerhalb weniger Stunden zu töten – das hat in der Geschichte bisher noch niemand fertiggebracht.
Wie weit hat sich doch dieser Krieg von allem, was man einst unter Völkerrecht verstand, entfernt!

Dr. Rudolf Semler *1913
Berlin/Propagandaministerium

Über seine Besprechung mit Himmler hat Goebbels uns nichts berichtet. Auf der Rückfahrt von Hohenlychen gestern abend schwieg er den ganzen Weg. Nach einer Andeutung, die Goebbels vor ein paar Tagen gegenüber seiner Frau bei Tisch hatte fallen lassen, schien es wahrscheinlich, daß er versuchte, für seinen Plan einer Umbildung des Kabinetts Himmlers Unterstützung zu erhalten. Wie er ihr aufgeregt erzählte, würde die Umbildung etwa so aussehen: Der Führer würde sich auf die Aufgaben des Staatsoberhauptes beschränken; Goebbels würde Reichskanzler und dazu die Tätigkeit des Außenministers übernehmen; Himmler würde den Oberbefehl über die Streitkräfte bekommen, und Bormann – recht und schlecht

– würde Minister für die Partei werden. Goebbels glaubt, daß es sehr schwierig sein würde, die Unterstützung Bormanns für diesen Plan zu gewinnen, aber die Aussichten bei Himmler könnten gut sein. Hitler wird in diesem Zusammenhang nicht erwähnt.
Seine Erläuterung dieses Planes fand vor dem Hintergrund von Begleitmusik statt. Wir essen immer zu Abend, während das Radio leise spielt. Während Goebbels überschwenglich von seiner neuen Stellung schwärmte, sang im Radio ein Tenor das Lied von Lehár »Greif nicht nach den Sternen, mein Liebling«.
Ich konnte ein Grinsen nicht unterdrücken. Frau Goebbels lachte laut, aber Goebbels gefiel der Scherz nicht. Er hatte keinen Sinn für diese Art von unpassendem Humor. Er sagte zu dem Adjutanten: »Stellen Sie das Ding ab.« Und das war das Ende der Geschichte von der Kabinettsumbildung.

Dr. Karl Hermann Franz Scharping *1908
Berlin/Propagandaministerium

Die immer mehr zunehmende Wirkung der englischen und amerikanischen Luftangriffe auf deutsche Städte liess Hitler und seine engeren Ratgeber nach drastischen Vergeltungsmassnahmen suchen. Dr. Goebbels sprach auch hierüber häufig von Herbst 1944 ab in seiner sogenannten »Ministerkonferenz«, bei der zahlreiche Beamte und Sachbearbeiter seines Ministeriums versammelt waren und in der auch ich in der Regel anwesend war. Dr. Goebbels hat hierbei ausgeführt, es sei nichts mehr dagegen einzuwenden, wenn abgeschossene Besatzungsmitglieder der Wut des Volkes preisgegeben würden. Zunächst formulierte Dr. Goebbels diese Ansicht noch zurückhaltend. Bald wurden Anspielungen dieser Art aber deutliche Drohungen. Diese erreichten ihren Höhepunkt nach den schweren Angriffen auf Dresden im Februar 1945. Ich erinnere mich genau, wie Dr. Goebbels die furchtbaren Folgen dieser Angriffe schilderte und eine »einzigartige« Vergeltungsmassnahme in Aussicht stellte. Diese ergab sich daraus, dass er an Hans Fritzsche als dem Leiter der Rundfunkabteilung die Anweisung gab, in den Auslandssendungen Kommentare zu veranlassen, die für die Luftangriffe auf Dresden die Erschiessung von 40 000 englischen und amerikanischen Kriegsgefangenen ankündigen sollten. Dr. Goebbels erklärte, diese Massnahme sei von Adolf Hitler ausdrücklich befohlen worden, die Durchführung solle aber nicht ohne Ankündigung erfolgen. Bei dieser Aufforderung an Fritzsche machte dieser sofort Einwendungen, Goebbels hörte aber nicht darauf, sondern er warf Fritzsche in einem Wutanfall nur vor, er sei eben kein alter Parteigenosse und habe ersichtlich den nationalsozialistischen Geist noch immer nicht begriffen. Fritzsche erklärte daraufhin unter bedrückender Stille der ganzen Zuhörerschaft, eine solche Erschiessung könne er unter keinen Umständen mitverantworten und er werde sie deswegen im Rundfunk nicht ankündigen. Die Entschiedenheit und Eindringlichkeit dieser Erklärung Fritzsches machte auf Goebbels ersichtlich starken Eindruck. Er brach sofort die Konferenz ab und liess Fritzsche zu sich kommen. Fritzsche gab mir unmittelbar nach seinem privaten Gespräch mit Goebbels noch in grösster Erregung dasjenige wieder, was Goebbels ihm mitgeteilt hatte. Der Befehl sei tatsächlich gegeben, aber es sei noch kein Termin hierfür bestimmt worden. Goebbels habe erneut verlangt, dass dieser Befehl angekündigt werden sollte. Fritzsche und ich waren über die weitere Ablehnung dieser Massnahme einer Meinung. Um jeden Fehler zu vermeiden, wies ich deswegen sofort sämtliche Rundfunkredaktionen an, Kommentare über die Luftangriffe auf Dresden erst nach ausdrücklicher Freigabe durch Fritzsche zu bringen. Wir hofften damit Zeit zu gewinnen, weiter gegen diesen Plan zu arbeiten.

Fritzsche bemühte sich sofort weiter durch telefonische und mündliche Rücksprachen mit dem Vertreter der Parteikanzlei im Propagandaministerium, durch Rücksprachen mit anderen verantwortlichen Männern und, wenn ich mich richtig erinnere, auch durch Rücksprache mit dem Vertreter einer neutralen Macht, dieses Vorhaben Hitlers zu sabotieren. Bei diesen Massnahmen war ich zum Teil selbst anwesend oder erfuhr sie von Fritzsche unmittelbar darnach. Fritzsche hat auch kurze Zeit später nochmals mit Goebbels hierüber verhandelt. Nach der mir wieder unmittelbar später berichteten Besprechung hörte diesmal Goebbels die Einwände Fritzsches an und entliess ihn nicht mehr in so schroffer Haltung wie das vorhergehende Mal.

Nach weiteren Angriffen auf Dresden kam Goebbels aber in der »Ministerkonferenz« nochmals auf die Sache zurück und fragte Fritzsche nach den befohlenen Kommentaren. Fritzsche gab zur Antwort, er habe sämtliche diesbezügliche Kommentare bei ihm vorlagepflichtig gemacht. Das war, wie auch jeder Teilnehmer der Konferenz richtig verstand, eine weitere Ablehnung der Anweisung Hitlers. Als Goebbels die Konferenz beendet hatte, hat Fritzsche noch einmal diesem unzweideutig seine Meinung zum Ausdruck gebracht, dass er auch weiterhin diesen Anweisungen nicht folgen werde und Goebbels hat – wie mir wiederum unmittelbar darnach berichtet wurde – diesmal auf diesen Einwand nichts zu erwidern gehabt, er kam auch in späterer Zeit auf seine Forderungen nicht mehr zurück. Ich bin der Überzeugung, dass die eindeutige Haltung Fritzsches seinen Eindruck auf Goebbels nicht verfehlt hat. Wir erfuhren auch durch uns bekannte Personen aus dem OKW, dass Goebbels selbst bei Hitler bei einer späteren Beratung gegen die geplante Vergeltungsmassnahme das Wort ergriffen habe.

Marie (Missie) Wassiltschikow 1917–1978
Wien/Krankenhaus

Gerade waren wir mit der Arbeit fertig, als zwei amerikanische Piloten, die gestern früh abgeschossen worden waren, hereingebracht wurden, auf jeder Seite von einem deutschen Soldaten gestützt. Sie schienen schwer verwundet zu sein und kaum in der Lage, einen Fuß vor den andern zu setzen. Einer hatte ein verbranntes, ganz geschwärztes Gesicht, sein helles Haar stand steif ab. Inzwischen liegen etwa dreißig amerikanische Piloten in unserm Lazarett. Sie werden ordentlich behandelt, aber nur in den Luftschutzkeller gebracht, wenn die Angriffe besonders schwer sind. Ich hätte mich gern mit ihnen unterhalten, aber das ist streng verboten. Eine Schwester, die vor dem Krieg in England Gouvernante gewesen war, hat einem von ihnen einmal Blumen mitgebracht und ist dafür auf der Stelle entlassen worden. Während eines Luftangriffs hat mich jedoch Sita Wrede einmal auf die Sonderstation mitgenommen, auf der sie liegen. Einige von ihnen sahen sehr nett aus, aber die meisten waren so schwer verwundet, daß sie fast völlig unter Bandagen verschwanden. Fast ausnahmslos leiden sie an schweren Verbrennungen.

Der amerikanische Kriegsgefangene Ray T. Matheny
***1925 STALAG 17 B, Krems/Österreich**

Am 15. Februar hatte ich zwanzigsten Geburtstag, für den ich zwei Dosen Brotkrumen gespart hatte. Des weiteren hatte ich eine Dose Orangenpaste, etwas Zucker und Milchpulver, ein paar Rosinen und Erdbeermarmelade aufgehoben. Die Rosinen weichte ich in Wasser ein, damit sie aufquollen, dann stellte ich mit Hilfe der Orangenpaste, der Brotkrumen, Wasser und Milchpulver eine Art Kuchenteig her. Was hier entstand, war mein zweiter Geburtstagskuchen im Stalag 17 B, und inzwischen hatte ich auch ein paar Tricks gelernt, was mit den Brotkrumen anzufangen sei. In Wirklichkeit war der Kuchen mehr ein Brotpudding, aber das spielte keine Rolle. In der Nacht fiel feiner Pulverschnee; ich sammelte ein paar Dosen davon ein, um Erdbeereis zu machen, das ich zusammen mit dem »Kuchen« zu verspeisen gedachte.

Adolf Hitler 1889–1945 Berlin

Politisches Testament

Es gab noch einen Grund: die Russen verfügen über die Rohstoffe, die für uns unentbehrlich waren. Trotz eingegangener Vertrags-Verpflichtungen verzögerten sie ihre Lieferungen, und eines Tages konnten diese ganz ausbleiben. Was sie uns nicht gutwillig liefern wollten, mußten wir also an Ort und Stelle selbst holen! Ich faßte meinen Entschluß sofort nach Molotows Novemberbesuch in Berlin, denn ich wußte von diesem Augenblick an, daß über kurz oder lang Stalin abfallen und ins alliierte Lager übergehen würde. Sollte ich weiter abwarten, um besser gerüstet zu sein? Nein, denn dadurch gaben wir das Gesetz des Handelns preis! Nochmals nein, denn wir hätten den ungewissen Aufschub zu teuer bezahlen müssen. Wir hätten nämlich den bolschewistischen Erpressungsversuchen nachgeben und Finnland, Rumänien, Bulgarien und die Türkei preisgeben müssen. Und das war für mich ausgeschlossen. Es war mit der Sendung des Dritten Reiches als Verteidiger und Beschützer des Abendlandes unvereinbar, die befreundeten Länder auf dem Altar des Bolschewismus zu opfern. Ein solches Verhalten war ehrlos, und wir wären dafür einmal erst recht bestraft worden. Eine jämmerliche Fehlrechnung, sowohl vom moralischen wie vom militärischen Standpunkt aus. Was wir auch taten, so oder so, der Krieg gegen Rußland blieb unvermeidlich, und wir liefen höchstens Gefahr, ihn später unter wesentlich ungünstigeren Voraussetzungen führen zu müssen.

Noch am Tage der Abreise Molotows habe ich daher Aufmarschvorbereitungen befohlen, um die Rechnung mit Rußland beim Anbruch der ersten schönen Tage ins reine zu bringen.

Erich Kästner 1899–1974 **Berlin**

Heute mittag der vierte Angriff auf Sachsens Mitte, besonders auf Dresden. Da ein Teil der Flugverbände nach Norden abschwenkte, saß auch Berlin im Keller. Die Vorstellung, daß die beiden alten Leute, seit vorgestern nacht, womöglich ohne Wohnung, irgendwo zwischen Trümmern hocken und daß die Mama meine zwei Manuskriptmappen, trotz Furcht und Tod und Teufeln, eisern umklammert hält, macht mich krank. (Es ist zweifellos viel wirkungsvoller, wenn jemand unsere Angehörigen quält statt uns selber. Die Methode gehört zu den ältesten und probatesten Hausmitteln der Menschheit.)

Bei der Überlegung, daß täglich zehn- und fünfzehntausend Flugzeuge über Deutschland Bomben abwerfen und daß wir, längst ohne jede Gegenwehr, stillhalten müssen und, wie das Rindvieh auf den Schlachthöfen, tatsächlich stillhalten, bleibt einem der Verstand stehen. Wann werde ich Nachricht haben?

Hermann Weinert 1881–1954 **Dresden**

Nach Einschalten der mehrere Stunden aushaltenden elektrischen Notbeleuchtung jagten wir zum Wasserhydranten unter dem Altarkeller. Acht Doppelanschlüsse waren dazu bestimmt, jeden Brand im Kircheninnern zu ersticken. Der Wasserdruck war so stark, daß es bei den Übungen immer spielend gelang, die vier Seitentürme der Kuppel mit Wassermassen zu überschütten. Welch ein Schreck, als sich nach dem Niedergehen der Sprengbomben herausstellte, daß jede Wasserzufuhr abgeschnitten war. Die Schutz-

mannschaft wurde mit Handspritzen, Eimern, Spitzhacken usw. versehen.
Eine am Neumarkt niedergehende Bombe erschütterte das Kirchengebäude derartig, daß die über sieben Zentner schwere Sandsteinflammenvase des Glockenturmes C abstürzte. Wir Luftschutzleute, in 6 Meter Kellertiefe, wurden vom Luftdruck so auf die Kellersohle geworfen, daß wir erst nach einigen Minuten mit durchgeschlagenen Ellbogen mühsam aufstehen konnten. [...]
Beim zweiten Alarm nach Mitternacht hielten sich 300 hilfesuchende Menschen, darunter Wöchnerinnen mit dreitägigen Kindern, in den Kirchenkellern auf. Kritisch wurde die Lage, als nach 1 Uhr die Lohewelle des durch Kautschukbomben schwer getroffenen Landbauamtes die doppelt verglasten großen Fenster links und rechts des Portals C zum Platzen brachten. Sechs andere große Arkadenfenster waren in den Monaten vorher restlos zugemauert worden. Die Versuche, mit kleinem Löschgerät der Gefahr beizukommen, mußten wegen Mangel an Sauerstoff bald aufgegeben werden, da sowohl das neue eichene Schiffsgestühl als auch die Bänke auf den fünf Emporen gleichzeitig Feuer fingen, welches mit unvorstellbarer Vehemenz durch die aufgesprungenen Eingangstüren raste.
Man mußte sich wider Willen darauf beschränken, den letzten verbliebenen Ausgang, am Portal G, für die gefährdeten Menschen zu erhalten, indem man die schweren, eichenen Windfangtüren mit Spitzhacken zusammenschlug.
Auch im Keller stieg die Gefahr von Stunde zu Stunde. Die mit starken Eichenbohlen belegten Öffnungen

der Fernheizanlage im Kirchenschiff brannten aus, die brennenden Stücke stürzten herab und mußten wegen der Verqualmung gelöscht werden. Dadurch und durch das fortgesetzte Eintauchen der Taschentücher ging der Inhalt der bereitgestellten zwölf Wassertonnen zu Ende. In der höchsten Not meldeten die beiden militärischen Helfer, daß man den Versuch zum Aufstieg wagen möchte. Über den brennenden Asphalt, zwischen Landbauamt und »Stadt Petersburg«, wurden doppelte Sturmreihen gebildet. Hand in Hand brachte man die erschöpften Menschen bis auf die Brühlsche Terrasse bis zum Standbild von Ludwig Richter. [...]
Die in der Bevölkerung genannten Zahlen von Vermißten beziehen sich nicht auf »innerhalb« der Kirche umgekommene, sondern auf die Häuser und Keller »an« der Frauenkirche. Die Kuppel ist nach einwandfreien Augenzeugenberichten erst am Donnerstag, dem 15. Februar 1945, vormittags gegen 10.15 Uhr, in sich zusammengesunken. Ursache war die stundenlange enorme Hitzeeinwirkung bis zu 2000 Grad. Nach fachmännischem Urteil verträgt der Sandstein höchstens bis zu 1000 Grad.

Otto Griebel 1895–1972 **Dresden**

Wir schrieben den 15. Februar 1945. Um einiges Nötige aus Gostritz zu holen, brachen Grete Fraaß, deren Geschwister, unsere Buben und ich am Vormittag auf und luden einen großen Handwagen voll, mit dem wir gegen Mittag nach Bannewitz zurückzukehren gedachten.
Zuvor aber statteten wir Erich Fraaß, der im Keller der

Strehlener Schule als Sanitäter einen unermüdlichen und schweren Dienst verrichtete, unseren Besuch ab. Fast ohne zu essen oder zu ruhen, half hier der wakkere Malerkollege ebenso selbstlos wie der leitende Arzt dieser Rettungsstelle.

Es war erschütternd, was man an diesem Ort zu sehen bekam. Alte Mütterchen, denen die Kleider buchstäblich vom Leibe gesengt waren, wankten heran. Manche waren ganz oder halb erblindet. Schwere Brandwunden an den Gliedmaßen gehörten zu den Hauptfällen der Hilfesuchenden. Niemand wußte vom Schicksal seiner allernächsten Angehörigen, und die, die darum wußten, schluchzten nur, denn mit ihren vom Feuer verätzten Augen vermochten sie nicht einmal mehr zu weinen.

Man lud ein halbverbranntes junges Mädchen aus einem Rollstuhl, bald danach einen bindenumwickelten, ohnmächtigen Knaben. Das ganze Schulhaus und dessen Keller lagen voller Opfer der vergangenen schrecklichen Bombennächte.

So sehr ich mich gefreut hatte, meinen Freund Erich Fraaß wiederzusehen, so sehr drängte es mich doch wiederum, von Strehlen wegzukommen; die Luft war mir nicht geheuer. Ich fühlte das mit dem wieder wachgewordenen alten Frontsoldatensinn und schalt die gute Grete Fraaß beinahe, als sie allerlei Unterhaltungen am Straßenrande begann.

Tatsächlich waren wir mit unserem Wagen auch noch gar nicht richtig aus Gostritz raus, als der Anflug feindlicher Bomberverbände gemeldet wurde. Zuerst schien es uns ausreichend, Zuflucht in einer Kuhle am Wege zu finden. Vor Tieffliegern aber war dieser Platz

keinesfalls sicher, weshalb ich vorschlug, in einem Nadelholzdickicht abzuwarten. Das Dickicht erwies sich aber als schon ziemlich besetzt von Mockritzer Flüchtlingen, die obendrein noch schimpften, als sie uns herankommen sahen, weil sie bangten, die feindlichen Flieger würden das bemerken.
Dann mit einem Male setzte wieder jenes unheimliche Rauschen in der Luft ein. Unsere Bannewitzer Gastgeberin krallte die Hände in den Boden, und etliche neben mir schrien vor Schreck. Die Detonationen erfolgten weit vor uns, aber auch über uns, an der Straße. Neue Bomberwellen orgelten heran. Wieder rauschte es, und ich sah die Qualmwolken der Einschläge jenseits des Elbtales auf den Loschwitzer Höhen emporspritzen. Wie unendlich lange eine Stunde unter solchen nervenzerfressenden Umständen dauert!
Erst nachdem alles Motorengeräusch in der Luft verstummt war, erhoben wir uns aus unserem Versteck. Wir beobachteten mehrere Leute, die an den Rand der Fichtenschonung liefen, wo, höchstwahrscheinlich in der Frühe dieses Tages, ein alter Mann seinem Leben durch Erhängen ein Ende bereitet hatte.
Als wir nachher den Nöthnitzer Berg hoch liefen, rauchte noch mitten auf der Straße eine Zielabsteckbombe, und wir erblickten große, frische Sprengtrichter in den Feldern, während von Neustadt und von Loschwitz drüben Brandqualm dick in den trostlos grauen Himmel stieg.
Wir konnten die Feuersbrünste im Stadtgebiet von unserem Bodenfenster aus nach Einbruch der abendlichen Dunkelheit beobachten. Noch von der unseli-

gen Fastnacht her schwelten die Brände und hielten tagelang an, bis die Flammen alles vernichtet hatten, was sie nur zu erreichen vermochten.

Katharina Tietze **Dresden**

Ich ging auf die Wassersuche und fand nach einigen vergeblichen Versuchen und vielem Fragen – es irrten ja allerhand Menschen zwischen den Trümmern herum – noch einen Brunnen mit Trinkwasser im Krankenhausgarten Fürstenstraße. Sogar eine Wasserflasche ließ mein guter Stern mich erspähen. Diese spülte ich möglichst gut ab und aus, säuberte mich selbst bei der Gelegenheit etwas und eilte mit dem kostbaren Naß zurück zu Vater, der froh war, nun nicht mehr allein zu sein. Nun konnte er sich doch auch mal Gesicht und Hände netzen und einen Schluck tun. Alles Wohltaten nach Entbehrung! …

Um die Mittagszeit wurde wieder eine Schnitte gegessen. Leider dachte man dann schon bald wieder an die nächste Nacht. Vater schlug vor, nach der Elbe zu gehen, um dort mit dem Leben Schluß zu machen, aber wir zwei machten nicht mit. Also blieben wir alle drei zunächst wo wir waren. Da kam am Nachmittag – es war nun der 15.2. – ein junger Offizier mit paar Soldaten auf den Platz, guckte in unser Büdchen, in dem wir grad saßen und sagte: Wollen Sie denn hier bleiben? Da kümmert sich kein Mensch um Sie. Hier verhungern Sie. Wir: Ja, wohin denn, wenn man schlecht zu Fuß ist und weit und breit Trümmer? Er: Inmitten der Dürerstraße ist eine schmale Gangbahn freigemacht worden. Gehn Sie nach dem Sachsenplatz! Von dort fahren Autos die Menschen aus der Stadt. So machten wir uns auf den für Vater sehr beschwerlichen Weg, gelangten auch zum Sachsenplatz, wo sehr viele Menschen herumstanden und -saßen und auf den Abtransport warteten. Jedes Auto, das vorüberkam, wurde von Militär oder Polizei angehalten, die Fahrer wurden nach woher und wohin befragt und mußten so viele Menschen wie nur möglich mitnehmen. Natürlich füllten sich die Wagen sehr rasch, und wir drei mußten oft wieder zurückbleiben, bis es uns endlich doch gelang, Platz auf einem Radeberger Lastauto zu erobern. Das blieb zwar erst noch 3 Stunden an der zugigen Elbe stehen, bis der Fahrer einen verwundeten Soldaten von der Wiener Straße geholt hatte, aber wir hielten aus auf unseren Holzsäcken, fanden auch zwischen Kisten, Kasten, Koffern und anderen Menschen noch Platz für die Füße. Als es dann wohl in der 10. Stunde doch fortging, waren wir natürlich heilfroh, kamen auch glücklich über die Elbe, durch die Neustadt und die Dresdener Heide nach Radeberg, wo man uns am Auffanglager der Eschebach-Werke absetzte. Man führte uns in den hellen, warmen Speiseraum der Fabrik und setzte jedem eine Schüssel dicke Haferflocken vor, dazu 2 Schnitten mit Wurst und Butter. Kaffee konnten wir auch noch haben. Danach durften wir im Luftschutzkeller schlafen, in dem nach Art der Jugendherbergen immer zwei Betten übereinander standen. Welche Wonne, sich auf den Matratzen wieder mal langlegen zu können, wenn auch in allen Sachen! Decken zum Zudecken gabs auch, und wir schliefen sogar einige Stunden, trotzdem über uns im Maschinensaal durchgehend gearbeitet wurde, es also furchtbar polterte. Aber man wußte ja, das waren keine Bomben.

Götz Bergander *1927 Dresden

Nachdem wir die Schäden in unserer Wohnung in der Friedrichstraße soweit beseitigt hatten, daß wir sie wieder betreten konnten, nachdem wir uns im Luftschutzkeller dauerhaft für die Nächte eingerichtet hatten, bin ich am frühen Nachmittag des 15. Februar von Friedrichstadt aus zum Hauptbahnhof gegangen. Das heißt gegangen bis zur Ammonstraße, dann war alles verschüttet. Auf den Bahngleisen, über die Schwellen stolpernd, kam ich weiter voran. Ich wollte wissen, was aus Klassenkameraden geworden war, die in der Nähe des Hauptbahnhofs wohnten und wie es im Bahnhof selbst aussah, in dem ich in den letzten Wochen so oft zur »Flüchtlingsbetreuung« eingesetzt war.
Auf dem Weg dorthin entdeckte ich nur wenige Tote, erinnerlich vor allem ein ausgebranntes Sanitätsfahrzeug auf dem Plauenschen Platz, davor liegend der Sanitäter und eine Frau; ein Mann mitten auf der Hohen Brücke, eine Frau in der Kohlschütter Straße.
In der Bismarckstraße aber, unter der Gütergleisrampe des Hauptbahnhofs, waren die Leichen aufgeschichtet. Ordentlich, Leib für Leib, lagen sie da, fertig zum Abtransport. Leichen jeden Alters und in jedem nur denkbaren Zustand: Nackt und bekleidet, verkrampft und gestreckt, blutverkrustet und fleckenlos, verstümmelt und äußerlich unverletzt. Kinder, die weniger Platz brauchten, zwischen die Erwachsenen gezwängt. Dicke Flüchtlingsfrauen in ihren schwarzen Wolltüchern und Wollstrümpfen. Frauen, ungeschickt hin-

gepackt, bis zur Hälfte entblößt. Männer wie schlaffe graue Säcke. Männer in langen weißen Unterhosen, verdreht, verschränkt, mit und ohne Schuhe. Gesichter mit offenen und geschlossenen Augen. Gelegentlich spießte ein Arm in die Luft oder ein Körper konnte, wegen angezogener Beine, nicht so holzscheitartig eingepaßt werden. Ein wahnwitziges Monument, eine lange Barrikade. Diese Toten waren noch kenntlich. Später, auf den Pferdefuhrwerken, waren sie es nicht mehr.

Eine junge Flüchtlingsfrau **Dresden**
Da ich von meinem Mann keine Nachricht bekam, war ich so verzweifelt, daß ich es wagte, nochmals Dresden aufzusuchen. Denn für meinen Säugling hatte ich nicht eine einzige Windel, kein Säckchen usw. Ich wußte ja, daß der Bahnhofskeller, der einem Irrgarten glich, erhalten war; die Menschen waren dort unten nur erstickt. Es war aber dort alles von der SS abgesperrt, denn es herrschte Typhus. Ich erreichte es dann aber doch, daß ich in den Keller durfte, begleitet von einem Bahnbeamten mit einem Arm, der mich warnte und meinte: »Das halten Sie nicht aus; es liegen da unten noch Tausende Tote, und ich kann Ihnen nicht helfen!« Was ich dort unten gesehen habe, ist wahrhaft ein Greuelmärchen, dazu schemenhaft beleuchtet von der Laterne des Bahnmannes. Die Menschen dort unten glichen ledernen Gestalten.

Ein Soldat **Dresden**
Überall in der Stadt konnten wir die Opfer liegen sehen, mit dem Gesicht nach unten, buchstäblich an

den Asphalt festgeklebt, der weich geworden und in der enormen Hitze geschmolzen war. [...]
Ein Kamerad bat mich, ihm bei der Suche nach seiner Frau in der Mosjinskistraße behilflich zu sein. Das Haus war ausgebrannt, als wir dort ankamen. Er rief mehrmals in der Hoffnung, daß die Leute im Keller ihn hören würden. Niemand antwortete. Er wollte die Suche nicht aufgeben und suchte weiter in den Kellern der Nachbarhäuser und riß sogar die verkohlten Leichen aus dem geschmolzenen Asphalt, um zu sehen, ob seine Frau darunter sei.

Voigt Vermißten-Nachweis-Zentrale/Dresden
Nie habe ich geglaubt, daß der Tod in so verschiedener Form an den Menschen herantreten kann, nie habe ich für möglich gehalten, daß Tote in so vielen Gestalten den Gräbern übergeben werden könnten: Verbrannte, Verkohlte, Zerstückelte, Teile von ihnen, als unkenntliche Masse, scheinbar friedlich schlafend, schmerzverzerrt, völlig verkrampft, gekleidet, nackt, in Lumpen gehüllt und als ein kümmerliches Häufchen Asche, darunter Reste verkohlter Knochen. Und über allem der beizende Rauch und der unerträgliche Verwesungsgeruch.

Ein Kommandeur Lindenauplatz
Der Lindenauplatz nahm ein Quadrat von einhundert bis einhundertfünfzig Metern ein; derselbe war in der Mitte mit Gras besät, und dort standen einige Bäume. Ein alter Mann mit seinen zwei Pferden lag inmitten des Platzes, tot. Hunderte von Menschen lagen nackt um ihn herum. Die Straßenbahnhaltestelle

an der Straße war abgebrannt, aber das ist das bemerkenswerte, nackte Leichen lagen um sie herum.
Neben dieser Haltestelle stand eine Wellblech-Bedürfnisanstalt. Im Eingang dieser Bedürfnisanstalt lag eine etwa dreißig- bis fünfunddreißigjährige Frau, vollkommen nackt, auf ihrem Pelzmantel, mit dem Gesicht nach unten; ihr Ausweis, der sie als Berlinerin auswies, lag vor ihr. Einige Schritte weiter lagen zwei Jungen im Alter von acht bis zehn Jahren mit dem Gesicht in die Erde hineingewühlt, ebenfalls vollkommen nackt; die im Knie gebeugten Füße standen noch in der Totenstarre nach oben; sie hielten sich umklammert. In einer umgeworfenen Litfaßsäule staken zwei Leichen, ebenfalls nackt. Wir zwanzig bis dreißig Menschen, die dieses Bild erlebten, klammerten uns aneinander und weinten wie die Kinder. Allem Anschein nach hatten die brennenden Häuser um den Platz herum eine derartige Hitze ausgestrahlt; die Leute hatten sich zu lange in ihren Kellern aufgehalten, und als sie dann endlich herauseilten, überraschte sie die Gluthitze von draußen, und sehr wahrscheinlich sind sie an Sauerstoffmangel gestorben.

Ein Schweizer **Dresden/Stübelallee**

Der Anblick war so erschütternd, daß ich mich sofort entschloß, meinen Weg nicht durch diese Leichen fortzusetzen. Aus diesem Grunde kehrte ich um und ging in Richtung Großer Garten weiter. Aber hier war es noch schlimmer: Als ich durch die Anlagen ging, sah ich abgerissene Arme und Beine, verstümmelte Körper und Köpfe, die von den Rümpfen abgerissen worden und davongerollt waren. Manchmal lagen die Leichen so dicht, daß ich mir einen Weg bahnen mußte, um nicht auf Arme und Beine zu treten.

Ein Evakuierter aus Köln **Dresden**

In der Markgraf-Heinrich-Straße sprachen mich drei Männer an (erinnert sich ein Evakuierter aus Köln, der sich in der Stadt aufhielt). Sie trugen zusammen einen schwarzen Mantel, auf dem eine Leiche lag. Einer fragte mich: Was war das für ein Haus? Ich sagte ihm: Das war eine Schule, die in ein Lazarett umgewandelt worden war. Er sagte nur: Ich muß meine Frau begraben. Das kann ich auch hier tun. Später sah ich, wie sie ein flaches Grab aushoben. Es gab keine Särge, und der Mann schien fremd in der Stadt zu sein.

Eine Dresdnerin **Dresden**

Um ihnen die Beerdigung im Massengrab zu ersparen, hat meine Schwägerin erst ihren Vater mit einem Handwagen aus den Trümmern geholt, um später die Mutter nachzuholen. Doch hatte dann inzwischen ein Räumkommando die Leichen weggebracht. So sind die meisten der umgekommenen Menschen nie mehr aufgefunden worden, und die amtlichen Totenbescheinigungen lauteten auf umgekommen in Dresden am…

Der Pastor Marc Boegner 1881–1970 ***Paris***

Schreckliche Luftangriffe auf Dresden, das von den sowjetischen Armeen nun so direkt bedroht wird wie Berlin, Danzig und Stettin.
Meinungsverschiedenheiten über die Konferenz von Yalta. Darüber ist man hier ziemlich böse… Ganz

offensichtlich schenken uns unsere Freunde weniger Beachtung als 1815 unsere Feinde.
Man hat dementiert, daß Roosevelt in Frankreich haltmachen sollte, und ich habe erfahren, daß de Gaulle sich geweigert hat, ihn in Algier zu treffen.

Len Jones *(London)*
Man haßte Deutschland, man haßte die Deutschen, eine schlimme Sache, wirklich ein schreckliches Gefühl. Ich sehe es nur als sadistisch jetzt, aber man muß verstehen, es war eine Desensibilisierung moralischer Werte. Weil es da dieses überwältigende Gefühl gab, bei jedem, der daran beteiligt war, Rache. Ein Teil von mir haßte den Gedanken, daß deutsche Städte zerstört werden, weil es wunderschöne Plätze waren, ich liebte die deutsche Architektur, aber zu diesem Zeitpunkt bemerkt man, daß sich der ganzer Charakter verändert und man möchte sie bestrafen. Man fragt sich, wohin am Ende diese ganze Verrücktheit führen wird.

Die Angestellte Nancy Usher *1902 *Sheffield*
Las heute morgen in der Zeitung über das Verhalten der Japaner, und Manilla brachte mich auf die Seite der Extremisten, die sagen, jeder Deutsche und jeder Japaner muß ausgelöscht werden. Ist es möglich, solchen Leuten beizubringen, daß sie Unrecht haben und sie zum Rechten zu erziehen? Manchmal glaube ich, es geht.

Ein Unbekannter *Reigate*
Wachte vor vier Nächten von einem fürchterlichen Knall auf, der das Haus erschütterte und offensicht-

lich von einer V 2 herrührte. Aber der einzige Ort, von dem ich hörte, daß dort eine runtergekommen war, war Ashtead, und das liegt ungefähr 10 Meilen von hier entfernt. Als ich gestern abend badete, hörte ich wieder einen Knall, aber diesmal nicht so laut.
In dieser Woche hörte ich einen Buchfink, der sang, und heute zum ersten Mal in diesem Jahr in Dorking eine Lerche.
Wie werden wir in der Lage sein, nach dem Krieg 57 Millionen Pfund pro Jahr an Beihilfen für die Kinder zusätzlich zu all den anderen ungeheuren Sozialausgaben zu zahlen? Wird eine Inflation unvermeidbar sein?

Hanny Merkens 1903–1954 *Monschau*
Ich muß versuchen, an irgendeine Küche zu gehen, um mir das Essen zu erbetteln, denn ich habe nichts mehr … Abends. Ich bin heute an einer Küche gewesen, aber es wurde mir gesagt, daß das übrige Essen ausgeschüttet werden muß und kein Deutscher etwas davon bekommen soll. Ich bin sehr erschüttert nach Hause gegangen. Wie weit gehen menschliche Irrungen. Woher soll ich etwas zu essen bekommen? Einige Tage kann ich es ohne Essen aushalten, aber was dann? Es muß ein Wunder geschehen!

Adolf Hitler 1889–1945 **Berlin**
Politisches Testament
Ich habe weder Frankreich noch die Franzosen je geliebt, und ich habe daraus niemals ein Hehl gemacht. Und doch anerkenne ich, daß es unter ihnen bedeutende Persönlichkeiten gibt. Es steht außer Zweifel,

daß zahlreiche Franzosen in diesen letzten Jahren voller Aufrichtigkeit und mit großem Mut alles für Europa aufs Spiel gesetzt haben. Der blindwütige Haß, mit dem ihre eigenen Landsleute sie für ihre hellsichtige Überzeugung bezahlen ließen, beweist die Lauterkeit dieser ihrer Zeit vorauseilenden Persönlichkeiten.

Ernst Jünger 1895–1998 **Kirchhorst**

Vormittags am Schreibtisch, während die Batterien feuerten und starke Geschwader über das Haus brausten. Die Scheiben, die Türen, die Gläser in den Schränken, die Bilder an den Wänden tanzen und zittern dann wie in einem Schiff bei starkem Seegange.

Nachmittags nahm ich Alexander, um ihm ein wenig die Augen zu schärfen, zu subterranen Studien mit. Wir gruben ein Maulwurfs- und ein Waldameisennest aus, besuchten auch einen Kaninchenbau. Das Ameisennest war im toten Kern einer Fichte angelegt; seine Kammern, Gänge und Galerien folgten der Maserung und hatten so, unter Aussparung papierdünner Wände, den Holzblock wabenförmig durchsetzt. Das ausgeblichene Gebilde war von zarter Stabilität, so daß die Hand, wenn sie ein Stück davon umfaßte, sich spannen mußte, ehe es in trockene Scherben brach. Ich gedachte bei diesem Anblick der großen Erzählung über meine Abenteuer bei den Ameisen, durch die ich als Fünfzehnjähriger meine Geschwister bis tief in die Nächte in Atem hielt. Wenn diese Unbedenklichkeit im Fabulieren mir jemals wiederkehrte, könnte abfließen, was sich wie in einem Krater gespeichert hat.

Weiter im Alten Testament. Deboras Triumphlied,

Richter 5: die furchtbare Festfreude über rauchendem Blut. Vers 28 bis 30 ironischer Genuß an der Pein der Mutter Siseras, die den Sohn qualvoll erwartet, unwissend noch, daß er nicht wiederkehren wird, weil ihm ein Nagel durch den Kopf getrieben ist. Als unerhörter Gewaltmensch tritt in diesem Buch auch Abimelech auf.
Gebirge gelten im allgemeinen als Rückzugsgebiete, als Horte der Freiheit, in denen das weichende Volkstum sich erhält. Hier findet sich das Gegenteil: Israel dringt in den Gebirgen vor und kann auf den Ebenen nicht Fuß fassen, wo Völkerschaften mit »eisernen Wagen« ansässig sind. Vielleicht ist die Regel so, daß die Gebirge der schwächeren, aber entschiedeneren Kraft günstig sind.

Nico Rost **KZ Dachau**

Rheinhardt wurde heute nachmittag – wie nicht anders zu erwarten war – mit Flecktyphus eingeliefert. Scheint schon seit ein paar Tagen Fieber zu haben. War bei ihm. Bin sehr besorgt, ob er es schaffen wird... Er ist bereits sehr krank und außerdem weit über Fünfzig. Drost befürchtet ebenfalls das Schlimmste.

Alisah Shek *1927 **KZ Theresienstadt**

Am Ravelin 15 wird die Mauer abgerissen, gegraben, neue Mauern aufgerichtet. Eine Menschenmasse wimmelt über den aufgerissenen Boden, den verwüsteten Jugendgarten, stapft im bodenlosen Dreck herum. Die Sache ist unheimlich: wie denn nicht, alles, was unbekannt ist und mit der Zukunft verflochten, ist unheimlich. Und wenn es auch nur ein »Bassin für Enten« wird, das Wesentliche daran ist jener Fluch, womit alles hier vergiftet ist, das, was in der Luft ist und die Dinge hier bedeckt und unverständlich erscheinen läßt.

Martha Glass *1878 **KZ Theresienstadt**

Heute ist wieder ein aufregender Tag. Es ging ein Transport angeblich in die Schweiz als Austausch gegen Kriegsgefangene. Ich hatte auch eine Aufforderung, mußte Nachts um 1 Uhr in die Sokolowna, konnte dort die Erklärung abgeben, ob ich mitgehen wolle oder nicht. Ich wollte freiwillig mit und stand mit Tausenden am Sonntag früh von 7 Uhr bis 11 Uhr vor der Kommandatur. Dann packte ich den ganzen Nachmittag nur das allernotwendigste. Und schließlich bin ich gar nicht mitgekommen und weiß nicht, ob ich darüber froh oder traurig sein soll. Jedenfalls lasse ich meinen Koffer gepackt und warte ab, was mit mir geschieht und wohin man mich verfrachtet. Wir armen Juden finden keine Ruhe im Leben. Jeder Tag bringt neue Aufregungen und neue Schrecken.

Odd Nansen **KZ Sachsenhausen**

Gestern wurde im Schonungsblock Nr. 2 »ausgesucht«, wo Skipper Stubenältester ist. Er wußte zu erzählen, daß die Opfer die Wolldecken und was sie sonst noch besaßen mitkriegten. Ein Omnibus kam auf den Appellplatz und holte sie. Das Einsteigen ging dort vor sich. Mit Paketen auf dem Rücken und Paketen auf dem Bauch und einer Decke über den Schultern wanderten sie froh zum Appellplatz, wo sie Mann für Mann aufgerufen wurden und ihr Name auf der

Liste ein Kreuz erhielt. Diese Kreuze wurden ihre Grabkreuze. Aber sie wußten es nicht. Sie fuhren aus dem Lager hinaus, geradenwegs durch die beiden Tore. Der Omnibus hielt auf der anderen Seite der Anlage. Dort ist eine neue kleine Baracke entstanden. Sie wurden hineingeführt und mußten dort das Hemd ausziehen, weil sie geimpft werden sollten. In der Baracke sah es sauber und ordentlich aus. Weiße Decken lagen auf den Tischen, und zwei weißgekleidete »Ärzte« erwarteten sie. (Zwei Gefangene, die nie Ärzte gewesen waren, und die die Büttelarbeit übernommen haben!) Auf einem Tisch lagen mehrere Spritzen bereit. Der eine »Arzt« gab dem Gefangenen die Spritze, während der andere sie aufs neue füllte und auf den Tisch legte. Dann wurde der Gefangene von einem »Pfleger« durch die gegenüberliegende Türe geführt. Kaum war er durchgegangen, da fiel er auch schon tot um. Die restlichen Kleider wurden ihm ausgezogen, und die Leiche wurde dann direkt weiter in den Krematoriumsofen expediert.
Dies hat einer der »Ärzte« im Rausch verraten. Denn getrunken wird natürlich auch. Es ist des öfteren vorgekommen, daß jemand an Methanolvergiftung gestorben ist. Ein Norweger starb dieser Tage auch an einem solchen »Rausch«. Ein anderer wurde beinahe blind.
Leider spukt es für die Juden aus Liberose. Ein Teil von ihnen ist schon »ausgesucht« worden. Viele sterben auch »natürlich«. Der arme Wolfberg! Ihr müßt zu Hause grüßen, sagte er. Er wird schon vorbereitet sein.
Mitten in diesem Elend und in dieser Unheimlichkeit existiert immer noch der Sonderbau, das Hurenhaus.

Zehn Mädchen haben sich auf diese Weise »freigekauft« von einer Strafe, die sie schlimmer dünkte. Und als Begleitung zu all dieser »Betriebsamkeit« donnern, quietschen und brüllen die Lautsprecher ringsum im Lager von dem Augenblick an, da wir abends von der Arbeit kommen, bis wir zu Bett gehen. Modernste Operettenmusik, Chorgesang, Militärmärsche, Nachrichten und Propaganda, merkwürdigerweise ab und zu auch wirklich gute Musik: Bach, Beethoven, Brahms, Schubert, Schumann. Aber die Lautsprecher sind so erbärmlich schlecht, daß es eine Qual ist, selbst diese Musik zu hören.
Wir bekommen allmählich »reichlich Platz« im Lager. Seit wir hier sind, war das Lager noch nie so schlecht belegt. Darum soll jetzt etwas umbelegt werden. Alle, mit Ausnahme der Norweger, sollen nach Kommandos geordnet untergebracht werden Wir sollen uns auf zwei Blöcke verteilen, so daß wir anstatt vierhundert nur hundert auf jedem Block sind. Das wird ja das reinste Luxusdasein werden, wenn auch unter normalen Verhältnissen immer noch anderthalb hundert Gefangene zuviel da wären. Ach ja, normale Verhältnisse. Was ist das? Für uns hat sich alles verschoben: die Zeit, der Maßstab und die Begriffe. Es wird schon schwer werden, wieder Häuser für Menschen im normalen Maßstab zu zeichnen.

Edgar Kupfer-Koberwitz 1906–1991 KZ Dachau

Vor drei Wochen lieferte man hier einen Italiener ein, der fünfundzwanzig Jahre in Frankreich gelebt hatte, Turi hiess er. – Er hatte eine schwere Gehirnerschütterung, schlief drei Tage lang, zwei Betten von mir ent-

fernt, kam dann erst langsam zu sich. – Er kann sich nicht erinnern, was ihm geschehen ist.
Jetzt kam ein anderer Italiener von demselben Kommando zu uns, der klärte den Fall auf. – Der Italiener Turi ging, um »Nachschlag« zu holen, und ein anderer Italiener mit ihm. – Der Capo kam dazu und schlug beide mit der Faust nieder. – Der eine fiel unglücklich auf eine Treppenstufe und starb eine halbe Stunde später. – Der Italiener, der hier war, Turi also, blieb leben. – Seltsam ist, dass auch die Ärzte hier nicht wussten, was ihm passiert war, man hielt es für einen Betriebsunfall.
Der Capo, der das tat, Joseph mit Namen (leider konnte ich den Namen nicht ganz erfahren, nur dass er ein Danziger Volksdeutscher sein soll), soll trotzdem sehr ruhig weiter Capo sein und alle terrorisieren. – Er ist ein ehemaliger Legionär der französischen Fremdenlegion, in der er zwölf Jahre lang gedient haben soll. – Er macht angeblich Schiebergeschäfte mit dem dortigen SS-Kommandoführer, und so geht alles gut, er kann ruhig Leute totschlagen, ganz so, wie es in den vergangenen Zeiten der Brauch war. Einen anderen Kameraden soll er vor aller Augen erschlagen haben, weil er einige Minuten zu spät zum Appell kam, – einen Mann von etwa fünfzig Jahren. – Zuerst soll der Kommandoführer den Mann tüchtig geohrfeigt und dann dem Capo erklärt haben: »So, jetzt besorg Du's ihm!« – Der schlug ihn, bis der Kopf des Mannes gegen eine Lokomotive fiel. – Aber er liess nicht von ihm ab. – Eine Stunde später, oder sofort darnach, sei der so geschlagene Kamerad dann gestorben, der Italiener wusste das nicht mehr genau zu

sagen. – Und dieser Fall ereignete sich schon vor dem Falle Turi.

Aimé Bonifas *1920 (KZ Osterhagen/Harz)

Die meisten Häftlinge sind äußerst mager und schwach. Der Hunger plagt uns mehr denn je. Sobald man sein Stück Brot empfangen hat, muß man es hastig verschlingen. In den Augen glimmt ein tierisches Leuchten. Ein Franzose, der mit einem Transport aus Breslau vor der Roten Armee evakuiert wurde, erzählt uns, in ihrem Lager sei der Hunger so schrecklich auf die Spitze getrieben worden, daß sich Häftlinge auf die Leichen gestürzt hätten, um Fetzen davon zu verschlingen. Ein anderer berichtet, daß Häftlinge, die die Asche des Krematoriums zu entleeren hatten, darin nach Knochenmark suchten. Man hört noch schrecklichere Geschichten. Ich habe solche Dinge nicht gesehen, aber ich halte sie für möglich und danke meinem Gott, daß er mich nicht über meine Kraft geprüft hat.
Wir stürzen uns auf alles, was auch nur einigermaßen eßbar aussieht: auf Gras, Wurzeln, Rübenschalen oder Kartoffelschalen. Die ersten Löwenzahnblätter sind eine Delikatesse; man würde Steine essen, wenn sie nicht so hart wären!
Um diese Zeit habe ich mich an zwei Kameraden besonders eng angeschlossen. Außer mit Amaro verbindet mich eine feste Freundschaft mit Beckett, einem jungen Franzosen aus Doullens, einem Protestanten englischer Abstammung. Wir richten es so ein, daß wir immer nebeneinander arbeiten, wir sprechen uns Mut zu und helfen uns soweit wie möglich. Oft, wenn wir zur Baustelle gehen, versuche ich, mich an ein Wort

der Schrift zu erinnern, und schlage ihnen eine Tageslosung vor. Man ist stärker, wenn man gemeinsam den Kampf gegen so viele entmutigende Dinge führt. Welcher Durst nach Gerechtigkeit, Friede und Liebe ist zeitweise unter den Jungens! Welcher Hunger nach Gott! Gewiß, man soll sich nicht irgendwelchen mystischen Heroismus vorstellen: Unser geistliches Leben flackert fast ebenso kümmerlich wie unser körperliches. Wir sind arme Kerle, verbraucht vom Elend. Alle unsere Fähigkeiten sind herabgesetzt, unser Gedächtnis hat sichtlich nachgelassen, und es kommt sogar vor, daß ich bei den Bitten des Vaterunsers stottere. Doch im Grunde ist der Glaube da, wenn auch die Mittel fehlen, ihm Ausdruck zu geben; ein nackter und einfacher Glaube, den zwar die Stunden der Angst und des Zweifels schwanken lassen, aber niemals auslöschen können; im Gegenteil, er erscheint gerade in den allerdunkelsten Augenblicken, wenn alles zusammenzubrechen droht. Es ist ein Geheimnis um den Glauben! Ich mache deutlich die Erfahrung, daß der Glaube mir geschenkt wird, er kommt nicht aus mir selbst. Mit Amaro gemeinsam richten wir, ehe wir einschlafen, unsere Bitten – und solche haben wir immer – an den barmherzigen Herrn, aber auch unseren Dank und unsere Fürbitte für die Unsrigen; denn es gibt immer Grund zum Danken und sichtbare Gebetserhörungen. Ich erbitte mir die Gnade, die Meinen und mein Vaterland wiedersehen zu können, aber ich habe gelernt zu sagen: »Dein Wille geschehe!« Ein- oder zweimal bin ich von den Hindernissen, die es bis dahin zu überwinden gilt, entmutigt und schicke mich darein, in Gefangenschaft zu sterben. Das Ziel ist erreicht, nun ist

Frankreich vom Naziunrat befreit, das Wichtigste ist errungen. Aber vor meinem Tod möchte ich an meine Verwandten schreiben können und sie um Verzeihung bitten für allen Kummer, den ich ihnen gemacht habe, und ihnen sagen, daß ich am Glauben festgehalten habe.

Viktor Seehöfer *Muschaken bei Allenstein*

Weiter ging es in Holzpantoffeln oder mit in Lumpen umwickelten Füßen am nächsten Tage nach Muschaken [Gefangenenmarsch]. An diesem Tage brachen viele zusammen – auch der bekannte 73jährige v. Freisleben aus Allenstein erlag einem Anfall. Das Haus, in dem wir diese Nacht verbringen sollten, war klein und bot uns keine Liegemöglichkeit. Aus mir selbst unbekannten Gründen öffnete ich eine Tür zum Hof. Dafür bezog ich von 2 russischen Posten fürchterliche Hiebe mit Bajonett und schwerer Paucke. Vom Schmerz betäubt, kauerte ich in einem Kellerwinkel. So hörte ich nur mit halben Sinnen das leise und lautere Wimmern und Weinen der zu jugendlichen deutschen Mädchen, die von unseren Posten – diesen russischen Bestien – vergewaltigt wurden.

Der deutsche Kriegsgefangene Walter D. *1921
Camp Maxey/Texas

Es ist so schwer zu schreiben. – Die Russen stehen dreißig Meilen vor Berlin. Vor Küstrin toben schwere Kämpfe. Im Westen stehen die Alliierten vor einer großen Offensive. – Wie wird das alles enden?

Grete Paquin **Geismar**

Gustav ist in Rußland gefallen. Was für ein langer und schwerer Weg für ihn von seinem Gartengruß »Unter Blütenbäumen hat im Frühlingssegen hier zum Träumen ein Soldat gelegen« bis zum Wintertod im Osten. Harald sitzt viel bei mir, und wenn ich Zeit habe, diskutieren wir über die Lage. Er vertrat bisher immer die Meinung, daß jede Obrigkeit unsern vollen Gehorsam fordern muß, ganz gleich, ob uns das paßt oder nicht, denn mit dem Aufhören des Gehorsams beginne die Herrschaft der Anarchie. Mein Standpunkt dagegen ist, daß eine Obrigkeit, die offen gegen Gottes Gebote verstößt, nicht mehr den von Gott gebotenen Gehorsam verlangen kann, sondern daß es dann berechtigt ist, auf ihren Sturz hinzuarbeiten. Jetzt läßt Harald mein Denken gelten, das ist schon viel. Wir nehmen unsere Verschiedenheiten von der heiteren Seite und necken uns damit.

Agnes Seib 1910–1982 **Brockhöfe/Kreis Uelzen**

Ein unfreundlicher Morgen, aber viel Arbeit macht froh. Morgens mit den ABC-Schützen gearbeitet, nachmittags mit einigen Jungen gebastelt. Abends mit viel Mühe und Magdalenchens Hilfe die Sattlerarbeiten am 1. Rucksack fertig gemacht, nachdem auf Tante Dorles Maschine alle Maschinenarbeit erledigt war. Frau Smitts Zwirn leistete gute Dienste. Auch an der Kaffeemütze für Frau Klipp gearbeitet. Leider abends schon recht von Kopfschmerzen geplagt worden! Erst nach Mitternacht ins Bett.

Julien Green 1900–1998 *Washington*

Mrs. Simpson, bei der ich einige Tage in New York verbrachte, hat »loyale«, das heißt der Regierung der Vereinigten Staaten treue japanische Bedienstete. Deren kleiner Junge, Kazu, ist vier Jahre alt. Ich sah ihn manchmal durch die offene Tür des Korridors, wie er ganz alleine im Zimmer seiner Eltern spielte. Er trug eine Art Kimono, der an der Taille mit einem Stück Stoff zusammengebunden war, und vertrieb sich die Zeit mit einer Eisenbahn oder drehte sich im Kreis und schwenkte schweigend ein amerikanisches Fähnchen. Manchmal murmelte er Worte, die ich nicht verstand. Sein gelbes, trauriges und nachdenkliches Gesichtchen kommt mir hin und wieder in den Sinn. Welche Einsamkeit um ihn herum… Freilich, mit wem sollte er spielen? Ich habe versucht, mit ihm zu sprechen. Er kam barfuß auf mich zu, aber von jäher Scheu erfaßt, rannte er weg.

Der Suchdienst des Deutschen Roten Kreuzes 1985

Kindersuchdienst UK – 01692 – weiblich
Familienname: unbekannt
Vorname: unbekannt
angenommenes Geburtsdatum: 12.4.1944
Fundort: Dresden, nach dem Bombenangriff am 13./14.2.1945
Bekleidung: unbekannt
Personenbeschreibung: Braune Augen, mittelblondes Haar, auf der Brust ein 3–4 mm großes Muttermal. Das einzige Wort, welches sie sprechen konnte, war »Issil«.

Rundfunksendung **(Berlin)**
18'25
Wissenschaftsecho
Beantwortung der Landser-Frage: Warum heißen Frontsoldaten eigentlich Landser?
Wissenschaft auf neuen Wegen. Vivisektion in Farben
Gespräch mit Dr. Schulz über die Farberkennung der Bienen (Bericht über die Forschungen Karl von Frischs)
Deutscher KW-Sender (?)

Der Soldat H. St. *1925 **Kurland**
Kino: ›Die Frau meiner Träume.‹

Der Gefreite Eckart Oestmann *1922 **Kurland**
Heute war es kalt. Bei Nordwind und klarem Himmel sank das Thermometer unter Null. Gestern Abend war ich mit dem Leutnant noch beim Stab. Wir hatten Glück, denn im Kasino gab es eine geschlossene Kinovorstellung, an der ich teilnehmen konnte. Es gab den Unterhaltungsfilm »Meine Freundin Josephine«. War ganz belustigend.

Der Soldat Heinz Herbst *1921 **Wermelskirchen**
Donnerstag. Vormittag- und Nachtdienst. Nachmittags Kino »Der Privatdetektiv« – schlecht. Anschließend Spaziergang mit Gustl, Elsi und Friedel. In »Zur Post« netten Abend abgeschlossen. – Dresden angegriffen! Versucht zu telefonieren. Erfolglos. Mit Moni telefoniert.

Aus dem Wehrmachtbericht
Das Vergeltungsfeuer auf London wird fortgesetzt.

Fünfzig Jahre danach

Kollektive Trauer, viel Show und kritische Zwischentöne
Die Gedenkfeiern in Dresden zur Bombennacht vor 50 Jahren wurden als Spektakel mit 80 Veranstaltungen inszeniert – »Wo bleibt die Stille?« – Herzogs passende Worte
Von unserem Redakteur Harald Biskup
Kölner Stadtanzeiger, 14.2.95

Dresden. – Es ist nicht überliefert, wer der Urheber des bösen Wortes von den »Trauerfestspielen« ist. Zu jenen, denen das Gedenken an die Nacht vor 50 Jahren, als Dresden im Feuersturm britischer, kanadischer und amerikanischer Bomben unterging, zu pompös erscheint, gehören jedenfalls Kirchenleute. Sie, die durch die alljährliche Lichterprozession zur Ruine der Frauenkirche den Propaganda-Versuchen der SED vor Jahren mit der Kerze in der Hand ein schlichtes, aber unübersehbares Fanal der Versöhnung entgegengesetzt haben.
Verkommt die kollektive Trauer etwa zu einer Show, zum Medienspektakel, ja womöglich zur wohlfeilen PR-Aktion für den Wiederaufbau des in der Bombennacht in Schutt und Asche zerfallenen Wahrzeichens?

Satelliten-Fahrzeuge und Ü-Wagen

Einer, der sein Unbehagen am Verlauf des offiziellen Gedenkens ganz offen ausspricht, ist Michael Müller, Pfarrer der Kreuzkirche. Vor laufenden Kameras, so meint er, laufe eine Inszenierung ab, die dem Anlaß nicht gerecht werde. Mehr als 80 Veranstaltungen sind in einer Aufstellung des Kulturamtes verzeichnet – Konzerte, Theater, Vorträge, Installationen –, als gelte es, ein Festival auszurichten. Für westliche Maßstäbe, verteidigt der Schriftsteller Peter Grohmann die Programmfülle, sei das doch eher mager.

Seit Tagen beherrschen Satelliten-Fahrzeuge und Ü-Wagen die Gegend um den Kulturpalast, der sich indirekt auch dem Inferno vom Februar 1945 verdankt. Totengedenken im Medienzeitalter setzt eigene Maßstäbe von Würde. Natürlich inspirieren derlei Jahrestage Künstler, und man darf ihnen gewiß nicht von vornherein Profilierungsabsichten unterstellen.

So sind an diesem Tag durchaus kritische Zwischentöne zu dem »Glocken-Requiem« mit 47 Geläuten Dresdner Kirchen am Sonntagabend zu hören, arrangiert von dem aus Dresden stammenden Komponisten Johannes Wallmann. »Wo bleibt die Stille?« hat jemand verzweifelt an eine Wand gekritzelt.

Natürlich will auch der Mann mit dem »Restposten Sonderstempel« sein Scherflein an dem Gedenktag verdienen. Die Schreckensnacht vor 50 Jahren ist in der Stadt allgegenwärtig. An einem Stromkasten beim Goldenen Reiter hat an verbotener Stelle ein unbekannter Lyriker seine Gefühle zum Jahrestag in Worte gefaßt: »Mit Sägen seziert: Der Asphalt, darunter, was Jahre verborgen blieb, Narbengeruch, unsagbar brennender Wunde steigt auf zu einer Brise Haarausfall ...«

Auf den Elbwiesen probieren an diesem sonnigen Februar-Nachmittag Kinder unbeschwert ihre Skateboards aus. Zu Tausenden waren die Dresdner während der »Operation Donnerschlag« aus ihren brennenden Häusern an das Flußufer geflüchtet – in der trügerischen Hoffnung, dort dem Tod entrinnen zu können. Am Nachmittag des Faschings-Dienstags 1945 kam der Angriffsbefehl für »Martha Heinrich Acht«, für die britische Bomber-Staffel, die die prachtvolle Sachsen-Metropole in Schutt und Asche legen sollte.

Etwa zur gleichen Zeit begann gestern im Kulturpalast mit Max Regers »O Mensch, bewein dein Sünde groß«, ausgeführt von der Sing-Akademie Dresden, die zentrale Gedenkfeier.

Die Sicherheitsmaßnahmen sind streng, die Polizei hat ihre Kräfte aus dem gesamten Freistaat zusammengezogen. Man möchte weder rechten noch linken Störenfrieden Gelegenheit zu Selbstdarstellung geben. Dresden gilt als Hochburg von Rechtsradikalen, und oft genug hat die Polizei in der Vergangenheit weggeguckt. Dafür hat diesmal eine dem linksautonomen Umfeld zugerechnete »Antideutsche Gruppe Pola Ester« unübersehbar auf sich aufmerksam gemacht.

Auf dem Heidefriedhof, wo gestern vormittag Politiker, Militärs, Prominenz aus Großbritannien und den USA und ganz normale Dresdner Bürger Kränze und Blumen niederlegten, haben die jungen Leute die Botschaft des Mahnmals (»Wieviele starben? Wer kennt die Zahl?«) mit leuchtend roter Farbe »korri-

giert«: »Auschwitz, Majdanek, Treblinka – Deutsche TäterInnen sind keine Opfer.«
Roman Herzog, hatte der Schriftsteller Ralph Giordano befürchtet, könne sich womöglich ungewollt in das Lager der »Aufrechner« begeben. Giordano im Vorfeld des Gedenktages: »Entsetzen, Trauer über die Hochofen-Vernichtung Dresdens – ja, aber nicht mit den Apologeten der These ›Deutschland, das ewige Opfer der Geschichte‹. Der Bundespräsident bleibt sich treu und stellt im Duktus seiner Reden im Warschauer Getto und in Auschwitz gleich zu Beginn seiner Rede fest: »Niemandem geht es um Anklage oder Aufrechnung.«
Von seinem Platz im Mittelfeld aus verfolgt einer gespannt die Ausführungen, der in dieser Stunde womöglich ähnliche Akzente gesetzt hätte, obwohl auch anderes aus seinem Munde zu hören war: Justizminister Steffen Heitmann, um den es wieder ziemlich still geworden ist. Nur wer zur »ganzen Geschichte« stehe, sei zur Versöhnung fähig, sagt Herzog. Leben könne man nicht gegen Leben, Schmerz nicht gegen Schmerz, Todesangst nicht gegen Todesangst, Entwürdigung nicht gegen Entwürdigung aufrechnen.
Aus Respekt vor den Bomben-Opfern wird kein Beifall gespendet; ein Satz, der vermutlich Beifall gefunden hätte, steht wie ein Leitmotiv über der Rede: »Leid kann man nicht saldieren.«

Gäste aus zwölf Partnerstädten

Einträchtig sitzen sie nebeneinander, die Feinde von einst, die längst zu Partnern geworden sind. Der Herzog von Kent vertritt das britische Königshaus (die

Dresdner haben es der Queen bei ihrem Besuch vor drei Jahren übel genommen, daß sie die Frauenkirche nur aus schamvoller Entfernung passierte), Botschafter Redman die Vereinigten Staaten.
Delegationen von zwölf Partnerstädten Dresdens sind gekommen, die allesamt unter Hitlers Angriffskrieg zu leiden hatten. Darunter sind St. Petersburg, Rotterdam, Coventry und Columbus (Ohio). 800 Flieger aus dem US-Städtchen sind nicht mehr aus dem Krieg heimgekehrt.
Mit Coventry ist man schon seit 1959 offiziell verbunden. »Aus der Verwüstung unserer beiden Städte«, ruft Oberbürgermeister Nick Nolan aus, »ging ein Lichtstrahl der Toleranz aus.« Der unpathetisch wirkende Ire bemüht starke Metaphern: »Das Flammenmeer von Coventry und Dresden enzündete einen Funken der Hoffnung.«
Der Bundespräsident scheut sich in diesem Augenblick nicht, die Opfer der Dresdner zu relativieren: Die Stadt sei nicht das »flammendste Beispiel«, wenn es um die Scheußlichkeiten des modernen Krieges gehe.
Und er kommt auch jenen entgegen, die an dieser Stelle ein Wort zu den aktuellen Greueln hören wollten, ohne Sarajevo und Grosny, die neuen Synonyme für Haß und Krieg, beim Namen zu nennen.

Charles Burney

In der Frauenkirche 1772

Sonntags, den 20. September. Heute früh ging ich in die lutherische Frauenkirche, welche an einem großen Marktplatze liegt. Es ist ein sehr edles und feines Gebäude von Quadersteinen und hat eine hohe Kuppel in der Mitten; auswendig ist es ein Viereck, aber inwendig hat es die Gestalt eines Amphitheaters. Vor dem Altartische ist eine Erhöhung, über welcher man eine prächtige Orgel gebauet hat. Dies ist das einzige mir bekannte Exempel einer an der Ostseite der Kirche gelegenen Orgel. Alle, die ich gesehen habe, lagen am Ende des Chors westlich oder auf einer Seite. Das Singen unter Begleitung eines so schönen Instruments tut hier ungemeine Wirkung. Die ganze Gemeinde, an dreitausend Personen stark, singt im Einklange meist so langsame Melodien, wie die, welche in unseren Pfarrkirchen üblich sind; allein da die Leute hier zu Lande musikalischer sind als bei uns und von Jugend auf gewöhnt werden, den größten Teil des Kirchengesanges selbst zu singen, so hielten sie besser Ton und machten einen der größten Chöre, die ich je gehört habe.

Das Gebäude ist sehr hoch und geräumig, zwischen den Pfeilern sind vier Emporkirchen von schöner Form über einander; die Sitze an der Erde gehen im Kreise herum, alle haben das Gesicht nach dem Altare zu. Überhaupt war dies eine der andächtigsten, ehrwürdigsten Gemeinden, die ich gesehen habe.

Dr. Theodor Morell 1886–1948
Kein Eintrag **Berlin/Reichskanzlei**

Der Pressereferent Wilfred von Oven
Berlin/Propagandaministerium
Der Minister ist gestern zur Oderfront gefahren. Wir brauchen heute von Berlin bis zur Front keine tage- oder wochenlangen Reisen mehr zu machen. In zwei knappen Autostunden ist man in Frankfurt an der Oder. Es ist nicht viel Erfreuliches, was der Minister zu sehen bekommen hat.

Dr. Rudolf Semler *1913
Berlin/Propagandaministerium
Wir haben jetzt Berichte über die Katastrophe von Dresden zusammengetragen. Zwei Luftangriffe hintereinander verursachten 100 000 Tote. Die Stadt war vollgestopft mit Flüchtlingen aus dem Osten.
Die unendliche Flut von schlechten Nachrichten in den letzten Monaten hat selbst Goebbels mürbe und lustlos gemacht. Seine alte Energie beginnt nachzulassen. Sein Gesicht ist eingefallen. Sein Haar ist an den Schläfen ergraut. Seine Frau macht sich Sorgen um seine Gesundheit. Der Kunst von Professor Morell, dem Leibarzt des Führers, der dieselben Symptome bei Hitler festgestellt hat, gibt es Rätsel auf. Frau Goebbels erzählte mir das heute Abend in großer Sorge.

Ich sah Goebbels das erste Mal die Kontrolle über sich selbst verlieren, als er die schlimmen Berichte über die Katastrophe in Dresden erhielt. Die Tränen traten ihm in die Augen vor Trauer, Wut und Erschütterung. Zwanzig Minuten später sah ich ihn wieder. Er weinte immer noch und sah aus, wie ein gebrochener Mann. Aber dann kam ein leidenschaftlicher Wutausbruch; seine Adern schwollen an und er wurde rot wie ein Hummer. Vier aus seinem Stab beobachteten die Szene. »Wenn ich die Vollmacht hätte«, schrie er, »würde ich diesen feigen und zu nichts zu gebrauchenden Reichsmarschall anklagen. Er sollte vor den Volksgerichtshof gestellt werden. Was für eine Bürde an Schuld hat dieser Parasit auf sein Haupt geladen durch seine Schlampigkeit und sein Interesse ausschließlich an seiner Bequemlichkeit. Warum hat der Führer nicht auf meine frühen Warnungen gehört? Man hat mich immer einen Pessimisten genannt und einen unwissenden Zivilisten, der von militärischen Angelegenheiten nichts versteht!«
In diesem Stil erhob er massive Anschuldigungen gegen Reichsmarschall Göring, sie dauerten eine halbe Stunde, und im Unterton waren sie auch gegen Hitler gerichtet. Nach den ersten Worten schloß Dr. Naumann das Fenster, das auf den Wilhelmsplatz hinausging.
An diesem Tag erzählte Goebbels auch, was Reichskommissar Terboven über ein Gespräch berichtete, das er mit Göring hatte. Terboven besuchte Karinhall. Es war Sonntag, und der Himmel über Deutschland war schwarz von amerikanischen Bombern. Göring forderte von dem diensthabenden Adjutanten den

Luftlagebericht für Karinhall und Umgebung an. »Im Augenblick nichts zu berichten«, kam die Antwort. Göring sagte daraufhin zu Terboven: »In Ordnung, lassen Sie uns ein wenig jagen gehen.«

Goebbels fuhr dann aufgebracht fort: »Ist es nicht eine Schande, wenn der Oberbefehlshaber unserer Luftwaffe an einem Tag wie diesem in den Wald auf die Jagd geht, anstatt von Kampfgruppe zu Kampfgruppe zu fahren, um den Besatzungen Mut zu machen? Macht es einen nicht rasend, wenn man daran denkt, daß er auf die Jagd anstatt in die Flugzeugfabriken fährt und die Saboteure hinauswirft, die die Produktion aufhalten? Es ist ein Verbrechen gegen das Volk, die Zeit untätig zu verbringen, anstatt die Raffinerien für synthetisches Öl aufzusuchen und ihre Reparatur zu beschleunigen.«

Aber Goebbels kämpft gegen Windmühlenflügel, und er erhält keine Unterstützung von Hitler bei seinen Angriffen auf Göring.

Joachim von Ribbentrop 1893–1946 (Berlin)

Eine Szene aus den letzten Wochen sei hier noch erwähnt. Eines Tages, es war kurz nach den schweren Luftangriffen auf Dresden, rief mich Botschafter Hewel an: Der Führer wolle auf einen ihm gemachten Vorschlag hin für jeden in Dresden getöteten Zivilisten einen Kriegsgefangenen als Repressalie erschießen lassen. Die Wehrmacht und auch die Parteileitung habe dagegen Stellung genommen, aber der Führer bestehe darauf, weil die Greuel in Dresden, wo Zehntausende von Frauen und Kindern getötet wurden, zu furchtbar seien. Der Führer wolle jedoch mit mir wegen der Genfer Konvention sprechen. Ich habe daraufhin um sofortigen Empfang gebeten. Hitler erwartete mich im Garten der Reichskanzlei. Ich sagte ihm, daß der ihm gemachte Vorschlag keinesfalls durchgeführt werden dürfe, wies auf die schweren Folgen hin und gab ihm klar zu verstehen, daß ich kein Abgehen von der Genfer Konvention mitmachen würde. Der Führer wurde sehr erregt und schnitt mir kurz das Wort ab, hat aber dann doch angeordnet, daß der Befehl nicht gegeben wurde. Die Unterredung dauerte nur ganz kurz; aber obwohl Hitler mir nichts Endgültiges sagte, wußte ich, daß er den Befehl nicht geben würde. Botschafter Hewel kam kurze Zeit darauf zu mir und sagte, daß der Führer die Absicht gehabt habe, trotz gegenteiliger Stellungnahme von Wehrmacht und Parteiseite, den Befehl zu erteilen, und daß er erst durch meine Vorstellung davon abgelassen habe.

Grete Stöcker *1926 **Derschlag**

Tieflieger von 13 bis 18 Uhr. Züge beschossen in G'bach, Dieringhausen und Derschlag. Birkenbeuls Häuschen brannte durch Leuchtspur – gelöscht! Nachbarshäuser beschossen. Elternhaus durchschossen, Loch in Wand, Dach und Speichervorbau. Leuchtspur nicht gezündet. Vater Geschoss auf Kaninchenstall gefunden. Auf dem Bahnhof Zug schwer beschädigt. Mutter zum ersten Mal im Bunker, sie war ganz durcheinander. Gott sei Dank keine Bomben mehr.

Hans Müller 1927–1945 **Meinigen**

Kürzlich wären wir beinah von Tieffliegern angegriffen worden. Sie kreisen schon ein; vorher haben sie noch einen Zug beharkt. Das sahen wir noch unterm Halten – etwas 1500 m entfernt. Dann sofort runter vom LKW! In den Wald! Gott sei Dank war alles da. Vorher hatten wir gehalten, um kurz »durchzumeilern«. Rechts und links nur freies Feld. Jeder Jäger hätte uns paar Männeken schwer am Kragen gekriegt. Jedenfalls waren wir doch am Wald. Ein deutscher Jäger hat die Kerle dann vertrieben. Das waren drei Amerikaner. Die Verwundeten von dem angegriffenen Zug transportierten wir 2 Stunden später auf dem Bahnhof mit dem LKW weg. Acht Tote waren auch dabei, die bekamen wir aber nicht zu sehen. In dem Augenblick – glaub es mir! – wünschten wir uns nichts mehr, als daß einer der Schweinehunde bei uns runterkäme.

Der britische Kriegsgefangene Samuel Charles Grace **Stalag XX B**

Pause. Große Mengen an Kartoffeln hier. Unsere Köche müssen unsere Fleisch-Ration braten, wird alles rausgeschmissen, üble Sache gerade zu dieser Zeit.

Der amerikanische Kriegsgefangene Ray T. Matheny *1925 **STALAG 17 B, Krems/Österreich**

Das 15. Geschwader der Air Force verstärkte seine Angriffe auf den Großraum Wien und schickte große Verbände von B-24- und B-17-Bombern, die unter dem Schutz von P-51-Jägern flogen. Sobald Jagdflieger der Luftwaffe einen Bomber oder Jäger abgeschossen hatten, kamen sie auf unser Lager heruntergestürzt, rissen ihre Maschinen kurz über unseren Baracken hoch und flogen ein paar Siegesrollen. Das war phantastisch anzusehen, doch wußten wir auch,

daß fast jede dieser Kunstflug-Figuren den Tod von möglicherweise zehn amerikanischen Fliegern bedeutete. Eines Tages sahen wir während eines Angriffs drei B-24 in Flammen zu Boden stürzen. Kurz danach kamen eine Me-109, eine FW-190 und eine zweimotorige Me-110 auf das Lager heruntergebraust und vollführten ihre Siegesrollen. Die Jäger kamen zurück, um das Flugmanöver zu wiederholen, und wir sahen voraus, daß sie noch weiter heruntergehen und wohl eher einen Tiefstflug mit viel Lärm veranstalten als ihre Maschinen neuerlich für einen Überschlag hochreißen würden. Mehrere von uns liefen auf die Lagerstraße hinaus und suchten sich Steine zum Werfen. Und in der Tat: die Me-110 kam mit etwa 650 Stundenkilometern kurz vorm Boden aus ihrem Sturzflug heraus und zog etwa hundert Meter über den Wachtturm nach oben. Die FW-190 kam über dieselbe Flugbahn herunter, nur etwas höher. Die Me-110 kam aus ihrem Sturzflug heraus, schaffte es jedoch nicht so leicht wie die anderen, aus der Rollbewegung herauszukommen, und flog höchstens zwei oder drei Meter über den am Ende der Lagerstraße aufragenden Wachtturm hinweg. In diesem Augenblick warfen wir unsere Steine senkrecht in die Höhe. Ich sehe die Steinbrocken noch heute der Me-110 entgegenfliegen; sie haben die Luftschrauben nur um Zentimeter verfehlt. Die Wachen waren außer sich über diesen Zwischenfall und wußten, daß wir es ums Haar geschafft hätten, eine Maschine zum Absturz zu bringen.
Am nächsten Tag verlas Struck beim Morgenappell die neuesten Verlautbarungen: »Den Gefangenen ist verboten, tieffliegende Flugzeuge mit Steinen zu bewer-

fen.« Das hatte schallendes Gelächter von den Kriegies zur Folge, und selbst Struck tat sich schwer, es vorzulesen.

Richard Meyer-Jungcurt *1911 Zittau

In den letzten Tagen gab es mehrfach Fliegeralarm. Die Bevölkerung wurde durch ein mächtiges Gebrumme in der Luft beunruhigt.
Wir konnten in Erfahrung bringen, daß fürchterliche Bombenangriffe auf Dresden erfolgt sind und daß große Teile der Stadt vernichtet und ausgebrannt sein sollen. – Im Lazarett waren in den Abendstunden noch 25 Verwundete eingetroffen. Oberfeldarzt Dr. Keller und ich mußten daher gestern unseren Besuch im hiesigen Ratsweinkeller frühzeitig abbrechen. Die Stadt ist reich an gepflegten Wein- und Bierlokalen und netten Cafés. Nach fast dreijährigem Aufenthalt im Osten empfinden wir diesen »Reichtum« direkt als wohltuend.

Ernst Jünger 1895–1998 Kirchhorst

Ein schöner Tag. Der hohe Haselstrauch vor meinem Arbeitszimmer hat sich über Nacht mit wolligen gelbgrünen Blütenschnüren ausgeschmückt. Fortgang der entsetzlichen Zerstörungen; außer Dresden wurde auch Wien schwer bombardiert. Man hat das Gefühl von Schlägen, die gegen einen Kadaver gerichtet sind. Das Maß des Schmerzes scheint noch nicht voll zu sein. Weiter im Garten und am Schreibtisch. Gedanke: Ob diese Tätigkeit nicht der jener Insekten gleicht, die man zuweilen am Wege trifft – man sieht den Kopf noch fressen und die Fühler regen, während der Leib schon abgetreten ist.

Das ist indessen nur die eine Seite des Vorgangs; die andere ist gleichnishaft, sakramental. Man sät ohne Erwartung, daß man auch ernten darf. Ein solches Treiben ist entweder ganz und gar sinnlos oder transzendental. Welches von beiden: das zu bestimmen, liegt in unserer Hand.

Diskurs am Gartenzaun:

Ich: »'s ist heute lebhaft in der Luft.«

Der Nachbar: »Ja, Osnabrück und Chemnitz sollen zerstört worden sein.«

Ich hatte aber die Mücken, die zum ersten Male spielten, gemeint.

Ein Obergefreiter vom Luftnachrichten-Regiment 353 **Dresden**

Ich kam durch einen Zufall einen Tag nach den großen Angriffen auf Dresden hierher. Aber ich fand nichts weiter mehr vor als ein ausgebranntes Haus. Niemand war da, keine Anmerkung an der Hausmauer. Im Luftschutzkeller ist anscheinend niemand geblieben. Anscheinend sind Kinderwagen und einige Koffer gerettet worden. Denn ich fand keine Brandreste davon. Im Kellerdurchbruch lag ein verkohlter Mensch, wahrscheinlich die achtzigjährige Frau, die mit ihrer Tochter das Haus besessen und bewohnt hatte. In unserem Keller fand ich unter Asche noch ein paar heile Teller und ganz wenig Gläser und eine Kaffeekanne. Dies packte ich in einen leeren Korb, den ich fand, und brachte es zwei Kilometer weiter, um es unterzustellen. Vielleicht wird es einmal der Grundstein zum neuen Haushalt. Während ich hier sitze, mögen meine Lieben vielleicht gar nicht weit sein. Gott weiß, wann ich's erfahre.

Neue Zürcher Zeitung
London. Über 1100 amerikanische schwere Bomber setzten am Donnerstag, unterstützt von 500 Jägern, die mit der russischen Offensive an der Oderfront koordinierte Luftoffensive fort. Der größte Teil der Bomber griff erneut Dresden an, das damit in 48 Stunden drei schweren Luftbombardements ausgesetzt wurde. Ein zweiter schwerer Schlag wurde gegen... Cottbus geführt... In allen Zielgebieten wurden, wie die ersten Pilotenberichte besagen, ausgedehnte Brände verursacht. In Dresden wüteten noch die Brände von den vorangegangenen Angriffen.

Der britische Kriegsgefangene A. J. East
Stalag IV B, Mühlberg
Es gibt unzählige Gerüchte über die Befreiung von Kriegsgefangenenlagern im Osten. Die Lager 3D und Luft 3 gehören vermutlich zu denen, die von den Russen befreit wurden, während andere wilde Gerüchte besagen, daß Luft 3 von den Deutschen aufgegeben und dann beschossen wurde. Ich glaube das nicht, weil sich zwei amerikanische Offiziere in diesem Lager in Arrest befinden. Während sie von Luft 3 in das Nürnberger Gebiet evakuiert wurden, flohen sie bei Dresden aus einem Zug.
Wie dem auch sei, fünf Kameraden trafen hier nach einer aufregenden Zeit ein, und einer sprach vor zwei Abenden in der Nachbarbaracke über seine Erfahrungen. Sie waren in einem Lager in Landsdorf in Pommern, als die Russen näherkamen und Befehle für die Evakuierung ausgegeben wurden. Es waren 200 RAF-

Angehörige in dem Lager, und sie wurden zuerst und entsprechend der Rangordnung losgeschickt. 80 Männer hatten jeweils einen Bewacher, und es wurde befohlen, zu einer bestimmten Stadt zu marschieren. Auf dem Weg dorthin machten die fünf Kameraden, die jetzt hier sind, eine Pause und wurden von anderen Deutschen aufgegriffen. Die Stadt, die das Ziel der übrigen war, kesselten die Russen ein, und sie wurden alle befreit.
Kürzlich gab es bei Tag und Nacht zahlreiche Luftangriffe. Zum ersten Mal in diesem Krieg wurde am Mittwoch Dresden bombardiert. Der Strom ging gegen 20.30 Uhr aus, und zwei Stunden lang war der Himmel im Süden vom Aufblitzen und dem grellen Licht, verursacht durch die Brandbomben, taghell. Wir konnten das ständige Dröhnen der großen Bomber hören, die in der Nähe unseres Lagers vorbeiflogen. In der folgenden Nacht kamen die Fliegenden Festungen wieder, um »Tageslicht« zu schaffen.

Katharina Tietze **Dresden**

Am anderen Morgen – es war nun schon Freitag, der 16.2. – konnten wir uns im Waschraum etwas in Ordnung bringen und bekamen dann Kaffee und Schnitten. Dann machte sich Tante Dore auf den Weg nach Liegau – 1 Stunde weit – um bei unseren Verwandten zu fragen, ob sie uns aufnehmen oder anderswo ein Quartier verschaffen könnten. Ich suchte mit Vater einen Frisör zu erspähen; denn Rasierapparat hatten wir keinen bei uns. Doch der Laden war geschlossen. Also wieder zurück ins Lager! Dort standen die Menschen schon an, um nach Speisung der Arbeiter Plätze fürs Mittagsmahl zu bekommen. So lange konnten wir aber nicht stehen und begaben uns deshalb in einen anderen Aufenthaltsraum mit Tischen und Stühlen. Dort fand uns Tante Dore bei ihrer Rückkehr und meldete: Kommt nur gleich mit! Unten steht Lotte Garten und wartet auf euch mit Leiterwagen. Wir überlegten es uns natürlich nicht lange, sondern brachen ohne weiteres auf, begrüßten uns mit Lotte kurz, doch herzlich, setzten Vater auf eine Decke in den Wagen. Zwei andere dienten zum Zudecken. Lotte zog, Tante Dore und ich gingen neben dem Wagen. So hielten wir ausgebombten Flüchtlinge unseren Einzug in Liegau. Viele mitleidige Blicke trafen uns, und wir waren froh, als der Weg hinter uns lag; für Tante Dore das dritte Mal an diesem Tage! Bei Lotte kamen wir in eine nette, saubere Wohnküche, wo schon der Kaffeetisch gedeckt war. Aber wir baten erst um warmes Wasser, Seife usw. und reinigten uns mit Wonne erst mal richtig. Vater hatte ja noch dazu den vielen Ruß im Gesicht gehabt. Aber dann aßen wir tüchtig von den uns angebotenen Semmeln mit Butter und schöner Marmelade und tranken Kaffee. Es war nun schon Nachmittag geworden. Das Mittagessen hatten wir ja wegen unseres plötzlichen Aufbruches ausfallen lassen. Dabei wurde nun natürlich gegenseitig viel gefragt und erzählt. Tante Dore sollte noch bei Lotte bleiben, die am gleichen Vormittag schon eine alte Tante mit verheirateter Tochter aufgenommen hatte. Vater und ich sollten bei Lottes Bruder, Helmut Godtknecht, wohnen, der uns dann auch abholte. Seine Frau hatte inzwischen das Schlafzimmer schön für uns hergerichtet, die Betten frisch bezogen usw. Gastbetten hatten sie nicht, aber sie stellten uns mit der größten Selbstverständlichkeit in aufopfernder Weise ihre eigenen zur Verfügung und schliefen selber auf Sofa und Ottomane in Wohnzimmer und Küche.

Eva Schließer **Radebeul**

Endlich, am zeitigen Nachmittag des 16.2. war es so weit. Mit einem vollbeladenen Wagen und einem organisierten Karren fuhren wir nach Radebeul hinaus. Hier machten wir bei Madaus Station, wo auch der erwartete freundliche Empfang nicht ausblieb. Das Schönste: Wir konnten uns duschen. Nein, so ein Dreck! Meine Hände brauchten noch lange, bis sie wieder manierlich wurden. Im Labor wurden wir dann von Dr. Kuhn freundlich bewirtet. Ja, wir trafen hier sogar mit Ulla aus Dessau zusammen, die in Dresden nach uns sehen wollte und hier am neuen Verkehrsknotenpunkt Radebeul herausmußte.
Nach dieser Stärkung machte sich unsere kleine Karawane nach der Hoflößnitzstraße auf. Hier winkte nach den unendlichen Mühen der vergangenen Tage endlich Ruhe, Rast und Erholung. Wir waren nicht die einzigen, die nach dem paradiesisch stillen Radebeul hinauszogen. Auf Lastwagen, mit Rädern, Karren und zu Fuß mit Rucksäcken und Taschen beladen zogen die verängstigten Menschen hinaus zur Peripherie der Stadt. Unter ihnen waren wir durchaus nicht die Ärmsten. Wie viele hatten kein Ziel und besaßen nicht mehr als das, was sie auf dem Leibe trugen. Viele Tausende hatten ihre liebsten Angehörigen verloren. Wir wußten unsere nächsten Angehörigen gottlob unversehrt und waren selbst ohne gesundheitlichen Schaden

geblieben. Wie unendlich groß dieses Glück für uns war, kann nur der ermessen, der einen solchen Bombenhagel über sich ergehen lassen mußte. Alle materiellen Wünsche werden in diesen Schreckensminuten ganz klein. Nur leben, leben und gesund bleiben! Als wir bei dem 2. Angriff meinten, unser Haus wäre zusammengestürzt, hat uns das durchaus nicht mit Trauer bewegt. Wir waren viel zu froh, daß wir noch lebten. Und so ging es fürs erste allen, die diesen Schreckensnächten entronnen waren. Weinen könnte ich nur, wenn ich daran denke, daß unsere einmalige herrliche Frauenkirche bis auf die Grundmauern zerstört ist, daß auch an den Wunderwerken des Zwingers und der Hofkirche das Vernichtungswerk gleichgültiger, kulturloser Menschen nicht vorüberging. Manchmal bin ich ganz fassungslos, daß so etwas überhaupt möglich ist. Soll ich nie wieder von der Marienbrücke aus das unsagbar schöne Stadtbild, die grünen Patinadächer im Abendlicht leuchten sehen? Ist diese einmalige musische Atmosphäre, die durch Dresdens Straßen zog und über seinen Plätzen lag, mit seinen weißen Schiffen den Elbestrom bewegte, die in allen Herzen echter Dresdner schwang und weit in die schöne Umgebung dieser wundervollen Stadt ausstrahlte, nun wirklich dahin? Dresden, unser liebes, liebes armes Dresden, was ist aus dir geworden? Du warst 5 Kriegsjahre hindurch die beneidete Friedensinsel unter den deutschen Städten, nun – vielleicht kurz vorm Kriegsende wurdest du schlimmer zugerichtet als alle andern deutschen Städte. Tausende, über deren Ende niemals ein Mensch Zeugnis geben kann, liegen noch unter den Trümmerhaufen deiner alten und neuen Straßen. Dresden ist nicht mehr. Bliebe uns doch die Hoffnung, daß es einmal neu erstehen könnte. Aber Dresden ohne seine Kirchen und ohne seine alten Häuser am Altmarkt ist eigentlich kein Dresden mehr. Wir haben von dieser Stadt schon Abschied genommen, und wenn wir heute oder morgen auf die Landstraße müssen, lassen wir dem Feind nur das Werk seiner Vernichtung. Und doch fiele es uns so schwer, fortzugehen! Jeden Abend genieße ich den Vorfrühling, der hier an den Lößnitzhöhen besonders schön ist. Auch dieser Vorort, in dem wir durch die freundliche, großzügige Aufnahme Dr. Gerhards Unterschlupf gefunden haben, ist noch ein Stück unserer geliebten Stadt. Könnten wir doch den Frühling hier verleben, wir wollten nicht um unser Verlorenes klagen, sondern uns an dem schönen Garten, an der großen Terrasse und am Sonnenschein freuen. Aber leider, leider wird es wohl nicht so weit kommen. Ganz langsam aber stetig wächst das Russengespenst an. Kaum, daß wir uns ein wenig von den Schreckenstagen und den folgenden arbeitsreichen Wochen erholt haben, geht es wieder ans Packen und an Fluchtvorbereitungen. Es ist ein aufreibendes Dasein! Die Abendstunden in Gerhards gemütlicher Sesselecke, unser Zusammensein ist die Sehnsucht meines ganzen Arbeitstags und die einzige Freude, die ich recht genießen kann.

Götz Bergander *1927 **Dresden**

Trotz des erlittenen Schocks startete ich am nächsten Tag mit meinem jüngeren Bruder zur Anton-Graff-Straße, um nach guten Familienfreunden zu suchen.

Die Strecke war Friedrichstraße, Ostra-Allee, Postplatz, Wallstraße – diese war nur kletternd zu passieren, Ringstraße, Georgplatz, Bürgerwiese, Lennestraße/Großer Garten, Stübelplatz, Canalettostraße, Fürstenplatz. Ich wartete angsterfüllt auf neue Leichenberge, ging in der frisch erstarrten Vernichtung in hochgespannt abwehrbereiter seelischer Erwartung, aber der erneute Schock blieb aus. Überall kletterten Menschen über die Geröllmassen, man kam sich nicht so allein vor. Tote fand ich erst in der Kreuzschule, wo ein Junge in der Vorhalle lehnte, und in der Bürgerwiese, wie hingeworfen zwischen Gasmasken, Helmen, Koffern, Decken, kaputten Fahrrädern und Autos. Unsere Freunde hatten überlebt. Wir wanderten zurück über die Fürstenstraße, wo die britischen Kriegsgefangenen Leichen zusammentrugen, bis zur Vogelwiese. Ich untersuchte meine alte Flakstellung, in der ich als Luftwaffenhelfer stationiert gewesen war und bemerkte, daß Geschütz »Anton« einen Treffer im Deckungswall hatte, aber die Stellung war ja leer.
Auf dem langen Weg übers Hindenburgufer zum Terrassenufer herrschte nur spärlicher Verkehr. Ich suchte nach der Kuppel der Frauenkirche. Sie fehlte. Wir warfen einen Blick durch die Bogenöffnung in der Brühlschen Terrasse in die zur Frauenkirche führende Münzgasse. An deren Ende türmten sich die Gesteinsbrocken des Kuppelbaues. Ungeachtet der deprimierenden Eindrücke dieses 16-Kilometer-Marsches durch die totale Verwüstung gab mir dieser Anblick den Rest, begriff ich wohl erst jetzt die Bedeutung des Bombardements in seiner vollen Tragweite.

Liesbeth Flade **Dresden**

Am Freitag, dem 16. Februar, früh halb 7 Uhr, als ich eben aus dem Luftschutzkeller kam, wo ich wieder geschlafen hatte (was man so schlafen nennt: in den Kleidern auf einem Liegestuhl), stand Ulla vor unseren Trümmern. Als sie die Nachricht von dem schweren Angriff auf Dresden bekam, hatte sie sich sofort auf die Bahn gesetzt. Um bis zu uns vorzudringen, hatte sie zwei Tage gebraucht, aufgehalten durch Tieffliegerangriffe auf die Bahnstrecke und den Zug, durch die Bombardierung des Leipziger Hauptbahnhofs und schließlich das mühselige Vordringen in stundenlangem Fußmarsch von Coswig hinein nach Dresden, und dort durch die immer noch brennenden Häuserzeilen, Leichenberge, Polizeisperren über die einzige noch intakte Elbbrücke. Ulla kam mir als ein rettender Engel – es war das erste Mal in meinem Leben, daß ich eigentlich völlig apathisch war. Ich saß in unserem Keller zwischen unseren Sachen, mir war alles gleich, Ulla packte energisch zu und steckte das Allernötigste in den Bastkorb. Ob ich mit ihr allein oder mit Vati zusammen den langen, langen Weg zu Oma ging, weiß ich nicht mehr. Von nun an bestand unser Leben für sehr lange Zeit nur noch im Einpacken, mühsamer Schlepperei, Verstauen und wieder Umräumen unserer Sachen.

Joan Wyndham *1922 *Watnall, Nottinghamshire*

Unser großer Tag ist gekommen: Wir ziehen in die *Buxton Hall* um. So ein gemischtes Offizierskasino ist unglaublich aufregend, es hat schon einen gewissen Reiz. Sein Dasein begründet sich anscheinend nur

darin, uns die größtmögliche Gelegenheit zu geben, das andere Geschlecht kennenzulernen. Der einzige Haken bei der Sache ist, daß man die ganze Zeit versuchen muß, so attraktiv wie möglich auszusehen. Ohne Schminke oder mit Wicklern im Haar kann man sich jetzt nicht mehr sehen lassen.
Abgesehen von den Schlafquartieren werden ein großer Eßsaal, ein Vorzimmer und die danebenliegende Bar geteilt. Diese ist voll mit kaputten, aber geilen Piloten, die entweder gesperrt sind oder zwischen zwei Einsätzen pausieren müssen.
Ich setzte mich mit meinem Drink in eine Ecke und sah mich um. Die eine Hälfte der Leute in der Bar schienen über den Angriff auf Dresden vor zwei Tagen zu sprechen. Anscheinend halten sie es für eine ›mächtig gute Show‹. Ich bin eher entsetzt bei dem Gedanken, daß so viele unschuldige Menschen dabei getötet worden sind. Ganz egal, was die Deutschen in London und Coventry getan haben. Aber so eine Meinung behält man hier lieber für sich; der Gedanke an Rache ist bei den meisten zu stark.

Joseph Lewis *1907 *Birmingham*
Freitag. Heute war einer von den »schlechten« Tagen, an dem man morgens schon alles satt hat und am Ende immer noch. Aber ich denke mal, man kann nicht immer in bester Laune sein, so sehr man es auch versucht. An einem Tag kommen alle möglichen Umstände dazwischen, und die können aufbauen oder durcheinanderbringen.
Es war eine großartige Woche für die Royal Air Force, die Deutschland einige schreckliche Schlappen beige-

bracht hat; besonders Sachsen und in diesem Zusammenhang Dresden scheinen in einer Angelegenheit von fast 40 Stunden ganz ausgelöscht worden zu sein; weil es die Hauptstadt von Sachsen und im Augenblick von äußerster Wichtigkeit ist, müssen die Hunnen darüber ganz schön wütend sein.
Ich erfahre aus der Abendzeitung, daß wir keine Päckchen an Kriegsgefangene in Lagern in Polen und Ostdeutschland schicken sollen, bis wir neue Adressen erhalten. Ich habe einen Cousin im Stalag 344 bei Lamsdorf. Er ist dort jetzt über vier Jahre. Wir wissen nicht, ob dieses Lager schon von den Russen gestürmt wurde, wenn noch nicht, so liegt es doch direkt auf ihrem Weg. Vielleicht, obwohl die Deutschen ihre Gefangenen verlegt haben. Briefe kommen sehr unregelmäßig, und wir können nur abwarten und darauf vertrauen, daß alles in Ordnung ist. Aber es ist sehr beunruhigend gerade jetzt für uns alle, die wir liebe Angehörige in den Stalags haben, die nun im Kampfgebiet liegen.

Thomas Mann 1875–1955 *Pacific Palisades*

Deutsche Hörer!
Die Kundgebung der drei Staatsmänner, die in Jalta konferierten, brachte so gar nichts Überraschendes, sie kündigte gegen das besiegte Hitler-Deutschland an Maßnahmen so gar nichts an, worauf nicht auch die deutsche Öffentlichkeit längst hatte gefaßt sein müssen, daß die Nazi-Propaganda ihre Lügen dick auftragen mußte, um aus dieser Äußerung einen Haßgesang, einen ›jüdischen Mordplan‹, oder wie die hysterischen Phrasen lauten, zu machen. Die Entwaffnung des Lan-

des und die Auflösung des Generalstabes, die zonenweise Besetzung durch die Truppen der Siegermächte für geraume Zeit; die Einstellung oder Überwachung des Teiles der deutschen Industrie, die der Herstellung von Kriegsmaterial dienen könnte; die Sühnung und notdürftige Wiedergutmachung der schreiendsten, in diesem Krieg begangenen Nazi-Verbrechen und die vollständige Austilgung der nationalsozialistischen Partei in allen ihren Gesetzen und Einrichtungen, ihrem ganzen Einfluß auf das öffentliche Leben, – das sind die Selbstverständlichkeiten, die in Aussicht gestellt werden, und sie finden ihre Ergänzung und Erläuterung in den Worten: »Es ist nicht unsere Absicht, das deutsche Volk zu zerstören; aber nur wenn Nazismus und Militarismus vernichtet sind, wird man auf die Rückkehr der Deutschen zur Gesittung und auf einen Platz für sie in der Gemeinschaft der Völker hoffen können.«
Die Goebbels-Propaganda hat diesen bedingungsweise versöhnlichen und in die Zukunft weisenden Satz euch Deutschen wohlweislich unterschlagen. Sie tut, als habe mit einem Manifest, das nur das klar Notwendige, Vernünftige und Unabwendbare enthält, der Feind »seine Maske fallen lassen« – man möchte wissen, welche Maske –, und dahinter kommt die teuflische Fratze des Juden zum Vorschein – als ob man den Juden brauchte, um zu der Überzeugung zu gelangen, daß die Ausrottung des monströsesten Unfugs, den die Weltgeschichte kennt, nämlich des Nazismus, eine Notwendigkeit ist, wenn das Leben auf Erden erträglich werden soll.
Es ist ja klar genug: Wie immer das Kommuniqué von

Jalta gelautet hätte, schloß es die Zerstörung der Naziherrschaft über Deutschland ein, so war es »die schamlose Enthüllung eines höllischen Mordplans und ein Anschlag auf Menschheit und Menschlichkeit«. So wird es euch Deutschen dargestellt, damit ihr für ein Regime, das euch in dieses Verderben führte, das Letzte, das Über-Letzte tut, in der Meinung, ihr tätet's für euch. Nie haben diese Schurken an euch, an Deutschland gedacht, sondern immer nur an sich, an die Macht, in der sie sich sielten und mit deren von keiner Gottesfurcht gehemmten Ausübung sie zwölf Jahre lang das Menschenleben schimpfierten. Nie hat ein Volk grausamere Herren gehabt, Machthaber, die erbarmungsloser darauf bestanden, daß Land und Volk mit ihnen zugrunde gehen. Sollen *sie* nicht mehr sein, so soll es ein Deutschland überhaupt nicht mehr geben. Sie sind es, die es zerstören, sie allein. Bei den Alliierten besteht geringe, jedenfalls scharf kritisierte Neigung, Deutschland zu zerstückeln, es in getrennte, unabhängige Staaten aufzulösen. Wäre das Volk imstande gewesen, wenn auch spät, vielleicht nach der Invasion Frankreichs, die Falle zu sprengen, in die es 1933 gegangen ist, sich seiner desperat spielenden Gewaltherren zu entledigen und Frieden zu schließen, – das Reich wäre wahrscheinlich ungefähr in den Grenzen von 1918 erhalten geblieben, wie Frankreich erhalten blieb nach Napoleons Sturz. Der war wohl ein Tyrann und auch ein Emporkömmling; aber er hatte ein Interesse an seinem Lande, an dessen Zukunft und Fortleben. Als er geschlagen war, endgültig geschlagen, räumte er den Thron, trat ab, gab sich gefangen und vermachte so dem Diplomaten, den er haßte, Talleyrand, die Möglichkeit, in Wien für Frankreich das Erreichbare herauszuschlagen. Anders unsere Heroen. Indem sie das unglückliche Volk zwingen, den Krieg, den sie ruchlos begonnen, weit über seinen endgültigen Verlust hinaus bis in den Wahnsinn hinein, bis ins äußerste Verderben fortzusetzen, werden sie bewirken, daß Deutschland, erschöpft und verrottet, in Stücke fällt, die vielleicht nie wieder zusammenfinden. Gemeinere Hochverräter an ihrem Lande gab es nie, als diese Nationalisten. Ein Fluch wird ihnen nachgellen, wie noch keinem, der den Sinn eines großen Volkes verwirrte und gewissenlos dessen Kräfte mißbrauchte.

Die Museumsangestellte M. Cossins *London*

Ein wirklich wundervoller Tag. Zunächst einmal war da mein gemeinsames Mittagessen mit J., der in meinen Augen immerzu wundervoll ist. Schon der Umstand, daß wir hier leben, in der kriegsgeschädigten City, die Mauerreste der Wren-Kirche, die Blumen, die im Sommer in der Ruine wachsen, die kleine Kapelle im Turm der St. Lawrence Brauerei, der einzige noch nicht zerstörte Teil, den ich so oft besuche. Ganze Gegenden verwüsteter Landstriche, wo der Wind so frisch + frei darüber hinwegfährt. Das alles erscheint mir wundersam, so als hätte ich einen ganz und gar außergewöhnlichen Alptraum überlebt.
Nach dem Mittagessen bei Hill's ging ich nach The Temple [Viertel im Osten von London] und zur Wohnung von Miss Allin, durch ein düsteres Treppenhaus ganz nach oben. In einer langen Besichtigungstour besuchten wir dann jeden kleinen Winkel ihres alten Zu-

hauses in den Lamt-Häusern, von dem sie mir als allererstes ein Photo zeigte, das so friedlich aussah, gehüllt in warmes Sonnenlicht, es strahlte eine wunderschöne Ruhe aus. Jetzt ist es nur noch ein grauenhafter Haufen Schutt und Asche, mit einigen Fensterrahmen im ersten Stock. Mir erschienen diese Ruinen sehr unheimlich, so als wenn das erschreckende Böse, das hier zu Gast war, noch immer in ihnen steckt. Es ist wirklich nicht sehr einfach zu glauben, daß das, was man sieht, die Wirklichkeit ist.
Sie zeigte mir ein Gebäude, in dem vier Morde verübt wurden, von einer Putzfrau, drei davon, um den ersten Mord an ihrem Dienstherren zu vertuschen. Außerdem zeigte sie mir sämtliche Orte, an denen es spukt. Erst vor einiger Zeit, so ungefähr vor drei Wochen, wurde dort ein sterbender Mann gefunden, dem ein Ohr abgeschnitten war, er lag in der Middle Temple Lane, es wird vermutet, daß er dort hingeschafft wurde. Es gibt hier keine Wachen mehr und jeder kann nachts dort eindringen. Hier sind wirklich einige Teile sehr düster; mit, wie sie sagt, »einer düsteren Atmosphäre«, an die sie sich jedoch gewöhnt habe.
Danach tranken wir Tee zusammen, in einem reizenden, aber schlecht getäfelten Zimmer. Sie hat einige schöne Stücke alten Porzellans + Möbel. Ein rumänisches Mädchen, das zur Zeit bei ihr wohnt, war auch da. Sie wird aber in Kürze ausziehen, da Mrs. A. behauptet, sie sei nachts eine bezahlte Schande.
Alles in allem ein unvergeßlicher Tag.

Nancy Usher *1902 *Sheffield*

Sosehr ich den Mann hasse, ich glaube, Goebbels hat ein Recht darauf, es uns zu geben, wie er es jetzt tut, weil wir unfähig sind, die Deutschen zu zerschlagen. Es ist wahr, wenn er sagt, daß wir schon monatelang von allen Seiten und aus der Luft auf sie einschlagen, und noch immer wollen sie sich nicht ergeben. Das scheint durch den Bericht des BBC-Korrespondenten gestern Abend im Rundfunk bestätigt worden zu sein. Ich habe gesagt, und ich sage es jetzt, daß ich nicht begreife, wie die Deutschen alles aushalten, was wir tun – solchen Fanatismus hat es mit Sicherheit niemals vorher in der Geschichte gegeben.
Ich bin froh, daß die Stärke unserer Angriffe auf Japan zunimmt, weil wir vermutlich so lange auf sie losgehen müssen, bis sie sich ergeben.
Neben unseren Wohnungen war ein großer, freier, ebener Platz. Vor einigen Jahren wurde es ein Schrottplatz der Regierung für alle Arten von Motorfahrzeugen, von Bussen bis zu Jeeps. Jeden Tag brennen nun riesige Feuer von Sachen, die brennbar und wertlos sind. Tausende von Wohnungen können kein Brennmaterial bekommen, aber ein Müllplatz der Regierung kann Wärme in die Luft blasen, die für Leben und Gesundheit der Leute in der Umgebung benötigt wird.
Wo waren die weiblichen Parlamentsmitglieder, als die Regierung beschloß, daß Familienbeihilfe an den Vater gezahlt werden soll? Was für eine skandalöse Angelegenheit. Es zeigt, daß Frauen immer noch als gehirnlose Schwachköpfe angesehen werden, wohingegen sie in der Mehrheit gute Manager sind, die ihre Familien mit einer Summe Geldes gut durchbringen,

mit der sie jonglieren und planen müssen, damit sie reicht. Ach... Manchmal verzweifle ich an der Welt. Ich hörte gestern nachmittag in den Europanachrichten, daß die italienischen Frauen endlich das Wahlrecht haben, was in ihrer Presse sehr gemischt aufgenommen wurde. Naja, das ist etwas, das im Rahmen der Entwicklung sein muß, daher ist es nicht wichtig, was die von Männern beherrschte Presse zu sagen hat oder die rückständigen Frauen, die in Wirklichkeit noch schlimmer sind als die Männer.

Hermann Hesse 1877–1962 *Montagnola*

An seine Leser [veröffentlicht in der »Weltwoche«, Zürich]

Warum kommen im »Glasperlenspiel« keine Frauen vor?

Diese Frage ist mir in Briefen des öfteren gestellt worden, ohne daß ich Lust gehabt hätte, sie zu beantworten. Denn die Leser, welche solche Fragen stellen, haben meistens die erste der Spielregeln beim Lesen nicht eingehalten: das zu lesen und anzunehmen, was da steht, und es nicht an dem zu messen, was man selber etwa gedacht und erwartet hat. Wer vor einem Krokus in der Wiese sich mit der Frage beschäftigt, warum statt des Krokus nun hier nicht eine Palme stehe, der ist vermutlich kein sehr inniger Blumenfreund.

Aber jede Regel erlebt Fälle, wo sie nicht mehr gilt. Und so passierte es mir, daß eben jene bald neugierige, bald vorwurfsvolle Frage nach dem Fehlen der Frauen im Glasperlenspiel mir von einer Leserin gestellt wurde, deren Brief im übrigen eine sehr feine geistige Witterung verriet. Jedenfalls wurde er von mir so ernst ge-

nommen, daß ich mich diesmal der Frage nicht entziehen konnte. Ich gab eine kurze Antwort, und weil jene Frage sich so manchmal wiederholt hat, teile ich die Stelle aus meinem Antwortbriefe mit. Sie lautet:
Ihr Frage ist kaum zu beantworten. Ich könnte natürlich Gründe angeben, aber sie wären nur vordergründig. Eine Dichtung entsteht nicht einzig aus Bedachtem und Gewolltem, sondern zu großen Teilen auch aus tieferen Gründen, die der Autor selbst nicht sieht oder höchstens ahnt.
Ich würde raten, es etwa so anzusehen:
Der Autor des Glasperlenspiels war ein alternder und bei Beendigung der vieljährigen Arbeit ein schon alter Mann. Je älter ein Autor wird, desto mehr hat er das Bedürfnis, genau und gewissenhaft zu sein und nur von Dingen zu sprechen, die er wirklich kennt. Die Frauen aber sind ein Stück Leben, das dem Alternden und Alten, auch wenn er sie früher reichlich gekannt hat, wieder fernrückt und geheimnisvoll wird, worüber etwas Wirkliches zu wissen, er sich nicht anmaßt und traut. Die Spiele der Männer dagegen, soweit sie geistiger Art sind, die kennt er durch und durch, dort ist er zu Hause.
Ein Leser mit Phantasie wird sich in mein Kastalien hinein alle klugen und geistig überlegenen Frauen von Aspasia bis heute schaffen und vorstellen.

Nico Rost **KZ Dachau**

Wie ich seit längerem vermutete, sind einige meiner Freunde verwundert und erstaunt, weil ich Bücher über katholische Heilige lese.
Andere, die mich nicht gut kennen, lächeln vielsagend

und scheinen zu denken, daß ich auf dem besten Wege bin, um katholisch zu werden.
Ist es denn so sonderbar, daß ich mich für den Lebenslauf von Menschen interessiere von denen einige wohl zu den bedeutendsten Erscheinungen des Kulturlebens gehören, wie etwa Augustinus. Franziskus von Assisi, Albertus Magnus, Thomas von Aquino und andere?
Ich selber bin eigentlich nur darüber erstaunt, daß ich sie nicht schon längst gelesen habe und daß viele meiner hiesigen Freunde sie überhaupt nicht kennen.

Abends
Die Franzosen sterben hier tatsächlich wie die Fliegen. In Block 3 starb heute, in demselben Bett, in dem der französische Musiker gelegen hat, wieder einer seiner Landsleute: der Pädagoge Georges Lapierre. An Flecktyphus, wie die meisten. Er muß es schon seit Tagen gehabt haben, denn eine Stunde nach seiner Einlieferung war es bereits vorbei...
Suire erzählte mir, daß er L.s Namen kennt, seit vielen Jahren. Er war ein berühmter Pädagoge und ein intimer Freund Professor Langevins. Er hat auch ein Monatsheft herausgegeben, »L'Ecole Libératrice«, an dem unter anderem Duhamel mitarbeitete.

Otto Griebel 1895–1972 **Dresden**
Ich wußte von meinen Angehörigen noch immer nichts, und nachdem der Freitag ruhig verlaufen war, beschloß ich, mit Jack am Nachmittag nach unserem Haus zu schauen, um meine neue Anschrift als Lebenszeichen dort an die Mauer zu schreiben.

Wir benutzten den Possendorfer Autobus, der bis zum Sedanplatz verkehrte. Es war ein eigentümliches Gefühl für mich, als wir ihn bestiegen und in rascher Fahrt die Südvorstadt erreichten, die ziemliche Zerstörungen aufwies. Besonders dem Polytechnikum war arg mitgespielt worden. An den Trümmern der Amerikanischen Kirche und am bischöflichen Palais vorbei wandten wir uns der Lucas-Kirche zu, deren Turmspitze gleich einer Zipfelmütze herabhing.
Je mehr wir der Werderstraße nahekamen, desto grausiger ward das Chaos. Mit Mühe nur konnte man sich durch die Schuttberge der noch rauchenden Hausruinen bewegen, und nicht selten lagen verkohlte Tote, die kaum mehr menschlich wirkten, vor den Kellern. Viele der Toten waren zugedeckt und zeigten nur ihre bloßen Füße oder versengten Haarschöpfe. Ein Stück weiter erblickten wir zwei fast zum Skelett verkohlte Leichen, die sich eng umschlungen hielten; sie muteten seltsam klein an, waren im Feuer zusammengeschrumpft.
An der Strehlener Straße sah es besonders schlimm aus. Eine wächserne Hand griff aus dem Schutt ins Nichts, daneben aufgedunsene Pferdekadaver und die Wracks von Straßenbahnwagen und Autos. Darüber hingen die gerissenen Oberleitungen der Elektrischen. Es war wirklich ein Bild des Unterganges und des Todes, wie man es sich nicht grausiger ausmalen konnte. An der Ecke der Ostbahnstraße bemerkten wir, daß das Haus, welches wir 16 Jahre bewohnt hatten, wohl ausgebrannt war wie alles hier, aber noch ganze Mauern besaß: das hätte ich diesem alten, windigen Bau nie zugetraut. Auch die Unterführung des Bahnkör-

pers hatte gehalten. Ein Polizist, welcher grobe, lange Handschuhe trug, kam uns entgegen und fragte, ob wir in der Werderstraße Leichen entdeckt hätten. Er schien den Auftrag zu haben, mit anderen straßenweise die Keller auszuräumen, und ich bedeutete dem Manne, daß dort Arbeit für ihn genug sei.
Gegenüber der Englischen Kirche legten zwei Polizisten eben den furchtbar zugerichteten Leichnam eines älteren Menschen auf eine der Bänke. Dem blutverkrusteten Toten hingen die Sachen nur noch in Fetzen am zerschundenen Leibe.
Und überall sah es gleich trostlos aus. Auf der Wiener Straße mußte ich mich erst orientieren, in welcher Gegend wir uns überhaupt befanden; man konnte fast unbehindert bis hinüber zu den kahlen Ruinen der Ostbahnstraße blicken, wobei ich feststellte, daß vom Hause Nr. 16, in welchem ich zuletzt mein Atelier hatte, nichts mehr übriggeblieben war. Also hatte ich auch hier alles verloren: alle Arbeitsmaterialien und Bilder, die Früchte meines dreißigjährigen Schaffens, vorbei, dahin!
Sollte ich alles Weitere heil überstehen, so hieß es auch für mich, ganz klein und bescheiden von vorn anzufangen.
An der Haltestelle Lenné- und Parkstraße lag eine ganze Reihe zugedeckter Leichname. Ihren Pelzmützen und Stiefeln nach waren es schlesische Flüchtlinge, die in der Schreckensnacht vom 13. zum 14. Februar hier ihr armseliges Ende fanden. Wir bogen in den Großen Garten ein, durch den allerlei Trampelpfade rings um gestürzte Bäume und tief gähnende Sprengtrichter führten. Ich wandte mich noch einmal

um und blickte hinüber zu den öden Ruinen der nunmehr toten Stadt Dresden, welche der ausgebrannte Turm des neuen Rathauses schwarz und häßlich überragte. Noch stand der »Rathausmann« mit ausgestrecktem Arm droben auf der kahlen Eisenkonstruktion, und es schien, als wolle er bedeuten: »So hoch liegen die Trümmer.« Unversehrt zeigte sich der »Ballwerfer« von Fabricius drüben inmitten der Sportwiesen auf seinem Fundamente.
Wie seltsam, daß fast alle Standbilder, die man nicht vorher von ihren Sockeln herunterholte, die Schrekkensnacht überdauerten!
Der Große Garten bot schlimme Bilder. Allmorgendlich hatte ich ihn, seit wir am Fürstenplatz wohnten, freudvoll durchwandert und die schönen alten Bäume, die schmucken Alleen und prächtigen Architekturen lieben gelernt. Jetzt war das alles nur noch Chaos, ein Feld der Vernichtung. Tote lagen überall in den Büschen, zwischen den Bäumen und an den geschändeten Mauern des Palais. Neben der zugedeckten Leiche eines Weibes stand ein verkohltes Kindersportwägelchen, und daneben lag ein kleiner, armseliger Teddybär.
Es war traurig, das zu sehen, aber in mir war alles zusammengekrampft und stumpf nach so viel Entsetzen.
Auf den hohen Bäumen vor dem Zoo kreischten Kormorane, Pelikane und anderes aus den Käfigen entronnenes Getier. Die Großkatzen hatte man, soweit sie nicht schon getötet worden waren, erschossen, und es ist keine Legende, daß eine Einwohnerin an der Tiergartenstraße am frühen Morgen des 14. ein Schar-

ren und Kratzen an der Tür vernahm, und als die Frau hinausschaute, stand mit bittend erhobenen Tatzen ein mächtiger Braunbär vor ihr, auf dessen Schulter ein blutendes Rhesusäffchen hockte. In wunderbarer Ruhe kreiste ein Adler, der seine Freiheit gewonnen hatte, über uns in der Luft, ein Anblick, der mich seltsam ergriff.

Am Ausgange des Großen Gartens begann ich mit Jack dann ausführlich zu fahnden, ob wir nicht doch irgendwelche Spuren unserer vermißten Angehörigen entdeckten. Ich drehte sogar die Toten um und sah in ihre entstellten, kalten Gesichter.

Gepäckstücke, Kleider und Koffer sah ich mir an. Was manche in ihrer Verwirrung aus den Häusern mitgenommen hatten! Da ein Koffer voller Grammophonplatten und dort einer mit Hüten. Neben der Bank am Comeniusplatz lag noch immer unsere Seltersflasche, sonst aber fanden wir nichts.

Durch die völlig demolierte Fürstenstraße gelangten wir an die Brandruine unseres Hauses. Zu Bergen lag der Schutt gehäuft, und dem Keller entströmte eine solche Hitze, daß wir nicht wagten, in ihn einzusteigen. Ich nahm ein Stück Kreide, das am Mauersims lag, und schrieb neben den vielen anderen Nachrichten der Hausbewohner, die ziemlich heil entkommen waren, die schweren Worte: »Wo befindet sich meine Frau mit drei Kindern? Bitte um Nachricht«, und darunter setzte ich meine neue Anschrift. Innerlich gab ich die Hoffnung, meine Angehörigen wiederzusehen, nicht einen einzigen Augenblick auf. Ich glaubte so fest und mit solch einer Kraft des Herzens daran, daß ein Zweifel gar keinen Raum hatte. Nur ein bitterer

Schmerz wühlte in mir, als ich so vor dem vernichteten Hause stand und nach den verödeten Fensterhöhlen unserer Wohnung emporschaute.
Gegenüber am Platze waren etliche Häuser verschont geblieben. Selbst auf der Fürstenstraße gab es noch zwei fast unversehrte, und als wir nun zum Waldersee-Platz gingen, stellte ich fest, daß auch da noch etliches existierte und das Haus meines Freundes Dr. Arthur Schäfer kaum eine Beschädigung aufwies.
Leider trafen wir hier niemanden an. Irgendwo heulte ein vergessener Hund verzweifelt im Hause. Der noch alle Straßen füllende Brandgeruch würgte mich. Ich eilte, fortzukommen, und nahm mit Jack den nämlichen Weg wie am Morgen unseres Auszuges. Bei Freund Fraaß in Gostritz war auch dessen Frau Grete, und wir gingen wieder nach Bannewitz.
Der Flüchtlingsstrom aus Dresden hielt an. Erschöpfte alte Leute hockten am Straßenrande und warteten darauf, von irgendeinem Gefährt mitgenommen zu werden. Ich war förmlich zerbrochen nach diesem Gang in die tote Stadt und atmete erst auf, als wir die freie Höhe erreichten, auf der es keine Trümmer und nicht diesen entsetzlichen Geruch des Unterganges gab.

KZ-Archiv **Arolsen**

Betrifft: Massenmord, der sich in der Nacht vom 16. auf den 17. Februar 1945 abspielte.
Aussage: Josef Domoskos, Budapest, Verteidiger in Strafsachen.
Um ungefähr 3/4 8 Uhr früh bin ich selber dorthin gekommen und sah, daß der Teil hinter dem Krematorium mit nackten Körpern bedeckt ist. Vielleicht

irrte ich mich, ich taxierte sie aber auf 200 bis 250 Personen. Der größte Teil – vielleicht etwa Dreiviertel der Menschen – lag unbeweglich in der Kälte. Einige – etwa sechs bis acht – konnten den Oberkörper zwar schwer, aber noch erheben. Keiner von ihnen konnte jedoch aufstehen. Ein einziger Mann hatte noch die Kraft, anderthalb Meter am Boden zu rutschen, um einen Fetzen unter seinen Leib zu schieben. Die übrigen konnten nur Kopf oder Arme heben, ohne daß ich auch nur einen Laut gehört hätte. Dann erschien der lange SS-Unteroffizier, den wir als »Lustig's Landsmann« kannten. Mit einem großen Stock schlug er aus voller Wucht gegen die am Boden Liegenden, und zwar auf diejenigen, die sich noch bewegten. Er zielte hauptsächlich auf den Nacken. Die meisten blieben nach dem ersten Schlag bewegungslos. Die ganze Szene spielte sich vollständig lautlos ab, dauerte kaum zehn Minuten, wonach sich der Soldat entfernte.
Kurz danach erschien ein anderer Soldat, dessen Gesicht ich nicht erkennen konnte; er war gut genährt, mittelgroß, hatte grauliches Haar. Der setzte die Arbeit in derselben Weise fort, etwas kürzere Zeit, dann ging auch er. Danach erschien ein Lagerfeuerwehrmann, namens Lutz, aus Deutsch-Elsaß. Er ging aber nur auf und ab, ohne etwas zu tun. Vielleicht könnte er die Person des obengenannten Soldaten nennen.

Franz Ballhorn **KZ Sachsenhausen**

Die Massenmordaktion scheint abgeschlossen zu sein. Über 3900 Opfer fielen! Allein aus dem Krankenbau sind mehr als 700 Patienten zur Gaskammer geschleppt worden. Darunter Laurenz Breunig, der frühere sozi-

aldemokratische Reichstagsabgeordnete, und Dr. Hellmuth Späth, der Berliner Baumschulen- und Gartenbaufachmann. Einige aus dem Konzentrationslager Auschwitz entkommene SS-Männer sind mit der Ausstellung der Totenscheine beschäftigt. Sie haben alle den gleichen Wortlaut: »Auf Transport verstorben«.
Am Sonntag ging ein zweiter Transport nach Belsen ab. Diesmal an die tausend Häftlinge. Zwei ehemalige Minister, darunter M. Dr. Timotheus Verschuur, früherer holländischer Wirtschaftsminister, und Arthur Vanderpoorten, Innenminister im letzten belgischen Vorkriegskabinett. Beide waren gute, hilfsbereite Kameraden.
Auch unsere »Prominenz«, mehrere jugoslawische Diplomaten und niederländische Theologen, darunter der Sekretär des Bischofs von Roermond, Drs. Leo Moonen, ist bereits verfrachtet. Bestimmungsort unbekannt. Gemunkelt wird, ihre Namen ständen auf der Todesliste.

Odd Nansen **KZ Sachsenhausen**

Auf dem Revier liegt ein kleiner Judenjunge, der noch keine zehn Jahre alt ist. Er kommt von Auschwitz. Seine Füße sind erfroren, und einige Zehen mußten amputiert werden. In Auschwitz war er Laufjunge im Krematorium. Er erzählt u. a., daß die größte Anzahl, die die Gaskammer auf einmal fassen könne, zweitausend sei, und »dann wurden zwei Büchsen gebraucht«, sagte er. »Woher weißt du denn das?« fragte ihn jemand. »Doch, ich holte ja die Büchsen«, antwortete der Junge. Er erzählte auch, daß sein Vater, mit dem er zusammen wohnte, ihn oft in den Kleiderhaufen verstecken mußte, wenn im Lager Razzien nach Judenkindern waren. Auf diese Weise wurde er gerettet. Ich möchte wissen, ob das der kleine Junge war, der an der Hand seines Vaters ging und ihn nicht loslassen wollte, nicht einmal, als er grüßen sollte. Er wechselte nur die Hand. Es war vor einem halben Jahr, als Wolfberg mit dem großen Transport von Auschwitz kam. Der Vater erzählte mir, daß er den Jungen mitgeschmuggelt hatte und daß er ihn immer versteckt habe, wenn die Razzien kamen. Wo mag dieser Vater jetzt sein? Und wie mag es dem armen kleinen Jungen gehen? Ich werde ihn bei erster bester Gelegenheit besuchen und mit ihm sprechen, vielleicht kann ich ihm ein klein wenig Trost oder Freude geben. Ich werde jedenfalls ein paar Stücke Zucker mitnehmen. Das ist leider alles, was wir jetzt noch haben.

Wolfberg wurde gestern in einen anderen Block geführt. Wahrscheinlich Nr. 58, so erzählte mir jemand, der gesehen hat, wie er mit zwei »Luftschutzleuten« an unserem Block vorbeiging. Er war allein. Das könnte bedeuten, daß alle anderen Juden vernichtet werden sollen und daß er auf diese Weise in Sicherheit gebracht wird. Er ist ja Norweger auf der Tuberkulose-Abteilung, die ziemlich hoffnungslos krank sind, bleiben in Frieden. Dafür können sie sich wohl bei Sven Oftedal bedanken. Aber ein Jude, der nicht einmal Uhrmacher ist? Ich weiß nicht, wie ich erfahren soll, wie es ihm geht. Block 58 ist immer noch ein streng verbotenes Gebiet. Der furchtbare Schläger Ernst ist dort Blockältester und sein Waffenbruder Filip Stubenältester. Filip ist ein norwegischer Junge, den ich vom Nordnorwegen-Transport her kenne, wo

er faul, schwierig und bockig, aber nicht böse war. Jetzt ist er Handlanger der Büttel. Der arme Filip! Seine Glanzzeit wird kurz sein. Bald sieht es auch für ihn dunkel aus, trotz der langen Gefangenschaft und allem, was sie herbeiführte. Filips Schicksal ist tragisch und bezeichnend dafür, was aus einem ungefestigten, charakterschwachen Jungen in dieser höllischen Umgebung werden kann. Es gibt auch gewisse andere Norweger, die mit einem grünen Winkel ausgestattet sein sollten. Alle tragen den roten, alle sind politische Gefangene, »achtbare« Vaterlandskämpfer. Doch, hier kann man eine wunderbare Auslese von »Vaterlandsfreunden« zusammenstellen, mit denen in irgendeiner Weise klassifiziert zu werden wir uns wohl bedanken würden. Das wird auch ein Nachkriegsproblem werden, was wir mit diesen Lumpen machen sollen, die sich hinter roten Winkeln verstecken. Zwei von ihnen, denen es wahrscheinlich zu heiß wurde in ihrem Block, haben sich als Partisanenkämpfer zum Kriegsdienst gemeldet, zusammen mit den deutschen Grüngewinkelten.
Ach Gott im Himmel, wie ist dies entsetzlich! Ringsum wird geraubt, gestohlen, geplündert und gemordet, die Kanonen und Bomben dröhnen, und die Teufel triumphieren. Ob dies nicht doch der Untergang selbst ist? Wie hatte man sich ihn sonst vorgestellt? Es ist wohl so, daß wir immer nur davon gesprochen haben. Uns fehlte die Phantasie, um uns vorzustellen, wie er sich gestalten würde. Jetzt ist er da. Wir sind mitten drin und merken es nicht, weil wir es nicht fassen können. Wir werden. Wir werden es vielleicht erst verstehen, wenn es zu spät ist.

Der Adjutant Heinz Priesmeier *Kamakura/Japan*

Heute wurde der 1. Trägerangriff auf Japan gestartet. Seit 7.00 Uhr geht das mit nur kurzen Unterbrechungen. Jetzt 16.30 Uhr ist noch kein Ende. Nun tritt auch hier der Krieg in ein gefährliches Stadium. Daß die Amerikaner sich in die Nähe des Mutterlandes Japan wagen, will viel heißen. Zeigt aber auch die Schwäche der japanischen Luftabwehr.

Thomas Mann 1875–1955 *Pacific Palisades*

Vormittags neue deutsche Ansprache zu schreiben begonnen. Gegangen. Amalfi Drive und mit K. und Heinrich zurückgefahren, der mit uns Lunch und Thee hatte. Nach seinem Weggang die Message zu Ende geschrieben. Es ist das nicht schwerer als ein Brief... – Bombardement Tokyos durch Carrier Planes; erregt große Begeisterung im Lande. Japan ist gewiß bald verloren, wenn man in Europa fertig ist.

Der britische Captain B. R. Cowles *Bologna*

Heute gab es große Neuigkeiten vom Pazifik. Es erfolgte ein US-Angriff mit 1500 Maschinen von Flugzeugträgern aus auf Tokio. Es läßt einen ahnen, wie groß die Trägerflotte ist und wie es die Japse erschüttert haben muß.

Roosevelt, Churchill und Stalin haben sich getroffen und haben ihre Friedenspläne bekanntgegeben. Sie beinhalten die Curzon-Linie für die Polen – über die sich die Polen beklagen – und gemeinsame Besetzung Deutschlands durch die drei Mächte in getrennten Zonen. Der Krieg kann bei dem augenblicklichen Tempo des Vorrückens nicht mehr viele Monate dauern. Sogar gegen die Siegfried-Linie kommen wir voran.

Lord Moran 1882–1977 *London*

Der PM verbrachte den Tag mit einer Reihe von Besprechungen; zuerst mit dem Kaiser von Äthiopien, dann mit dem König von Ägypten und zum Schluß mit dem Präsidenten der Syrischen Republik.

Die Krankenschwester Maud Cole *1888

Somerset

Freitag. – Ich las, daß man von Äthiopien ein beschämendes Dossier und eine Rechnung an Italien erwartet über die Schäden und Grausamkeiten, die während der italienischen Besetzung begangen worden sind. Es sieht so aus, als ob die Alliierten die Sache in die Hand nehmen müssen. Wie peinlich, wenn Tatsachen zum Vorschein kommen, die beweisen, daß Italien unfähig ist, zu den zivilisierten Nationen zu gehören.

Der Suchdienst des Deutschen Roten Kreuzes 1985

Kindersuchdienst UK – 05910 – weiblich
Familienname: unbekannt
Vorname: unbekannt
angenommenes Geburtsdatum: 1944 oder Anfang 1945
Fundort: am 16.2.1945 in Tauroggen in einem Zugabteil
Bekleidung: in eine Windel und eine Decke gehüllt. Bei ihr lag der abgebildete Krug, Würfelzucker und Brot.
Personenbeschreibung: Graugrüne Augen, dunkel-

blondes Haar, Muttermal an der linken Hüfte, am Nacken und auf der linken Wange.

Das Rundfunkprogramm
Reichsprogramm
20.15-22.00: Operette im Rundfunk »Der Göttergatte« von Léhar

Deutschlandsender
20.15-21.00: Bunte Folge schöner Melodien
21.00-22.00: Pfitzner Konzert der Wiener Philharmoniker. Leitung Hans Pfitzner, Karl Böhm

Aus dem Wehrmachtbericht
London liegt weiter unter unserem Vergeltungsfeuer

Fünfzig Jahre danach

Fünfzig Jahre nach der Bombardierung – eine Stadt trauert
Dresden verweist stolz auf die Zeichen des Aufschwungs
Parolen fehlen, aber an Versöhnungsappellen mangelt es nicht
Von Klaus Wallbaum, zur Zeit Dresden
Stuttgarter Zeitung, 14.2.95

Die schwarzgekleidete Frau wird auf einmal richtig böse. »Das stimmt doch nicht, was im Fernsehen erzählt wird«, schimpft sie, »ich muß es wissen, ich war immerhin dabei.« Natürlich hätten britische Tiefflieger Jagd auf die vor dem Feuersturm flüchtenden Dresdener gemacht. Damals, vor fünfzig Jahren. Natürlich sei die Zahl der Opfer immens gewesen, so habe beispielsweise aus ihrer achtköpfigen Familie nur sie selbst überlebt. Und was die Medien zur Zeit trieben, wenn über neue Expertisen über die vermutlichen Schäden an Menschen und Gebäuden berichtet wird, sei doch »nichts als ein Zahlenpoker«, klagt die Frau und guckt mürrisch zu den Kameraleuten hinüber. Drei ältere Damen geben ihr ausdrücklich recht. Alle vier stehen in der Menschenmasse vor dem Gedenkstein auf dem Heidefriedhof und schauen zu, wie Politiker und Diplomaten ihre Kränze niederlegen. Doch das kurze Fluchen der Frau auf die Journalisten endet ebenso schnell wie manch andere zornige Meinungsäußerung in diesen Tagen. Die Feierlichkeiten bleiben überwiegend ruhig und besinnlich, manchmal jedoch machen die vielen Fotografen allerorten daraus fast schon ein Touristenereignis. Aber die Sachsen bleiben ihrem Ruf treu, sie sind Rummel gewöhnt und reagieren auf das übervolle Veranstaltungsprogramm meist gelassen. Dresden begeht den fünfzigsten Jahrestag der schrecklichen Bombardierung, bei der Zehntausende Menschen ums Leben gekommen sind. Wie seinerzeit kurz vor dem grauenvollen Angriff herrschen frühlingshafte Temperaturen, die Sonne strahlt, nur wenige Wolken bedecken den Himmel. Am Fastnachtsdienstag 1945, wenige Stunden vor dem Inferno, war die Stimmung gedrückt, erinnern sich Zeitzeugen – die Leute bereiteten sich innerlich auf die bevorstehende deutsche Niederlage vor, nichtsahnend, noch selbst das Ziel einer Vernichtungsak-

tion zu werden. Nur wenige hatten damals Lust auf den Fasnachtstrubel.
Fünfzig Jahre später sind viele Dresdener wieder in ihren Gefühlen hin- und hergerissen. Die Frau, die eben noch so schlecht auf die Journalisten zu sprechen war, ist im nächsten Moment richtig froh über die vielen TV-Teams auf dem Friedhof – »da wird endlich mal ausführlich über die Ereignisse informiert«, meint sie. Für andere gibt der Gedenktag einen Anlaß, alte Bekannte wiederzusehen. Viele fühlen sich am 13. Februar nach Dresden hingezogen. Zwei Frauen, die hier geboren sind, unterhalten sich – die eine ist am Morgen von Erfurt losgefahren und hat in der Aufregung den Schlüssel in ihrer Wohnungstür stekken lassen, die andere wohnt noch in der Elbestadt und hat am Wochenende überraschend Besuch von Mitschülern bekommen. Jetzt geht man gemeinsam durch die Stadt und frischt Erinnerungen auf – auch die guten.
Allabendlich drückt sich eine Menschenmenge durch die Altstadt. Man geht vorbei am Altmarkt, wo damals ein paar Tage nach der Zerstörung 7000 Leichen verbrannt wurden, vorbei an der Ruine der Frauenkirche und an der Schloßbaustelle. Viele haben Kerzen dabei – so wie damals zu DDR-Zeiten jedes Jahr am 13. Februar. Große Plakatwände zeigen Schwarzweißaufnahmen aus dem intakten Dresden der dreißiger Jahre und aus der bitteren Zeit nach der Bombardierung. An der Brühlschen Terrasse hängt ein riesiges Wandgemälde. Es zeigt zwei Kerzen. Parolen fehlen – viele Dresdener hassen Parolen, denn die SED hatte ihnen davon mehr als genug geboten. Die Plakate finden auf-

merksame Beobachter, vor allem Kinder. Und die Eltern müssen erklären, was damals geschehen ist.
Doch der Jahrestag gerät auch zu einer eigentümlichen, für manche Zeitzeugen abschreckenden Widersprüchlichkeit. Einerseits trauern die Angehörigen, und beinahe jede Dresdener Familie hat Opfer zu beklagen. Andererseits präsentiert sich die vor fünfzig Jahren so schwer geschundene Stadt heute stolzer und optimistischer als je zuvor. In der Nacht zum Montag hörten mehr als 10 000 Menschen vor der Ruine der Frauenkirche einer Rundfunkübertragung zu – ein Glockenkonzert mit Beiträgen aus 47 Dresdener Kirchen erklang. Eine große Menge zog von den Trümmern der Kirche bis zu den Nobelautos vor dem Luxushotel Hilton. Einige Dresdener lauschten andächtig, andere lächelten und scherzten, manche klatschten Beifall. Nach dem Ende der Übertragung bildeten sich vor dem vor kurzem eröffneten, prunkvollen Taschenbergpalais neben dem Schloß lange Schlangen von Neugierigen.
Die unverkennbaren Symbole des sächsischen Aufschwungs machen wohl auch die Versöhnungsappelle leichter. Einige Dresdener blicken zwar grimmig, als der Herzog von Kent, Cousin der Queen, auf dem Heidefriedhof einen Kranz niederlegt – an fünfter Stelle nach deutschen Politikern und vor den Vertretern der USA. Doch Radikale von links und rechts spielen in diesen Tagen in der Stadt nicht einmal eine Nebenrolle. Ein paar Autonome hatten vergebens versucht, einen Gottesdienst zu stören, der schwarzweiß-rote Kranz einer rechtsextremen Vereinigung fällt am Gedenkstein unter den übrigen Blumenge-

stecken kaum auf. Lediglich ein Radiosender versucht, die Stimmung anzuheizen, indem er Zuschauermeinungen zur Ansicht eines britischen Historikers einholt. Jener hatte gesagt, der Angriff auf Dresden sei eine richtige Strafe für ein Volk gewesen, das Hitler gewählt hat.
»Engländer sollten in Dresden Stadtverbot haben«, erzürnt sich daraufhin ein Anrufer.
Typischer sind da schon die Ansichten der offiziellen Vertreter bis hoch zu Bundespräsident Roman Herzog und Nick Nolan, Oberbürgermeister der von deutschen Bombern zerstörten Stadt Coventry in England. Sie strecken die Hand zur Versöhnung aus. Herzogs eindringliche Mahnung, die Toten nicht gegeneinander aufzurechnen und die »Ziffernsprache des Ungeheuerlichen« zu unterlassen, findet beim Festakt im Kulturpalast den Applaus vieler Dresdener – obwohl sich die Veranstalter zuvor jede Beifallsbekundung verbeten hatten. Wie Herzog denkt auch der 69jährige Dresdener Lothar Wagner. Er hat Bilder seiner Angehörigen auf Pappe geklebt und »Dresden mahnt« daneben geschrieben. Mit diesem Bild vor der Brust stellt er sich so hin, daß die englischen und amerikanischen Gesandten ihn auf dem Heidefriedhof nicht übersehen können. Seine Familie habe damals auf die Rückkehr des 19jährigen Sohns gewartet. Alle sind beim Bombenangriff umgekommen. »Ich will heute auffordern: Seid friedlich, verständigt euch und hört auf, die Toten gegeneinander aufzurechnen.«

Helene von Nostitz 1878–1944

Die Stadt August des Starken

Nie werde ich die Frühlingstage vergessen, die ich in jungen Jahren mit meiner Mutter in Dresden im Hotel Bellevue verbrachte. Wie ein schönes altes Palais stand dieser Bau am Ufer der Elbe gegenüber von Oper, Gemäldegalerie und katholischer Kirche, auf der in immer gesteigerter Ekstase Heilige und Engel mit wehenden Gewändern den Himmel zu stürmen schienen. Wenn ich aus der Tür trat, umflatterten mich Tauben, wie auf dem Markusplatz in Venedig. Die Sehnsucht nach weicheren, südlicheren Gegenden wurde hier in mir wach. Für einige Tage von dem lästigen Zwang strenger Erzieherinnen befreit, empfand ich diese liebliche Stadt, an dem breiten Strom gelegen, als Paradies. Wie schön war doch der Sonntagmorgen, wenn man nach den herrlichen Kirchengesängen, an denen der Chor und die großen Solisten der Oper mitwirkten, in der Bildergalerie sich träumerisch in einem Farbenrausch verlor, wenn die dunklen Augen der Sixtinischen Madonna mit warmem Feuer über die blauen und roten Draperien hinweg uns anblickten und man das Flügelschlagen unsichtbarer Engelscharen zu vernehmen meinte. Trat man dann wieder hinaus, umweht von sanften Frühlingslüften, so standen die schönen Türme der Kirche und Paläste gegen den blauen Himmel. Weiße fahrende Wolken erhöhten und steigerten den Ausdruck der Gebäude, die ein kühner und schönheitsbesessener Geist erdacht hatte. Gleich den Bauten waren auch die Feste Augusts des Starken, wie sein Biograph Ludwig Gurlitt sagt, nicht von ihm nur befohlene, sondern von ihm durchgeführte Kunstwerke. Und etwas von seinem Wesen lebte noch in der Stadt. Man spürte hier mehr spielerische Verführung als um Friedrich den Großen, der sicherlich nie wie August neben dem Wagen einer als Göttin Diana verkleideten Favoritin hergeschritten wäre. Diese kapriziöse Nachgiebigkeit der Lebensfreude gegenüber, zugleich aber die blutvolle und schmerzliche Intensität, die in ewig gültige Formen eingegangen war, – sie schienen mir nicht gestorben, mochte auch der Bürger besonders streng und gewissenhaft sein Alltagsleben führen und die Sparsamkeit über alles stellen.

Dr. Theodor Morell 1886–1948

Berlin/Reichskanzlei

14.05 Uhr mittags: Strophantose I und Benerva fortiss. i.v. – (25 mg). Es seien keine Beschwerden irgendwelcher Art vorhanden außer dem Zittern, das – wie ich nachts beim Tee bemerkte, bis in die linke Hand stark vorhanden war. Gelegentlich der Unterhaltung wurde der Wunsch geäußert, daß ich einige (eventuell drei) Strophantinspritzen machen solle, die früher einmal ein ganzes Jahr vorgehalten hatten. Auf Ekg, das ich schon vor einer Woche machen wollte, wurde hingewiesen. Seit 4–5 Tagen ist der Patient äußerst nachdenklich und macht einen müden, unausgeschlafenen Eindruck (leichte Konjunktivitis, besonders rechts, Behandlung derselben wird abgelehnt). Führer will versuchen, ohne Beruhigungsmittel auszukommen, selbst Luminaletten werden noch nicht genommen.

Adolf Hitler 1889–1945 **Berlin**

Politisches Testament

Wir Deutsche dürfen nie vergessen, daß es in schwierigen Lagen für uns immer besser ist, allein zu stehen. Wir haben alles zu verlieren, aber nichts zu gewinnen. Wenn wir uns an Schwächlinge binden und uns etwa Bundesgenossen aussuchen, die bereits früher Proben ihres Wankelmutes geliefert haben. Ich habe oft den Ausspruch getan, daß auf der Seite, wo Italien steht, sich der Sieg einstelle. Ich hätte besser sagen müssen, daß dort, wo der Sieg ist, sich auch Italien einstelle!

Helfried Fischer *1921 **Eberswalde**

Eines Tages wurde neben unserer Gaststätte eine Gerichtsverhandlung abgehalten, und ich durfte als Zuhörer dabei sein. Ein Offizier im Range eines Majors, er sei Richter, führte die Verhandlung, und so ein Schmalspurleutnant saß mit dabei. Es wurde ein Unteroffizier angeklagt: er hatte die Post für ein Lazarett geholt und dabei vieles unterschlagen. Da lagen Bilder, die in Briefen aus der Heimat gekommen waren, auch Auszeichnungen, die für Verwundete bestimmt waren, einige davon hatte er selbst getragen. Päckchen, die aus der Heimat kamen, hatte er geöffnet und mit einer Freundin den Inhalt verbraucht! Da wurde der Richter wild, es seien für manchen Kameraden die letzten Bilder oder Lebenszeichen aus der Heimat gewesen, was er sich dabei gedacht habe? Ihm machte das nichts aus, und der Richter gab ihm die Todesstrafe!

Dr. Rudolf Semler *1913
Berlin/Propagandaministerium

Bei der heutigen Besprechung mit den Bereichsleitern deutete Goebbels an – nach der beispiellosen Katastrophe in Dresden –, daß er dem Führer die Aufkündigung der Genfer Konvention durch Deutschland vorschlagen werde. Er sagte, diese Konvention hätte jede Bedeutung verloren, wenn feindliche Piloten innerhalb von zwei Stunden 100 000 nicht kriegführende Zivilisten töten können. Die Konvention mache uns hilflos, weil sie jede Vergeltung an feindlichen

Flugzeugbesatzungen verbietet, während sie ihnen den bestmöglichen Schutz für ihre Terrortaktiken gewährt. Wenn wir uns von dieser Konvention trennen, wären wir in der Lage, alle britischen und amerikanischen Flieger in unserer Hand, angeklagt wegen Mordes an Zivilisten, durch ein Schnellverfahren zum Tode zu verurteilen. Das würde die schweren Luftangriffe stoppen, meinte Goebbels.
Unter den Zuhörern sowohl Zustimmung als auch Entrüstung.
Bei Tisch kamen wir auf das Thema dieses Tages zurück. Ich erwähnte die gewaltigen Risiken, die wir durch so eine Tat eingehen würden, und die Vergeltungsmaßnahmen, die auf unsere eigenen Leute in Feindeshand zurückfallen würden. Ich sollte bis zum Abend Unterlagen zusammenstellen, die die Zahl der feindlichen Flieger in unserer Hand und die Anzahl der deutschen Flugzeugbesatzungen aufzeigen.
Ich zweifle noch immer und spreche es aus und frage, ob in diesem Stadium des Krieges so ein gefährlicher Schritt überhaupt einen Nutzen haben könnte, ganz abgesehen von der moralischen Schuld, die auf unserer Seite wäre, und dem Verlust des letzten Fünkchens Ansehen, das wir noch in der Welt haben.
In diesem Augenblick stieß mich der Adjutant unter dem Tisch an, und Goebbels wechselte ärgerlich das Thema.

Gerhart Hauptmann 1862–1946 **(Dresden)**

Sonntag
Weidner. Heut nacht unnützer Alarm. Von Frau Weidner Neigung hier auszuhalten. Grog von Cognac.

Ich war berufen den Untergang meines geliebten Dresden zu erleben: Welche Aufgabe.

Der Oberleutnant Henning Pini 1914–1993
bei Euskirchen

Dresden, das Zufluchtsstätte für viele der aus Oberschlesien geflüchteten Menschen war, wurde mehrfach bombardiert und dabei sehr erheblich zerstört. Damit ist die letzte noch intakte Großstadt, abgesehen vielleicht noch von Danzig, jetzt auch in die wahnsinnige Zerstörungsorgie einbezogen worden, und diese Welt des Barock sinkt dahin und wird für ewig der Menschheit genommen. Die gesamte Menschheit müßte sich kasteien und geißeln, daß sie sich an solchen Verbrechen wie der Zerstörung von Köln, Freiburg, Dresden, Frankfurt usw. schuldig gemacht hat, es müßten riesige Trauerchöre über die Kontinente hinwegziehen, daß der Geist der Welt solches erleiden mußte. Aber statt dessen rast alles, nicht nur Deutschland, immer weiter der wahnsinnigen Zerstörung des Physischen und Geistigen zu. Zuweilen drängt die Dunkelheit und Hoffnungslosigkeit der Zukunft mit fast körperlicher Gewalt herein.

Ein Internatsschüler **(Dresden)**

Brief an seine Mutter

Ich werde nie den Anblick der Überreste einer Mutter mit ihrem Kind vergessen. Sie waren zusammengeschrumpft und zu einem Stück verkohlt und steckten fest in dem Asphalt. Sie waren gerade herausgebrochen worden. Das Kind muß unter der Mutter gelegen haben, denn man konnte noch deutlich den Körper erkennen, der von den Armen der Mutter umklammert wurde.

Rundfunksendung **Dresden/Klotzsche**
PK-Bericht: Dresden nach den alliierten Bombenangriffen
7'55
Bericht vom Zustand der Stadt nach dem 14/15. Februar 1945 / Die Kulturdenkmäler, »alles was an kulturhistorischen Bauten in Stein geformt Schönheit und Wert dieser Stadt ausmacht, ist ein Raub der Flammen oder Sprengbomben geworden« / »Auch das Leben der Menschen, die diesen Geist wahrten und belebten, ist erloschen« / Die Grabesruhe wird nur von der Arbeit der Rettungsmannschaften unterbrochen / Auf breiten Straßen und Plätzen liegen Tote, Soldaten, Frauen und Kinder / Der weitaus größte Teil der zerstörten Stadt war kein militärisches Ziel / Das ist »der gemeine Wille zur Vernichtung der Lebenskraft unseres gesamten Volkes« / Ruft zum Widerstand auf: »Und aus eigenstem Erleben und Anschauen steigt der Wille auf: Jetzt nicht weich werden, jetzt hart sein, immer härter. Jetzt nicht nachgeben, jetzt erst recht nicht!« //

Rundfunksendung **Dresden**
Bericht eines Soldaten über die Auswirkungen der alliierten Bombenangriffe auf Dresden (13.02.1945)
3'08
Sah zwischen den geborstenen Straßenbahnschienen die ersten Toten: verkohlt, zusammengeschrumpft, manche nur von Flammen berührt und doch erstickt / Hat sich nach Soldaten umgesehen / Da kam der 3.

Angriff, er hat sich in das Postscheckamt mit seinen breiten Mauern geflüchtet / Die Leute schrien voller Angst, draußen fielen die Brandbomben nieder / Hat beruhigend auf die Leute eingesprochen //

Der Fahnenjunker Johannes Lenz *1927 (Dresden)
Nach der Offiziersprüfung in Jütland ging im Februar die Fahrt an die Ostfront. Die Fahnenjunker sollten den Vormarsch der sowjetischen Truppen im Raum Görlitz aufhalten. Der Transport wurde umgeleitet, da englisch-amerikanische Bomber in der Nacht vom 13. – Fasching – zum 14. Februar, wie es hieß, Dresden angegriffen hatten. In Bautzen erreichte mich bei einem Halt des Transportes die Nachricht, daß meine beiden Schwestern, Ruth 15jährig, Sophia 19jährig, verbrannt waren. Auf der Flucht von Bautzen nach Süddeutschland hatten sie eine Nacht Station in unserer alten Wohnung in der Walpurgisstr. 13 mitten in der Altstadt gemacht. Diese Nacht wurde zur Nacht des Todes und des Unterganges des alten Dresden.
Am 21. Februar fuhr ich mit meinem Vater, der ebenfalls Urlaub von der Ostfront erhalten hatte, auf dem Dach eines Lieferwagens nach Dresden. Noch stand eine Rauchsäule über der Mitte der Stadt. Brannte sie noch 7 Tage nach dem Angriff? Auf dem Weißen Hirsch fanden wir bei Freunden Unterkunft. Am Morgen wanderten wir zu den Elbwiesen und über eine noch begehbare Brücke in die Altstadt. Sie war zerstört. Ein einziges riesiges Trümmerfeld bedeckte die Leichen in den Kellern und die zahllosen Flüchtlinge auf den Straßen, die aus den Ostgebieten fliehend über Dresden die Rettung weiter im Westen und Süden Deutschlands suchten.

Ernst Heinrich Prinz von Sachsen 1896–1971

Dresden

Am 17. Februar, also drei Tage nach dem Angriff, entschloß ich mich, in die Stadt vorzudringen, um das Drama anzuschauen und nach meiner Verwaltung und unserem städtischen Besitz zu sehen. Ich wußte nicht, ob meine Beamten und Angestellten den Angriff überlebt hatten und etwas von den wertvollen Beständen, die in der Parkstraße eingelagert waren, erhalten geblieben war.

Bis zum Stadtrand war der Anblick unverändert. Auch der erste Vorort Trachau wies bis zur halben Strecke keine Schäden auf. Dann sah man einzelne getroffene Häuser. Die Zerstörungen wurden immer größer, je näher ich zum Neustädter Bahnhof kam, der sehr mitgenommen war. In Trachau hatte man noch Menschen auf der Straße gesehen, hier sah man kaum jemand. Durch noch rauchende Trümmer führte mich der Weg zur Carola-Brücke, der einzigen passierbaren Elbbrücke. Dann zur Ausstellung. Dort bot sich ein schauriges Bild. In und um eine zerstörte Litfaßsäule lagen etwa dreißig nackte, in der Hitze geschrumpfte Leichen. Diese Menschen wollten dem Feuersturm entrinnen und suchten Schutz in der Litfaßsäule. Am Großen Garten entlang fahrend, sah ich Leichen und zersplitterte Laubbäume auf den Wegen und Anlagen, dazwischen ein Zebra und eine Antilope, die nach Futter suchten. Sie waren dem nahen Zoologischen Garten entronnen. Vom Neustädter Bahnhof bis zur Parkstraße kaum ein Mensch, nur zusammengestürzte Häuser und qualmende Ruinen. Eine fürchterliche, beängstigende Öde hatte sich ausgebreitet.

Das Palais an der Parkstraße, der Sitz meiner Verwaltung, war ein Steinhaufen – aber ich traf dort meinen Bürovorstand und zwei meiner Angestellten an. Gottlob hatten sie den Angriff überstanden. Die im Palais eingelagerten Bestände waren alle ohne Ausnahme zerstört, wir erlitten sehr schwere ideelle und materielle Verluste. Wir hatten alle wertvollen Handschriften und Inkunabeln, einen Teil des Hofsilbers, unser Hausarchiv und den größten Teil der Verwaltungsakten verloren. Die mittelalterlichen Handschriften und Frühdrucke hatten wir wenige Tage vor dem Angriff in den sehr guten Keller des Palais verlagert; alle Sachverständigen waren der Meinung, daß sie dort absolut sicher seien. Tatsächlich hielt der Keller stand, aber ausgerechnet über der Kellerkammer, in der sich die Bücher befanden, entstand ein Riß, durch den eine Stabbrandbombe in den Raum fiel und alles in Brand setzte. An einem Mauerrest in etwa fünf Meter Höhe hing der Stahlschrank der Verwaltung mit Bargeldbeständen, einigen Wertgegenständen und am allerwichtigsten von allem, der Krone des Heiligen Ludwig von Frankreich. Wie mochte dieses Kleinod jetzt aussehen, nachdem der Stahlschrank so lange in der glühenden Hitze gestanden hatte? War es erhalten, beschädigt, geschmolzen? Wer konnte das wissen? Ich nahm mir vor, alles zu versuchen, um den Safe zu bergen und zu öffnen.

Dann nahm ich den Weg in das Stadtinnere, vor allem, um zu sehen, wie es um die Hofkirche und unsere Familiengruft bestellt war. Ich ging die Bürgerwiese stadteinwärts, auch hier waren die Anlagen und Bäume verwüstet und von einem schwarzen Asche-

regen bedeckt, die Häuser niedergebrannt; über allem schwebte ein Dunst von Verbranntem. Ich begegnete Polizisten, die mit russischen Kriegsgefangenen Leichen einsammelten und sie zum Altmarkt brachten, wo sie in großen Stößen verbrannt wurden. Erst hatte man versucht, die Leichen in Massengräbern in der Jungen Heide zu beerdigen. Das erwies sich jedoch als viel zu langsam in Anbetracht der ungeheuren Zahl der Toten. Ein Wachtmeister sagte mir, daß die Polizei am 16. Februar allein zwischen dem Bismarckdenkmal und der Kreuzschule auf dem Ring 800 Tote aufgesammelt hätte. Meist waren diese Menschen dem Feuersturm zum Opfer gefallen, als sie fliehen wollten. Noch viel erschreckender und bedrückender war aber die Tatsache, daß in Hunderten und aber Hunderten von Luftschutzkellern noch Menschen lebten und dort langsam zugrundegingen. Wo war anzufangen, um nach Opfern zu forschen bei Tausenden von zusammengestürzten Häusern? Und es war eine sehr schwierige und langwierige Arbeit, die Trümmer wegzuräumen, um in die Keller vorzudringen.
Besonders erschütternd war der Fall des Restaurants »Trompeter-Schlößchen«, das in der Altstadt lag. Als der Alarm am 13. erfolgte, war das Restaurant voll in Betrieb. Gäste und Belegschaft gingen in den Luftschutzkeller. Da erhielt das Gebäude zwei Volltreffer, stürzte in sich zusammen und verschüttete die beiden Eingänge zum Keller. Um den 17. fing man an, die Trümmer wegzuräumen, weil man festgestellt hatte, daß zahlreiche Besucher sich im Keller befinden mußten. Als endlich die Eingänge freigelegt waren, bot sich ein schreckliches Bild. Die anwesenden Wehrmachts-

angehörigen hatten erst die Gäste und dann sich selbst erschossen.
Ich ging weiter durch die Moritzstraße – überall die gleichen schwelenden Trümmer und entstellten Leichen. Der Neumarkt ein einziges Bild des Jammers: das zerstörte alte Dresden. Die Frauenkirche mit ihrer großartigen dunklen Kuppel, die jedem Dresdner ans Herz gewachsen ist, war verschwunden. Nur ein kleines Stück Mauer war übriggeblieben, davor lag das Lutherdenkmal. Die Dresdner waren immer stolz darauf gewesen, daß bei der Belagerung von Dresden die preußischen Kanonenkugeln an der Kuppel der Frauenkirche abgeprallt waren – jetzt hatten zwei schwere englische Bomben die ganze Kirche zerstört.
In Trümmern lag das schöne Cosel-Palais, die so überaus malerische Rampische Gasse, das alte Hotel Stadt Rom und der Jüdenhof. Die schmalen Gassen der Altstadt waren zerstört, mit ihren unersetzlichen alten Häusern wie das barocke Dinglinger Haus. In Trümmern lag alles, was ich so sehr geliebt hatte.
Gottlob stand die katholische Hofkirche von Chiaveri. Sie hatte einen schweren Treffer an der Theaterplatzseite, sechs Heilige waren zerstört. Der alte Dachstuhl, ein Gewirr von Balken aus dem 18. Jahrhundert, war in Brand geraten und in das Hauptschiff gefallen. Die beiden Seitenschiffe und die Eckkapellen aber waren völlig erhalten. Ich betrat diese wunderbare Kirche, mit der mich von Jugend an so viele ernste, aber auch schöne Erinnerungen verbanden. Unsere Familiengruft war unversehrt. Seit 1750 wurden meine Ahnen dort beigesetzt. Der Gedanke, die Gruft wäre dem Angriff zum Opfer gefallen, war

furchtbar. Hier wurden mein Vater, mein ältester Bruder und meine Frau bestattet. In diesem Gotteshaus erlebte ich viele religiös erhebende Stunden und auch herrliche, unvergeßliche musikalische Eindrücke. Hier dirigierten Carl Maria von Weber und Richard Wagner. Uraufgeführt wurde die Missa solemnis und das Te Deum von Johann Adolph Hasse, die sogenannte Jagdmesse von Schuster und die Messen von Weber. Im 18. Jahrhundert schon wurde die Krönungsmesse von Mozart aufgeführt. Das Erlebnis der Kirchenmusik in der Hofkirche ist von Dostojewski sehr eindrucksvoll geschildert worden. Der erste russische Stadtkommandant von Dresden hatte das gelesen – er setzte sich für den baldigen Wiederaufbau der Kirche ein und stellte Material zur Verfügung.
Nach Verlassen der Hofkirche sah ich mir das Residenzschloß an, in dem ich von 1904 bis 1914 meine Jugend verbracht hatte. Der Anblick war erschütternd. Ausgebrannt und verstümmelt stand dieser so schöne deutsche Renaissancebau da. Und auch sonst, wohin ich blickte – nichts als Trümmer.
Es war das letzte Mal, daß ich das Zentrum der Stadt sah, in der ich aufgewachsen war. Unendlich traurig und bedrückt wanderte ich zurück durch die hohlen Fassaden, durch diese grenzenlose Leere und Todesstille – zurück zu meinem kleinen DKW, der mich wieder nach Moritzburg brachte.

Otto Griebel 1895–1972 **Dresden**

Da die Alarme meist mittags oder abends einsetzten, ging ich mit Jack und unserer Wirtin zweimal des Nachmittags nach Dresden, wo wir in Reick Bekannte

und vor allem die Vermißtenzentrale aufsuchen wollten, um da eventuell einiges erfahren zu können. Bei dieser Gelegenheit durchquerten wir das gesamte Stadtgebiet in verschiedenen Richtungen und sahen immer neue Bilder des Schreckens und der trostlosesten Verwüstung.
Am Hauptbahnhof war noch alles so, wie es die fürchterliche Angriffsnacht hinterlassen hatte: Stapel von ausgebrannten Fahrrädern lagen an den Unterführungen, von denen die eisernen Geländer wie auch die Oberleitungen der Straßenbahn zerfetzt herabhingen. In der Ecke hatte man einen Berg verkohlter Leichen aufeinandergeschichtet, und an der Ammonstraße gewahrte ich zwei aneinandergebundene Tote neben einer ebenfalls getöteten Frau, die eine »Ostarbeiterin« gewesen sein mag. Auf einem davorgestellten Pappkarton standen die Worte geschrieben:
»Wegen Plünderns erschossen.«
Die Prager Straße konnte man kaum passieren, und in den engen Seitenstraßen dieses Viertels türmte sich der Schutt unübersteigbar hoch. Die Häuser boten traurige Anblicke. Von vielen existierten nicht einmal mehr die Fassaden. Über den Sternplatz mit dem ausgebrannten Gebäude der Ortskrankenkasse gelangten wir zur Annenkirche, in deren verhältnismäßig wenig zerstörtem Innenraum Männer vom Katastropheneinsatz ihr Quartier genommen hatten. Die Aufgabe dieser Männer war die der Leichenbergung und der allerersten, nötigsten Aufräumungsarbeit. Doch sahen wir in etlichen tiefen Sprengtrichtern auch amerikanische Kriegsgefangene arbeiten, die rote Baskenmützen trugen und einer Fallschirmjägerformation angehört

hatten. Unter ihnen befanden sich Mulatten und Neger.
Den Postplatz hatte es übel zugerichtet, und es wirkte grotesk, wie inmitten dieses Chaos ausgerechnet die Rotunde der Dresdner Straßenbahn ohne besondere Beschädigungen stehengeblieben war. Auch schienen die Dresdner Bedürfnisanstalten einen besonderen Schutzpatron zu haben, denn von ihnen blieben auffallend viele übrig.
Eine tiefe Trauer überkam mich, als ich der Sophienkirche, des Zwingers und der Umgebung des Schlosses sowie der Katholischen Hofkirche ansichtig wurde. Ich vermochte es einfach nicht zu fassen, all diese Bauten in solch grausiger Zerstörung wiederfinden zu müssen. Geborstene Plastiken und Architekturteile bedeckten das Straßenpflaster.
Mir krampfte sich das Herz mit jedem Schritt, den ich tat, mehr und mehr zusammen, und der stickige Brandgeruch reizte zur Übelkeit. Hastig trachtete ich, über die Friedrich-August-Brücke zu gelangen, die auf der Neustädter Seite einen schweren Treffer erhalten hatte. Als ich mich nach der Altstadt umkehrte, bemerkte ich, daß das Wahrzeichen Dresdens, die wuchtige Kuppel der Frauenkirche, gänzlich fehlte. Sie gab es nun auch nicht mehr.
Stumm und entsetzt schauten auch alle anderen Passanten auf die Reste unserer einst so schönen Stadt. In den Elbwiesen entdeckte ich eine ganze Anzahl großer Sprengtrichter. Überall lagen noch Blindgänger und Brandbombenteile umher. Auch die Neustadt hatte es schwer getroffen; das »Blockhaus«, das »Narrenhäusel«, alles lag zertrümmert. In der Klostergasse

mußte es einem bei dem herrschenden Sturm förmlich angst werden, daß die einzeln stehenden Fassaden zusammenstürzten und uns womöglich unter dem Schutt begruben. Besonders schmerzlich berührte es mich, das im alten »Jägerhof« beheimatete Oskar-Seyffert-Museum bis auf die Grundmauern vernichtet zu sehen. Mit wieviel Liebe hatte »unser Hofrat« dieses köstliche kleine Museum sächsischer Volkskunst aufgebaut!

Auch der »Zirkus Sarrasani«, dessen stattlicher Rundbau ganz in der Nähe lag, hatte schwersten Schaden erlitten. Frau Stosch-Sarrasani, die das Unternehmen bis zum Tage des verheerenden Angriffs leitete, beging vor Kummer und Verzweiflung Selbstmord. Ihr sonst so bewunderungswürdiger Mut ertrug diesen allzuharten Schlag nicht.

Im Ministerium, welches das Ziel unseres weiten Ganges war, hatten wir leider nur sehr wenig Erfolg. Ich konnte lediglich einen Zettel mit den Angaben der vermißten Angehörigen in einen Kasten werfen und dann enttäuscht die Heimkehr antreten. Den Rückweg nahm ich über die nur leicht beschädigte Albert-Brücke. Als Jack und ich eben das Altstädter Ufer erreicht hatten, stürzte nahe hinter uns am Elbberge eine vierstöckige Fassade zusammen, und wir eilten, um dieser gefahrvollen Gegend über den breiten Ring zu entrinnen.

Auch hier sah es traurig aus, aber am meisten wohl am neuen Rathause, das ganz demoliert war. Der Kuppelbelag des Turmes war wie zerknittertes Papier auf die Grünflächen geschleudert worden, neben denen halbverbrannte Schlauchleitungen der Feuerwehr verkün-

deten, daß man hier verzweifelt Löscharbeit zu leisten versuchte. Nur der »Rathausesel« mit seinem trunkenen Reiter stand noch wie ehedem am Eingange des Ratskellers, schier wie ein Hohn auf all die Zerstörung ringsum. Der Wirt des nahen »Englischen Gartens«, welches eine der nobelsten Dresdner Gaststätten gewesen war, sprach mich an und fragte, an wen er sich wegen des Schadensersatzes zu wenden habe. Da konnte ich nur noch bitter lächeln und sagte: »An den Reichsstatthalter Mutschmann, beziehungsweise an Herrn Adolf Hitler.«
Da sich der Zugang zum Altmarkt als gesperrt erwies, suchte ich durch die Waisenhausstraße zum Hauptbahnhof zu gelangen. Doch dort wurden gerade Hausruinen gesprengt, und so mußten wir auf Umwegen den Ferdinandplatz zu erreichen suchen, in dessen Umgebung die Verheerungen fürchterlich waren. Überall lagen noch verkohlte Leichname zwischen den Trümmern herum. Aus einer mitten auf der Straße stehenden Wanne grinste uns der abgerissene Kopf eines Kindes entgegen. Es war unheimlich, hier zu gehen, und ich atmete wie erlöst auf, als wir endlich den Hauptbahnhof hinter uns hatten und am Sedanplatz den Autobus besteigen konnten, der uns wieder über die Felderhöhen hinweg nach Bannewitz brachte.
Es kostete mich, abgesehen von der Gefahr eines neuerlich einsetzenden Angriffs, dieser Gang durch Dresden die größte Überwindung, und das, was ich dort sah, wirkte bis zur Schwermut in mir nach, so daß ich es vermied, die so grausam hingemordete Stadt unnötig aufzusuchen.
Drei Wochen voll quälender Ungewißheit hatten mein

Sohn Jack und ich warten müssen, ehe wir über meinen Bruder aus Westsachsen endlich die erlösende Nachricht erhielten, daß sich meine Frau mit den drei übrigen Kindern wohl und gesund in Eschdorf im Kreise Pirna befände.
Unsere Freude darüber war ungeheuer groß. Eiligst packten wir unsere wenigen Habseligkeiten in einen alten Koffer und den uns verbliebenen Rucksack. Noch einmal holten wir unser Mittagsmahl aus den Gefangenenbaracken der Klemmschen Fabrik, um dann, nach herzlichem Dank an unsere Gastgeber, sogleich loszuziehen.
Da wir aber nichts Näheres über den Aufenthalt meiner Angehörigen wußten, wurde der Bürgermeister von Eschdorf befragt, der uns in das Unterdorf Nr. 11 zum Bauern Michael wies, wo meine Frau mit den Kindern ein Unterkommen gefunden hatte.
Die Dorfstraße war schon dunkel. Doch wie froh schritten wir sie hinab. Ich kannte das Dorf von meinen früheren Wanderungen her und liebte es. Endlich tauchten die Umrisse des großen Gutsgebäudes auf. Der Hauseingang war bald gefunden, und nun trat uns mein achtjähriger Sohn Matthias mit strahlenden Augen aus dem Kuhstall entgegen. Wenige Augenblicke später gab es dann endlich das Wiedersehen mit der Frau und den beiden Jüngsten.
Der ebenerdige Raum, in dem sie wohnten, war die »gute Stube« der Bauersleute. Er war erfüllt von anheimelndem, abendlichem Lampenlicht und von angenehmer Wärme, die ein eisernes Kanonenöfchen spendete.
Zwei Betten und eine gepolsterte Liegestatt standen

uns sechs Personen zwar nur zur Verfügung, aber das reichte schon, und als wir nun, unsere Erlebnisse austauschend, alle am Tisch beisammensaßen, überkam mich das köstliche Gefühl der Geborgenheit.
Wie gut schlief ich an jenem Abend des Wiedersehens mit der Familie mit dem kleinen Reginchen in dem engen, ländlichem Bett!
Beglückt sah ich am Morgen die milde Märzensonne in die entdunkelte Stube scheinen. Mir wuchs aller Mut aufs neue, und ich ward froh, wie ich es seit meiner Heimkehr nach der Flucht aus dem Osten nicht mehr gewesen war, trotz des Verlustes allen Hab und Guts.

Liesbeth Flade **Dresden**
Teuschers in Radebeul forderten uns sehr herzlich auf, doch ja mit unseren Sachen zu kommen. Vati bekam einen LKW zugesagt (mit welchen Schwierigkeiten das alles verknüpft war, ist nicht zu beschreiben), und er brachte mir schon am Sonnabend sechs Kriegsgefangene mit zum Helfen. Die armen Kerle halfen ganz ordentlich, sie freuten sich auch, daß sie richtig zu essen bekamen. Wir hatten uns im Hof ein Feuerchen gemacht und kochten gemeinschaftlich. Kartoffeln, Gemüse und Kompott hatten wir ja im Keller. Davon verbrauchten und verschenkten wir lustig drauf los. Die Gefangenen wollten immer Kirschen und Stachelbeeren, was sie auch bekamen, und die große Mohnlänge, die in einer großen Schüssel vor der Flurtür gestanden hatte und im Feuer und Qualm noch einmal gebacken war, verspeisten sie auch mit größtem Behagen. Am Sonntag früh fuhren wir los zu Teuschers, die ja wohl beim Anblick der vielen Sachen einen gelinden

Schrecken bekamen. Aber die Wirtsleute waren auch freundlich, es wurde uns ein ganz schmaler Raum im Kellergeschoß zugewiesen, in dem wir wenigstens die Kisten verstauen konnten. Teuschers selbst traten uns ein Zimmer ab, in dem wir unsere zwei Betten aufstellen konnten und uns ganz behaglich einrichteten, nachdem wir noch zweimal mit dem Handwagen den weiten Weg gemacht hatten. Ich war damals oft körperlich so müde, daß mich auch ein Gefühl der Trostlosigkeit beschlich – aber es ging immer schnell vorüber, waren wir doch alle wieder vereint und hatten zudem gute Freunde, die uns halfen, wo immer sie konnten. Zum Glück waren unsere Fahrräder nicht mit verbrannt, und sobald die Straßen wieder halbwegs passierbar waren, fuhr ich mit dem Rad, als Kopfbedeckung den Luftschutzhelm (ich fühlte mich dadurch sehr gesichert zwischen den gefahrdrohenden Ruinen), oft noch zu unserer Ruine, um noch dies und jenes zu holen. Aber es dauerte nicht lange, da war alles aus Keller und Laube gestohlen.
Damals galt es schon, sehr sparsam zu wirtschaften, doch war es noch kein Vergleich zu dem, was später kam. Wir hatten noch immer alle Tage unsere Kartoffeln. Mit viel Mühe karrten wir auch sechs Zentner aus Boxdorf herunter. Unvergeßlich davon ist mir der Eindruck, als uns Kriegsgefangene im Walde (sie arbeiteten dort) um eine gefährliche Kurve halfen. Sie bettelten um ein paar Kartoffeln, wir gaben sie ihnen natürlich. Mich packte dort der Menschheit ganzer Jammer an: Vor Hunger um rohe Kartoffeln betteln! – und wie bald ging es uns und unzähligen andern noch viel, viel schlimmer!

15. Februar, Donnerstag morgen – 17. Februar, Sonnabend abend
Die erste Wonne war der Riesenkessel Nudelsuppe im Schlafsaal. Ich nahm ruhig den Löffel eines alten Mannes, der vor mir gegessen hatte. Ich aß drei tiefe Teller. Dann gingen wir auf Suche nach unseren Leuten und fanden sie rasch in einem ganz ähnlichen Saal eines ganz ähnlichen anderen Hauses. Immer habe ich mich in diesen gleichförmigen Labyrinthen verirrt. Wir fanden die Ehepaare Waldmann und Witkowsky und die Frau Bein, der man Mann und Sohn im KZ erschossen hat. Gute Leute, aber auf die Dauer – bis Sonnabend war es genug – ein bißchen zu sehr populusque. Ebenso wie der arische Teil der Belegschaft. Wo waren die gebildeten Leute geblieben? Wir fragten es uns beide. Wahrscheinlich gibt es davon so wenige, daß sie bei solcher Katastrophe überhaupt verschwinden. Ein grauhaariger Mann sah aus wie ein Hauptmannscher Bühnenvagabund. In der Nacht ließ er Evas Wolljacke und Rock unter seinem Kissen verschwinden. Als Eva energisch nachforschte und fand, erklärte er, er habe sich im Dunkeln geirrt. Bei dieser Gelegenheit zeigte sich der Wankelmut der Volksstimmung. Erst war man über den versuchten Diebstahl empört. Dann aber lehnte sich ein Weib auf: »Warum schläft se nackig? Warum paßt se nich uff?« Und die Stimmung schlug um. Der Populusque – der jüdische mit inbegriffen – war anspruchsvoller als wir: Bald war die Suppe zu eintönig, und unmöglich konnte man sich daran satt essen!, bald war zu wenig »Betreuung« vorhanden, bald sehnte man sich nach eigenem Zimmer

und »Selberkochenkönnen«. Frau Bein war das volkstümlichste Gemüt unserer Gruppe; morgens wachte sie weinend auf: »Alle Möbel, alles verloren!«, gleich darauf war sie vergnügt. Uns nahm man wohl ein bißchen übel, daß wir tagüber unsere eigenen Wege gingen. Auch daß wir am Essen nicht mäkelten. Natürlich wurde es wirklich eintönig, immer dieselbe Suppe (nicht mehr das schöne Nudelgemisch des ersten Morgens) und Schüsseln mit zerkrümelten Brotresten dazu – von welch schmutzigen Fingern zerkrümelt! –, aber wir waren eben dankbar, satt zu werden.
Noch vor dem Mittagessen hatten wir am Donnerstag Alarm, und der Luftschutzkeller war ein sehr leichtes Bauwerk, das bestimmt keinen Treffer ausgehalten hätte. Aber seltsamerweise war Klotzsche bisher noch immer verschont geblieben und blieb es, auch diesmal – die Flieger waren wieder in Dresden.
Am Nachmittag ging ich ins Lazarett. Mir waren schon in Dresden die übervielen Augenbeschädigungen aufgefallen. Hier hatte man eine besondere Augenstation eingerichtet. Ich kam bald heran, der junge Arzt war sehr liebenswürdig, fragte nach meinem Beruf und wurde noch liebenswürdiger und aufmerksamer. Befund: Nach oberflächlicher Untersuchung (und zu mehr fehle es hier an allem) befinde sich die Blutung unter der Bindehaut und sei harmlos; aber ein Riß in der Netzhaut sei doch nicht ausgeschlossen, ich müßte noch einen Facharzt aufsuchen. Wie eilig hätte ich das in normalen Zeiten getan. Jetzt blieb mir nichts anderes übrig, als diese Gefahr zu dem übrigen zu legen. Das Auge hat sich inzwischen fast hergestellt, und nun wird wohl nichts weiter mehr nachkommen. – [...]

In der Nacht zum Sonnabend hörte ich ununterbrochene Fliegerei. In dieser Nacht kam mir auch der Gedanke: Piskowitz. [...] Wir machten am Vormittag noch unsere Alleinwege. Bei Tisch (Sonnabend mittag also) erfuhren wir dann, am Sonntag werde der Fliegerhorst von allem Zivil geräumt, die Ausgebombten transportiere man in Orte der Umgebung wie Coswig und Meißen. Da glaubten wir, Piskowitz dürfte uns ein tieferes Untertauchen ermöglichen, und trafen also unsere Vorbereitungen zur Abreise. [...]
In Klotzsche kamen mir zum erstenmal Gedanken über unsere Verluste. Alle meine Bücher, die Lexika, die eigenen Werke, *ein* Maschinenexemplar des 18ième und des Curriculum. Geschieht ein Unglück in Pirna, dann ist meine gesamte Arbeit seit 1933 vernichtet. – Im Schreibtisch lagen zusammengestellt die Stücke des dritten Bandes gesammelter Aufsätze. Wie soll ich das wieder zusammenfinden? Bei Thamm sind alle meine Sonderdrucke vernichtet...
Das alles focht mich nicht übermäßig an. Das Curriculum würde ich in knapperer und vielleicht besserer Fassung aus dem Kopf wiederherstellen. (Bei der Buck hat mir einmal ein Satz imponiert: »Darauf zerriß sie alle Modellzeichnungen, um nun frei gestalten zu können.«) Nur um die Sammlungen zur LTI wäre es ewig schade.
Sooft ich an den Schutthaufen Zeughausstraße 1 und 3 dachte und denke, hatte und habe doch auch ich das atavistische Gefühl: Jahwe! Dort hat man in Dresden die Synagoge niedergebrannt.

7 Uhr Messe in St. Andreas.
Gestern stand in der Epistel aus Isaias 58 die merkwürdige Verheißung: Et aedificabuntur in te deserta saeculorum, fundamenta generationis et generationis suscitabis, et vocaberis aedificator sepium. [Und auferbaut werden von dir die Trümmer der Vorzeit: die Fundamente früherer Geschlechter wirst du wieder errichten und Erbauer der Umfriedung wirst du genannt werden.] Darf ich annehmen, diese Verheißung gelte im wörtlichen Sinne auch mir, wenn ich die Fastenzeit dieses Krieges richtig überstehe?
Nachmittags Predigt im Dom: Jetzt ist die Zeit der Gnade, jetzt ist der Tag des Heiles. Machen wir uns wirklich, wenn wir diese Worte in der Epistel hören, klar, daß sie ganz ernst gemeint sind, daß jetzt dieser Tag des Heiles da ist, jetzt, da wir hier zusammengedrängt sind in der Schatzkammer des Domes? Daß, wenn diese Worte in besonderem Maße für die Fastenzeit gelten, sie auch und gerade jetzt in dieser Zeit gelten, die den Sinn der Fastenzeit in ganz besonderer Weise erfüllte. Wir haben vielleicht früher, an den Hochfesten des Kirchenjahres, bei Bekenntnisfeiern, Stunden erlebt, von denen wir glaubten, daß es besondere Gnadenstunden gewesen seien. Und es waren Tage der Gnade. Aber ist nicht bei uns vieles doch nur ein Strohfeuer gewesen? Wir sind nach Hause gegangen, ohne andere Menschen geworden zu sein. Und nun ist all die Herrlichkeit in Staub und Asche gesunken. Buchstäblich ist um uns Staub und Asche; und nun heißt es, in Staub und Asche Buße tun. Und da heißt es dann: jetzt ist die Zeit der Gnade. Weil Gott

die Welt um uns abbricht… weil wirklich um uns herum die Gestalt der Welt vergeht… Was in der Fastenzeit gewissermaßen symbolisch vollzogen wird, das vollzieht sich nun in harter und bitterer Wirklichkeit. Aber was bedeutet das? Daß wir frei werden für die himmlischen Dinge. Frei werden für Gott. Das bedeutet nicht Tod, sondern Leben, nicht Armut, sondern Reichtum. Es wird der äußere Mensch aufgerieben, damit der innere erneuert werde. Nur im Dunkel der Nacht sehen wir die Sterne des Himmels. Es bedeutet, daß wir uns dem ewigen Leben zuwenden sollen. Nicht vom Brote allein lebt der Mensch… Sich öffnen für das Wort Gottes. Es ist eine harte Fastenzeit, aber Gott ist bei uns. In seinen heiligen Engeln; in Christus seinem Sohn, der hineintritt in das Schiff seiner Kirche, in dem seine Jünger sich mühen.

Lord Moran 1882–1977 *Kairo*

Heute fuhren wir am späten Vormittag zum Hotel »L'Auberge de Lac«, fünfundsiebzig Kilometer von Kairo, wo der Premierminister für den König von Saudiarabien einen Empfang gibt. Zwei Jeeps, jeder mit vier rotbemützten Militärpolizisten, und drei Polizisten mit weißen Blechhelmen wie Rasierbecken auf Motorrädern eskortierten eine Wagenkette, die im Gänsemarsch durch die Wüste holperte. Bäume und grüner Rasen bezeichneten die Oase, in der das Hotel am Ufer eines Sees errichtet worden war. Der Rahmen, den das Hotel bot, war nur ein unzulänglicher Hintergrund für die zehn Scheiche mit ihren prächtigen Gewändern und den halbmondförmigen Säbeln. Dann erschien König Ibn Saud selber in seiner Staatsrobe, gold und ziegelrot; er hat ein feines Gesicht mit braunen, wohlwollenden Augen, einer hohen Hakennase und ausdrucksvollen Lippen. Zu seiner Begleitung gehörten seine Söhne und Brüder; die Minister, der Leibarzt; ferner Magid Ibn Kalayella, Astrologe und Wahrsager; Abdul Rachman Djuez, Vorbeter der königlichen Palastmoschee; Kommandeur und Adjutant der königlichen Wache; Mohamed Abdul Djither, Funkoffizier und Chef des Nachrichtenwesens; Mahsoel Effendi, Funkinspektor für den Nedschd; Siraq Dahran, königlicher Speisemeister und Vorkoster; Abdullah Al Hadrani, königlicher Schatzmeister; sowie der erste und zweite Hof-Kaffeekoch. Dazu zehn Leibwächter mit Säbeln und Dolchen, die aus den größten Stämmen des Reiches ausgewählt worden waren, drei Kammerdiener und neun weitere Sklaven, Köche, Küchenjungen und Träger. Beim Lunch stand der Leibschenk mit einem Glas Wasser hinter dem König, eine finstere, dunkelhäutige Erscheinung. Zu seiner Linken der Dolmetscher, der sich aufmerksam vorbeugte, um zu übersetzen, was der PM zum König und der König zum PM sagte. Dahinter zwei bewaffnete Wächter, die sehr diensteifrig taten. Ihre Gesichter waren verschlagen und kontrastierten mit den offenen, intelligenten Mienen, die manche der Scheiche zeigten. Vor dem Lunch hatte sich der PM mit dem König zu einer Besprechung zurückgezogen. Vielleicht war dieses Gespräch interessant für ihn, denn Ibn Saud ist ja noch ein König wie aus dem Bilderbuch. Er hat mit unfehlbarem Erfolg seine Armeen ins Feld geführt und ist der unbestrittene Herr der arabischen Welt; auch jetzt zeigte er nicht die geringsten

Hemmungen seinem englischen Gastgeber gegenüber, dessen Sympathien für den Zionismus ihm zweifellos bekannt sind. Vermutlich hat weder der König den britischen Premierminister noch dieser den König zu seinen Ansichten bekehren können. Aber das tat der Feier keinen Abbruch.

Nach dem Lunch wurden uns Geschenke gereicht, wobei die Empfänger in drei Klassen eingeteilt waren. In die erste Klasse gehörten nur Churchill und Mister Eden. Das Schwert, das dem PM überreicht wurde, war mit Juwelen besetzt; und ein Ehrendolch war in der gleichen Weise geschmückt. Dann zwei Perlenketten – niemand von uns konnte ihren Wert ermessen – und wunderbare Gewänder für Mrs. Churchill, eines davon in Purpur und Gold, und jedes kostbarer als das andere. Wie zufällig lag ein kleines Kästchen dabei, das einen Diamanten enthielt, dessen Wert später auf achthundertfünfzig Pfund geschätzt wurde. Ich gehörte zur zweiten Klasse und erhielt ein Paket von rotem Tuch, das sich als arabisches Festgewand mit Dolch entpuppte. In der dritten Klasse gab es Armbanduhren. Die Auswahl des Geschenkes für den König war Tommy überlassen gewesen, der in solchen Dingen etwas knickerig ist. Er hatte Parfum besorgt, eine Mischung von Ambra, Moschus, Mimosen und Jasmin. Der PM, durch die Freigebigkeit des Königs beschämt, verkündete geistesgegenwärtig, er würde ihm ein Auto schicken, falls er es annähme. Er sprach sogar davon, die wertvolleren Geschenke zurückzugeben, mußte sich jedoch sagen lassen, daß dies als Beleidigung aufgefaßt werden würde. Winston ist sehr peinlich in solchen Dingen und wird die Gaben in angemessener Weise verwenden. Die Ermahnung, daß in des Königs Gegenwart weder geraucht noch Alkohol getrunken werden dürfe, hatte Winstons Freude an diesem Besuch etwas gedämpft; aber der König gefiel ihm so gut, daß die Geschichte doch mit einem Happy-End schloß.

Lord Alanbrooke 1883–1963
(London/Buckingham-Palast)

Es war eine sehr kleine Tischrunde, nur der König, die Königin, Portal [Chef des britischen Luftwaffenstabes] und ich. Der König und die Königin waren wie immer ganz außergewöhnliche Gastgeber; sie ließen uns die höfische Atmosphäre der Begegnung sofort vergessen. Der König sprach lebhaft von den neuen Ordensbändern, die er sich ausdenkt und von denen er einen Umschlag voll in der Tasche hatte. Die Königin reizend und fesselnd, für alles interessiert, lebhaft plaudernd und ohne jede Steifheit. Kein Zweifel, sie sind ein wunderbares Paar.

Völkischer Beobachter **Berlin**

Reinigungsmittel aus eigener Hand
Um die käuflichen Wasch- und Reinigungsmittel zu ersetzen, tut man gut, sich wieder der wirtschaftseigenen Reinigungsmittel zu erinnern; auch dann können wir unsere wertvollen Güter an Einrichtung und Kleidung in richtigem Stand erhalten. Hierzu einige Anregungen: Sand gesiebt, ist ein Reibemittel für Weißblech, Zink und Holz; gesiebte Holzasche reinigt und poliert Stahl; Ruß, trocken oder mit Salmiak, reinigt und poliert Silber. Schachtelhalm (Katzenwedel –

Zinnkraut), frisch oder getrocknet, reinigt Zinn, Aluminium und Glas. Angebrühte Brennesseln reinigen Fensterscheiben. Heublumen, angebrüht, reinigen Porzellan gründlich. Eierschalen, getrocknet, zerstampft, im Wasser stehengelassen, lösen Wasserstein in Glas und Kristall. Kalkmilch reinigt Holzgeschirr (hineingelegt), Efeublätter, 15 Gramm in 1 Liter Wasser fünf Minuten gekocht, waschen dunkle Wollsachen. Roßkastanien, 50 Gramm zerkleinert, in 1 Liter Wasser fünf Minuten gekocht, waschen dunkle Wollsachen. Waldmeister und Walnußblätter, zur Blütezeit geholt, in Büscheln aufgehängt oder zwischen die Kleidungsstücke gepackt, halten die Motten ab.

Das Rundfunkprogramm
Reichsprogramm
20.15-22.00: Musik, die das Herz erfreut
22.15-24.00: Zum Wochenausklang

Deutschlandsender
20.15-21.00: Opernmelodien
21.00-22.00: Abendkonzert

Aus dem Wehrmachtbericht
Das Vergeltungsfeuer auf London dauert an.

Fünfzig Jahre danach

Wunden des Krieges heilen
Die letzten Ruinen Dresdens werden jetzt wieder aufgebaut
Westfalenpost 13.2.95

Dresden. (dpa) »Wer das Weinen verlernt hat, der lernt es wieder beim Untergang von Dresden.« Diesen Satz schrieb der deutsche Bühnendichter Gerhart Hauptmann (1862–1946) nach den Bombenangriffen vom 13./14. Februar 1945, die er als 82jähriger mit seiner Frau in einem Dresdner Sanatorium erlebt hatte. Die einstige Kunst- und Kulturmetropole von Weltrang lag in Trümmern.

Die bis 1945 das Stadtbild prägenden barocken Adelspalais' und feinen Bürgerhäuser waren stark beschädigt, viele nur noch schwarze Ruinen. Obwohl die meisten Kunstwerke der Museen während des Krieges ausgelagert waren, vernichtete der von den Brandbomben entfachte Feuersturm wertvolle Inneneinrichtungen und Mobiliar. Mit dem Einsturz der Frauenkirche wurde der Silhouette von Elbflorenz, die nicht nur den italienischen Maler Bernardo Belotto alias Canaletto inspiriert hatte, die Krone genommen.

Die Spuren dieser Februartage sind bis heute sichtbar. Die von Experten meist als wiederaufbaufähig eingestuften Ruinen am Altmarkt, der Prager Straße und um den Neumarkt sind zu DDR-Zeiten abgerissen worden, um für die »sozialistische Großstadt«

Platz zu machen. Denkmalpfleger konnten 1962/63 zwar den vom damaligen Machthaber Walter Ulbricht befohlenen Abriß der alten Sophienkirche aus dem 16. Jahrhundert nicht verhindern, die Ruine der Frauenkirche am Neumarkt aber als Trümmerfeld erhalten.

Der Zwinger wurde von 1710 bis 1732 im Auftrag August des Starken von Matthäus Daniel Pöppelmann und Balthasar Permoser erbaut und 1945 durch Sprengbomben zertrümmert. Noch im selben Jahre begannen Sicherungs- und Wiederaufbauarbeiten, die 1964 mit der Rekonstruktion des Wallpavillons abgeschlossen wurden. Er war das erste Areal, das nach Kriegsende wieder errichtet wurde.

Die aus dem 12. Jahrhundert stammende Anlage war seit 1485 ständige Residenz der Wettiner und ist von verschiedenen Baustilen geprägt. 1945 brannte sie aus und stand 40 Jahre als Ruine am Theaterplatz. 1985 wurde noch in der DDR mit der Rekonstruktion begonnen, die im Jahre 2006 beendet sein soll. Dann soll das Schloß einen Museumskomplex aus Grünem Gewölbe, Hofsilberkammer, Münz- und Kupferstich-Kabinett sowie Historischem Museum beherbergen.

Die Semperoper feiert am Tag der Zerstörung den zehnten Jahrestag ihrer Wiedergeburt. Das 1871 bis 1878 nach Plänen von Gottfried Semper errichtete Opernhaus wurde 1945 stark zerstört und unbespielbar.

1953–1955 wurden der Giebel wieder aufgebaut, die Zuschauerraumwände saniert und ein Dach aufgebracht. 1977 wurde der Grundstein für den originalgetreuen Wiederaufbau gelegt. Carl Maria von Webers Oper »Der Freischütz« eröffnete am 13. Februar 1985 das wiedererstandene Theater.

Das Taschenbergpalais hatte August der Starke ab 1706 von Pöppelmann für seine Mätresse Gräfin Cosel errichten lassen. Nach ihrer Verbannung wurde es 1719 zum Kronprinzenpalais. 1945 machten es die Bomben und Flammen zur Ruine. 1991 erwarb eine Management-Firma das Grundstück für 45 Millionen Mark und baut das Taschenbergpalais als Luxushotel wieder auf.

Die Frauenkirche, Symbol des Dresdner Infernos, wurde 1726 bis 1743 nach Plänen des Ratszimmermeisters Bähr erbaut. Mehr als 200 Jahre thronte das »Kuppelwunder« über der Stadt, ehe es am 15. Februar 1945 ausgebrannt zusammenstürzte. Die Ruine blieb 40 Jahre als Mahnmal gegen den Krieg unberührt. 1994 begann der auf 250 Millionen Mark Kosten geschätzte Wiederaufbau. 2002 soll er abgeschlossen sein.

EPILOG

Der Untergang Dresdens

Streit über die Zahl der Toten
Kölner Stadt-Anzeiger, 14.2.95

Seit Jahren gibt es Streit über die Zahl der Todesopfer der Bombennacht vom 13. auf den 14. Februar 1945 in Dresden. Die genannten Zahlen schwanken zwischen 25 000 und 400 000 Toten. Fakten wurden ignoriert, alte Berichte aus Propagandazeitungen und gefälschte Dokumente als Beweise angeführt.

Kurz vor dem 50. Jahrestag des Infernos hatten Historiker in der Elbestadt die zu DDR-Zeiten verbreitete Zahl von ungefähr 35 000 Opfern für realistisch erklärt. Nach neuen Akten des Stadtarchivs meldeten am 15. März 1945 zwei Friedhöfe insgesamt 11 578 Bestattungen. Zusammen mit den auf dem Altmarkt verbrannten 6 865 Leichen ergibt das eine Zahl von 18 443 Toten.

Bis Juli 1945 registrierte man 21 790 Bestattete, wobei laut Akten bis Ende der 50er Jahre bei Aufräumarbeiten noch etwa 2000 Leichen geborgen wurden. 1946 rechnete eine Untersuchungskommission mit 32 000 geborgenen Luftkriegstoten, wobei sie noch 3000 Tote unter den Trümmern vermutete.

Das Presseamt der Stadt nennt heute rund 35 000 Opfer, von denen 25 000 durch Akten belegt werden können. »Wer noch immer von 200 000 oder 300 000 Opfern spricht, der unterstellt, daß circa 165000 oder 265 000 Leichen in den Kellern liegengeblieben sind und beim Neubau eingewalzt wurden«, schreibt Götz Bergander in seinem Buch »Dresden im Luftkrieg«. (dpa)

Steven Walton
1. Mai 2001 London/Imperial War Museum

Lieber Herr Kempowski,
In Bezug auf Ihren Brief vom 25. April ist es mir leider nicht gelungen, eine genaue Zahl der RAF-Personalverluste während der Angriffe auf Dresden zu finden. Die meisten Untersuchungen zu diesem Thema erwähnen diesen Aspekt überhaupt nicht oder nennen höchstens die Zahl der RAF-Flugzeuge, die vom Himmel fielen (sechs Lancaster-Bomber über Dresden, drei Lancasters auf dem Hin- bzw. Rückflug). Mit einer Durchschnittszahl von 7 Crewmitgliedern pro Maschine kann die Zahl der Gefallenen nicht höher als 42 bzw. 63 sein, aber es ist wohl anzunehmen, daß wenigstens die Hälfte überlebt hat. Die genaue Zahl befindet sich vielleicht in den »Bomber Command Loss Registers« im Public Record Office, Kew, aber ich habe diese Akten nie persönlich zu Gesicht bekommen und weiß nicht, wie leicht sich die Informationen aus diesen Registern entnehmen lassen. Leider hat das Personal dort meistens keine Zeit, solche Details zu prüfen; vielleicht läßt sich etwas über das

PRO Website machen (www.pro.gov.uk). Viele haben sich über die Zahl der Opfer in Dresden gestritten, aber anscheinend hat sich keiner über die der alliierten Flieger Gedanken gemacht.

ANHANG*

Editorische Notiz

Die Texte, die ich für »Der rote Hahn« auswählte, wurden in den meisten Fällen nicht gekürzt. Auslassungen am Anfang oder am Ende eines in sich geschlossenen Textes habe ich in der Regel nicht angezeigt. Hingegen habe ich Streichungen innerhalb eines Textes durch [...] kenntlich gemacht. Eigenheiten in Stil, Orthographie und Zeichensetzung wurden beibehalten, um die Authentizität der Dokumente zu wahren. Offensichtliche Verschreibungen wurden korrigiert. Ergänzungen oder Erläuterungen, die ich an manchen Stellen für nötig hielt, stehen in eckigen Klammern.

Zur Kopfzeile: Namen von Autoren, die nicht genannt werden wollten, wurden entweder durch Initialen wiedergegeben oder pseudonymisiert. Entsprechend wurde verfahren, wenn die Rechteinhaber nicht identifiziert werden konnten.
Trotz aufwendiger Recherchen war es nicht immer möglich, die Lebensdaten der Autoren zu ermitteln.

* Erarbeitet von Dirk Hempel

Die Orte stehen in runden Klammern, wenn die Texte nicht exakt einem Tag zugeordnet werden konnten. Orte, die nicht unter dem Zugriff der deutschen Wehrmacht standen, wurden kursiv gesetzt.

Es liegt in der Natur der Sache, daß Tatsachen und Vorkommnisse nicht auf ihren Wahrheitsgehalt überprüft werden konnten. Hieraus und aus dem persönlichen Blickwinkel der Autoren erklären sich offensichtliche Widersprüche.

Abkürzungsverzeichnis

ADN	Allgemeiner deutscher Nachrichtendienst
BBC	British Broadcasting Corporation
dpa	Deutsche Presseagentur
DKW	Dampfkraftwagen, Automarke
EK	Eisernes Kreuz
Gestapo	Geheime Staatspolizei
Gruf	Gruppenführer
HJ	Hitlerjugend
i.v.	intravenös
KLV	Kinderlandverschickung
KW	Kurzwelle
KZ	Konzentrationslager
NSDAP	Nationalsozialistische Deutsche Arbeiterpartei
NSV	Nationalsozialistische Volkswohlfahrt
OP	Operation
PK	Propagandakompanie
PM	Premierminister
PR	Public Relations
PRO	Public Record Office
RAD	Reichsarbeitsdienst
RAF	Royal Air Force
SA	Sturmabteilung
SED	Sozialistische Einheitspartei Deutschlands
SS	Schutzstaffel
Stalag	Stammlager
Tb	Tuberkulose
Ü	Übertragung
WAAF	Women's Auxiliary Air Forces

Register

Quellenverzeichnis

I. Veröffentlichte Quellen

Wenn nicht ausdrücklich vermerkt, liegt bei urheberrechtlich geschützten Autoren das Copyright © bei den in der jeweiligen Quellenangabe genannten Verlagen.

1 Ballhorn, Franz: *Die Kelter Gottes.* Tagebuch eines jungen Christen 1940–1945. Münster, Verlag Regensberg 1980

2 Barth, Emil: *Lemuria.* Aufzeichnungen und Meditationen aus den Jahren 1943 bis 1945. Hrsg. u. mit Anm. versehen v. Bernhard Albers in Zusammenarb. mit Karin Dosch-Muster. Aachen, Rimbaud Verlagsgesellschaft 1997

3 Beckmann, Max: *Tagebücher 1940–1950.* Zusammengest. v. Mathilde Q. Beckmann. Hrsg. v. Erhard Göpel. Mit einem Vorw. v. Friedhelm W. Fischer. Nachdruck der erw. u. neu durchges. Ausg. 1979. München, Piper Verlag GmbH 1984, 1987

4 Below, Nicolaus von: *Als Hitlers Adjutant 1937–45.* Mainz, v. Hase & Koehler Verlag 1980

5 Bergander, Götz: *Dresden im Luftkrieg.* Vorgeschichte, Zerstörung, Folgen. Weimar, Köln u.a., Böhlau Verlag 1994

6 Besymenski, Lew: *Die letzten Notizen von Martin Bormann.* Ein Dokument und sein Verfasser. Vorbereitet vom Verlag der Presseagentur Nowosti, Moskau. Aus d. Russ. übertr. v. Reinhild Holler. Stuttgart, Deutsche Verlags-Anstalt 1974

7 Boegner, Marc: *Carnets du pasteur 1940–1945.* Paris, Librairie Arthème Fayard 1992

8 Bonifas, Aimé: *Häftling 20801.* Ein Zeugnis über die faschistischen Konzentrationslager. München, Berlin, Buchverlag Union [4]1983

9 Boor, Lisa de: *Tagebuchblätter aus den Jahren 1938–1945*. München, C.H. Beck'sche Verlagsbuchhandlung 1963 (1. Aufl. Biederstein Verlag)
10 Breloer, Heinrich (Hrsg.): *Mein Tagebuch*. Geschichten vom Überleben 1939–1947. Köln, vgs Verlagsgesellschaft Schulfernsehen 1984
11 Bryant, Arthur: *Sieg im Westen 1943–1946*. Aus den Kriegstagebüchern des Feldmarschalls Lord Alanbrooke, Chef des Empire-Generalstabs. Übertr. v. Hans Steinsdorff. Düsseldorf, Droste Verlag 1960. © London, Harper Collins Publishers
12 Colville, John: *Downing-Street-Tagebücher 1939–1945*. Aus d. Engl. v. Karl H. Schneider. Berlin, Wolf Jobst Siedler Verlag 1988
13 *Dresden in alten und neuen Reisebeschreibungen*. Ausgewählt von Wolfgang Paul. Düsseldorf, Droste Verlag 1990
14 *Frankfurter Allgemeine Zeitung*, 16.2.1995
15 *Das andere Gesicht des Krieges*. Deutsche Feldpostbriefe 1939–1945. Hrsg. von Ortwin Buchbender und Reinhold Sterz. München, Verlag C.H. Beck 1982
16 Gleiss, Horst G.W. (Hrsg.): *Breslauer Apokalypse 1945*. Dokumentarchronik vom Todeskampf und Untergang einer deutschen Stadt und Festung am Ende des Zweiten Weltkrieges. Bd. 1–2. Rosenheim, Obb., Natura et Patria Verlag 1986
17 Goebbels, Joseph: *Die Tagebücher von Joseph Goebbels*. Im Auftrag des Instituts für Zeitgeschichte u. mit Unterstützung des Staatlichen Archivdienstes Rußlands. Hrsg. v. Elke Fröhlich. Bd. II. 15: Januar-April 1945. Bearb. v. Maximilian Gschaid. München, New Providence u.a., K.G. Saur Verlag. © Cordula Schacht
18 Green, Julien: *Tagebücher 1943–1954*. Mit einem Vorw. v. Ute Stempel. Aus d. Franz. v. Eva Groepler, Eva Moldenhauer u. Alain Claude Sulzer. Hrsg. v. Jacques Petit. München, Paul List Verlag 1992

19 Griebel, Otto: *Ich war ein Mann der Straße*. Lebenserinnerungen eines Dresdner Malers. Aus dem Nachlaß hrsg. v. Matthias Griebel. Frankfurt a.M., Röderberg Verlag 1986
20 Grosche, Robert: *Kölner Tagebuch 1944–1946*. Aus d. Nachlaß hrsg. v. Maria Steinhoff u.a. Köln, Olten, Jakob Hegner Verlag 1969
21 *Hamburger Zeitung* vom *13.,14.,16.,17.2.1945*
22 Hartung, Hugo: *Schlesien 1944/45*. Aufzeichnungen und Tagebücher. München, Bergstadt-Verlag Wilhelm Gottlieb Korn 1956
23 Hesse, Hermann: *Gesammelte Briefe*. Bd.3: 1936–1948. In Zusammenarb. mit Heiner Hesse hrsg. v. Ursula u. Volker Michels. Frankfurt a.M., Suhrkamp Verlag 1982
24 Himmler, Heinrich: *Reichsführer! ...* Briefe an und von Himmler. Hrsg. v. Helmut Heiber. Stuttgart, Deutsche Verlags-Anstalt 1968
25 *Hitlers politisches Testament*. Die Bormann Diktate vom Februar und April 1945. Mit einem Essay v. Hugh R. Trevor-Roper u. einem Nachw. v. André François-Poncet. Hamburg, Albrecht Knaus Verlag 1981. © Dr. Wilhelm Schoeppe
26 Hofmann, Erna Hedwig, Ingo Zimmermann (Hrsg.): *Begegnung mit Rudolf Mauersberger.* Dankesgabe eines Freundeskreises. Berlin, Evangelische Verlagsanstalt 1963
27 Hupka, Herbert (Hrsg.): *Letzte Tage in Schlesien*. Tagebücher, Erinnerungen und Dokumente der Vertreibung. München, Langen Müller in der F.A. Herbig Verlagsbuchhandlung [5]1988
28 Irving, David (Hrsg.): *Die geheimen Tagebücher des Dr. Morell, Leibarzt Adolf Hitlers*. München, Goldmann Verlag 1983. © Focal Point
29 Irving, David: *Der Untergang Dresdens*. Berlin, Ullstein Buchverlage 1990

30 Jahnn, Hans Henny: *Briefe II. 1941–1959.* Hrsg. von Ulrich Bitz u.a. Hamburg, Hoffmann & Campe 1994
31 Jünger, Ernst: *Sämtliche Werke in 18 Bänden.* Bd.3: Tagebücher III. Strahlungen II. Stuttgart, Verlag Klett-Cotta 1979
32 Kästner, Erich: *Notabene 45.* Ein Tagebuch. Zürich, Artium Verlag 1961
33 Klemperer, Victor: *Ich will Zeugnis ablegen bis zum letzten.* Bd.2: Tagebücher 1942–1945. Hrsg. v. Walter Nowojski unter Mitarb. v. Hadwig Klemperer. Berlin, Aufbau-Verlag 1995
34 *Kölner Stadt-Anzeiger*, 14.2.1995
35 Kuby, Erich: *Das Ende des Schreckens.* Dokumente des Untergangs Januar bis Mai 1945. München, Paul List Verlag 1961. © Erich Kuby
36 Kupfer-Koberwitz, Edgar: *Dachauer Tagebücher.* Die Aufzeichnungen des Häftlings 24814. Mit einem Vorw. v. Barbara Distel. München, Kindler Verlag 1997
37 *Lausitzer Rundschau*, 13.2.1995
38 Lenz, Eduard: *Gelebte Zukunft.* Aufsätze, Briefe, Dokumente. Hrsg. v. Friedel Lenz. Durchges. u. erw. v. Johannes Lenz. Stuttgart, Verlag Urachhaus [2]1982
39 Lenz, Johann Maria: *Christus in Dachau oder Christus der Sieger.* Ein religiöses Volksbuch und ein kirchengeschichtliches Zeugnis. Für Priester und Volk berichtet von Johann Maria Lenz. Wien-Mauer, »libri catholici« 1957
40 Linge, Heinz: *Bis zum Untergang.* Als Chef des Persönlichen Dienstes bei Hitler. Hrsg. v. Werner Maser. München, Berlin, F.A. Herbig Verlagsbuchhandlung 1980
41 The Making of Modern London 1939–1945. London on War. Joanna Mack and Steve Humphries. © Sidgwick & Jackson, London 1985
42 Mann, Thomas: *Deutsche Hörer!* Fünfundfünfzig Radiosendungen nach Deutschland. In: Ders.: Gesammelte

Werke in dreizehn Bänden. Bd.13: Nachträge. Frankfurt a.M., S. Fischer Verlag 1974

43 Mann, Thomas: *Tagebücher 1944–1.4.1946*. Hrsg. v. Inge Jens. Frankfurt a.M., S. Fischer Verlag 1986

44 Matheny, Ray T.: *Die Feuerreiter*. Gefangen in ›Fliegenden Festungen‹. Deutsch v. Werner Peterich. München, Hamburg, Albrecht Knaus Verlag 1988

45 Meinel, Werner: *Versteckte Fluchten*. Erinnerungen eines Dresdner Arztes 1916–1960. Niederasphe, Selbstverlag 1998. © Dr. Werner Meinel

46 Meyer-Jungcurt, Richard: *Zwischen Seine und Don*. Ein Arzt erlebt den Zweiten Weltkrieg. Bremen, Verlag H.M. Hauschild 1985

47 Montijn, Aleida: *Nachrichten an K.G.* Erinnerungen einer Komponistin. Kassel, Bärenreiter-Verlag 1988

48 Moran, Lord: *Churchill*. Der Kampf ums Überleben 1940–1965. Aus dem Tagebuch seines Leibarztes Lord Moran. Aus d. Engl. v. Karl Berisch. Hrsg. v. Sir Charles MacMoran Wilson. München, Droemer Knaur Verlag 1967 (deutsche Ausg.). © London, Constable & Robinson Publishing Ltd.

49 Nansen, Odd: *Von Tag zu Tag*. Ein Tagebuch. Aus d. Norw. übertr. v. Ingeborg Goebel. Hamburg, Hans Dulk Verlag 1949

50 Neuhaus, Giesela: *Spring wenn Du kannst*. Petershagen, Selbstverlag Maja Kurth [2]1993. © Maja Kurth

51 Nicolson, Harold: *Tagebücher und Briefe*. Bd.2: 1942–1962. Hrsg. v. Nigel Nicolson. Vorw., Ausw. u. Übers. aus d. Engl. v. Helmut Lindemann. Frankfurt a.M., S. Fischer Verlag 1969 (deutsche Ausg.). © London, HarperCollins Publishers

52 Oven, Wilfred von: *Mit Goebbels bis zum Ende*. Buenos Aires, Editorial Dürer 1950. © Duisburg, VAWS Verlag 1993

53 Paquin, Grete: *Wie hinter einem Vorhang*. Ein Göttinger

Tagebuch von 1938 bis 1947 für meine Kinder geschrieben. Neukirchen-Vluyn, Friedrich Bahn Verlag 1968

54 Pavese, Cesare: *Das Handwerk des Lebens.* Tagebücher 1935–1950. Aus d. Ital. v. Maja Pflug. Düsseldorf, München, Claassen Verlag 1988

55 *Der Prozeß gegen die Hauptkriegsverbrecher vor dem Internationalen Militärgerichtshof.* Nürnberg 14. November 1945–1. Oktober 1946. Internationaler Militär-Gerichtshof-Nürnberg. Nürnberg 1949

56 *Reise Textbuch Dresden.* Ein literarischer Begleiter auf den Wegen durch die Stadt. Hg. von Matthias Gretzschel und Winfried Werner. © München, Deutscher Taschenbuch Verlag 1990

57 Ribbentrop, Joachim von: *Zwischen London und Moskau.* Erinnerungen und letzte Aufzeichnungen. Aus dem Nachlaß hrsg. von Annelies von Ribbentrop. Leoni am Starnberger See, Druffel-Verlag 1961

58 Roosevelt, Eleanor: *Eleanor Roosevelt's My Day.* Her acclaimed columns. Vol.1: 1936–1945. Ed. by Rochelle Chadakoff with an introd. by Martha Gellhorn. New York, Pharos Books 1989

59 Rost, Nico: *Goethe in Dachau.* Vorw. v. Anna Seghers. Nachw. v. Ernst Antoni. Hamburg, Konkret Literatur Verlag 1981. © Ilse Lissauer

60 Ruhl, Klaus-Jörg (Hrsg.): *Deutschland 1945.* Alltag zwischen Krieg und Frieden in Berichten, Dokumenten und Bildern. Darmstadt und Neuwied, Hermann Luchterhand Verlag GmbH & Co. KG 1984

61 Sachsen, Ernst Heinrich Prinz von: *Mein Lebensweg vom Königsschloß zum Bauernhof.* Dresden, Verlag der Kunst G + B Fine Arts Verlag GmbH 1995

62 *Sächsische Zeitung*, 13.2.1995

63 Schön, Heinz: *Die letzten Kriegstage.* Ostseehäfen 1945. Stuttgart, Motorbuch Verlag 1995

64 *Schweizer Radio-Zeitung* vom 11.-17.2.1945

65 Semmler [richtig: Semler], Rudolf: *Goebbels – the Man next to Hitler*. With Notes by G.S. Wagner. London, Westhouse 1947
66 Shek, Alisah: *Ein Theresienstädter Tagebuch*. 18. Oktober 1944–19. Mai 1945. *Tagebuch*. In: Theresienstädter Studien 1994. © Prag, Nadace Terezínská iniciativa
67 Sindel', A.D. (Hrsg.): *Auf beiden Seiten der Front*. Briefe sowjetischer und deutscher Soldaten 1941–1945. (Po obe storony fronta. Pis'ma sovetskich i nemeckich soldat 1941–1945 g.g.). Moskau, »Sol'« 1995
68 *Stuttgarter Zeitung*, 13.,14.2.1995
69 *Verbrannt bis zur Unkenntlichkeit*. Die Zerstörung Dresdens 1945. Hrsg. v. der Landeshauptstadt Dresden, Stadtmuseum Dresden. Altenburg, DZA Verlag für Kultur und Wissenschaft 1994
70 Wassiltschikow, Marie: *Die Berliner Tagebücher der »Missie« Wassiltschikow 1940–1945*. Aus d. Engl. v. Elke Jessett. © George H. Wassiltschikow. Für die deutsche Ausgabe: Wolf Jobst Siedler Verlag Berlin 1987
71 Wyndham, Joan: *Love Lessons & Love is Blue*. Diaries of the War Years. London, William Heinemann Ltd. 1985/86

II. Archive und Institutionen

A 1 Bundesarchiv Koblenz
A 2 Bundesarchiv-Lastenausgleichsarchiv, Bayreuth
A 3 Bundesarchiv-Militärarchiv Freiburg. Wehrmachtbericht (RW 4)
A 4 Das Kempowski Archiv, Nartum
A 5 Deutsches Rotes Kreuz Suchdienst, München
A 6 Deutsches Rundfunkarchiv Frankfurt a.M.
A 7 Imperial War Museum, London. Department of Documents

A 8 Institut d'Histoire du Temps Présent – Centre National de la Recherche Scientifique, Cachan. Fonds Chobaut: cote ARC083; Maxime Cottet: cote D380 bis; Ferdinand Picard: cote microfilme D24

A 9 Nordelbische Ev.-Luth. Kirche – Nordelbisches Kirchenarchiv, Kiel. (Nr. B XVIII 2)

A 10 Nordostdeutsches Archiv am Institut Norddeutsches Kulturwerk. Lüneberg. Wilhelm Bodenstedt (PO/144) Name geändert.

A 11 Staatsarchiv der Freien und Hansestadt Hamburg. Luise Solmitz (622–1: Familie Solmitz 1 Bd.34; Familie Glass 2 Heft 2)

A 12 Staatsbibliothek zu Berlin, Preußischer Kulturbesitz. Handschriftenabteilung. NL Hauptmann

A 13 Stiftung Archiv der Akademie der Künste, Berlin. Julius Marx (Georg-Kaiser-Archiv) © Ullstein Buchverlage, Berlin; Mary Wigman (Mary-Wigman-Archiv) © Marlies Heinemann

A 14 The Mass-Observation Archive, Brighton. © with permission of Curtis Brown Ltd., London; Trustees of the Mass-Observation Archive at The University of Sussex

III. Bildnachweis

Die Fotografie auf Seite 2 stammt aus der Sächsischen Landesbibliothek, Staats- und Universitätsbibliothek Dresden. Abteilung Deutsche Fotothek/R. Peter sen.

Danksagung

Ich danke den Archiven, die mich bei meiner Materialsuche unterstützten, den Verlagen für die Erteilung der Abdruckgenehmigungen und allen Personen für ihre freundliche Bereitschaft, uns ihre Texte für DER ROTE HAHN zur Verfügung zu stellen.

Ferner danke ich für Recherchen und Transkriptionen Andrej W. Doronin, Kirsten Hering, Hildegard Kempowski, Anette Lienert, Andrea Müller, Barbara Münch-Kienast, Simone Neteler, Mireille Onon, Angela Scheffel, Peter Steege, Frank Wagner; für Übersetzungen Nicole Fester (aus dem Engl.), Andrea Gotzes (aus dem Russ.), Manfred Hempel (aus dem Engl.), Mireille Onon (aus dem Franz.), Anne L. Schippmann (aus dem Engl.).
W.K.

*